천재 101

천재 101

Dean Keith Simonton 지음 | 김정희 옮김

Σ 시그마프레스

천재 101

발행일 | 2011년 1월 5일 1쇄 발행

저자 | Dean Keith Simonton
역자 | 김정희
발행인 | 강학경
발행처 | (주)시그마프레스
편집 | 이미수
교정 · 교열 | 조현주

등록번호 | 제10-2642호
주소 | 서울특별시 마포구 성산동 210-13 한성빌딩 5층
전자우편 | sigma@spress.co.kr
홈페이지 | http://www.sigmapress.co.kr
전화 | (02)323-4845~7(영업부), (02)323-0658~9(편집부)
팩스 | (02)323-4197

ISBN | 978-89-5832-844-5

GENIUS 101

* 책값은 뒤표지에 있습니다.

역자 서문

나는 지난 몇 년간 '창의성'에 관한 몇 권의 책을 공동으로 혹은 혼자서 번역했다. 번역을 시작한 첫 번째 목적은 창의성에 대한 공부를 하기 위해서였다. 하지만 '창의성'의 실체는 명쾌하게 다가오지 않았고 여전히 미지의 영역으로 내 곁을 맴돌 뿐이었다. 또한 창의성에 대한 개념이 다양한 상황과 사람들 사이에서 여러 갈래로 사용되고 중구난방으로 논의되면서 '창의성'이라는 영역은 오히려 매력이 떨어져가는 분야처럼 느껴지기도 했다. 때문에 한동안 창의성에 관련한 나의 관심은 스턴버그(Sternberg)의 창의성에 대한 추진력 이론과 지혜, 진화론적 접근 그리고 Big C 창의성 주위에서 머뭇거리고 있었다.

그런데 얼마 전 창의성에 대한 나의 열정을 되살린 한 권의 책을 만났다. 바로 The Psych 101 Series 중의 한 권인 『Creativity 101』이라는 책이다. 그 후에 이 책 『Genius 101』을 만나고 『Leadership 101』까지 만나게 되었다. 스턴버그가 창의적인 산출물을 추진력으로 설명했을 때 나는 '창의적인 사람이란 바로 그의 산출물이 발휘되는 영역을 이끌어가는 리더'라고 생각했다. "그래, 창의성은 리더십이야!"라고. 그래서 나는

『Leadership 101』의 번역까지 맡아 작업을 시작했다. 『Genius 101』이 출판될 쯤에는 『Leadership 101』도 번역이 끝나 있을 것이다.

다시 『Genius 101』로 돌아가면, 내가 관심을 갖고 있었던 창의성에 대한 진화론적 접근과 Big C 창의성에 대하여 사이먼튼(Simonton)이 이 책에서 천재와 연결해서 설명하고 있는 것을 알게 되었다. 천재와 천재성에 대해서 이렇게 과학적인 체계를 가지고 설명한 책을 처음으로 접한 나는 목차만 보고서도 눈이 번쩍 뜨이고 감동이 밀려왔다. 덕분에 이 책을 번역하는 내내 나는 즐거웠다.

이 책을 번역하는 동안 또 하나의 기쁨이 있었다. 11월 1일 서울 인사동에서 The Psych 101 Series의 시리즈 편집자인 카우프만(James Kaufman) 박사를 만난 것이다. 그는 내가 번역했던 『Creativity 101』의 저자이기도 하다. 초청 강연 차 서울에 와 있었으며, 성균관대학교 최인수 교수님 덕분에 짧지만 반가운 만남의 시간을 가질 수 있었다.

마지막으로 이 책이 나오기까지 수고해주신 분들에게 고마움을 전하고 싶다. 누구보다 편집부의 조현주 선생님께 감사드리고, 원고를 정리해준 안지환 선생님 그리고 교정지에서 오자를 찾아내고 문장을 매끄럽게 다듬어준 나의 동생 김정옥에게 고마움을 전하고 싶다.

2010년 12월
김정희

저자 서문

내가 유치원생이었을 때, 부모님이 『월드 북 백과사전』[1]을 사주셨다. 그것은 아동과 청소년을 위해 특별히 디자인되어 있는 것이었기 때문에 부모님은 나와 세 살 어린 여동생을 위한 좋은 교육적 투자가 된다고 생각했다. 어떤 종류의 책이든, 책이라고는 찾아보기 힘들었던 서민 가정에서 그 책의 의미는 각별했다. 나에게 그 백과사전은 그야말로 경이로웠다. 그 당시에는 글을 읽을 수 없었지만, 나는 손가락으로 페이지를 넘기는 것을 좋아했고, 특히 사진과 그림이 많은 것에 매료되었다. 그 당시에, 그것은 내가 좋아하는 그림책이었다. 나의 호기심을 자극한 것은 이상한 의상을 입고 머리와 수염을 기이하게 단장한 이국적인 사람들의 그림과 사진이었다. 그 책에는 내가 아는 사람의 사진은 없었고, 물론 나의 부모, 조부모 혹은 친척들의 사진도 없었다. 심지어 나의 유치원 선생님 사진마저도! 그래서 나는 그 사람들은 어떤 일을 해서 그렇게 존경이나 찬사를 받는지 매우 궁금하게 여겼다. 내가 이 얼굴들과 관련된 글을 읽을 수 있게 되면서 나는 그들의 비밀을 차츰 알게 되었다. 그들은 다양한 방면에서 한 가지 이상의 뛰어난 성취를 해서 역사에 기록되는 형적을 남긴 사람들이었다. 그들 중 많은 사람들은 그들이 선택한 분야의 천재라고, 나는 이제 말할 수 있다.

이 모든 일들이 일어난 지 반세기가 훌쩍 넘었다. 그동안 운 좋은 기회를 많이 만나 여러 곳에서 이야기를 해오면서(Simonton, 1990a, 2002c), 마침내 나는 나 자신이 천재에 대하여 그리고 창의성, 리더십, 재능, 미학과 관련한 주제들에 대해 과학적인 연구를 하고 있는 것을 알게 되었다. 나는 지난 30년 이상 동안 수백 권의 논문과 공동 저서, 단독 저서들을 출판했다. 그런 연구들이 천재의 현상을 설명하는 데 도움이 되었다. 하지만 내 연구의 대부분은 너무나 고도로 전문적이었다. 때문에 우선적으로 그것들을 읽는 대부분의 독자들은 천재와 관련된 현상을 연구하는 과학자들이었다. 나의 동료들은 수학 방정식, 통계표 그리고 복잡한 그래프에 감동을 받기 때문에 나는 자연히 그들의 욕구를 따랐다.

스프링거 심리학 101 시리즈의 이 책을 쓰게 된 것을 기쁘게 받아들인 것은 이 책을 '학문적으로 가벼운' 형식으로 써달라는 요청을 받았기 때문이다. 이 시리즈는 과학적으로 정확하지만 너무 학구적이지 않아야 한다 — 지루한 전공 논문이 아니라 생생한 입문서가 되어야 한다. 이런 기회는 내가 지금까지 연구해온 이 단계에서 매우 환영할 만하다. 나 자신이 이미 많은 연구를 발표했고 많은 동료들이 쓴 훌륭한 연구를 읽어왔기 때문에 우리가 알고 있는 핵심적인 내용을 전달하면서 사람들이 쉽게 접근할 수 있는 책을 쓸 적절한 때가 되었다고 생각했다. 그래서 나는 천재에 대한 요점을 '당신' 에게 전달하는 책을 쓰기 시작했다. 더 좋은 것은 당신은 수학 방정식, 통계표 혹은 복잡한 그래프 하나 없이 전체적인 내용을 파악할 수 있다는 것이다. 못 믿겠다고? 그렇다면 이 책의 앞표지에서 뒤표지까지 한번 훑어보라. 오직 글자, 글자, 글자뿐이다. 모든 글은 알기 쉬운 짧은 문장으로 쓰여 있다. 그리고 특별 보너스, 주석도 절대 없다![2] 천재에 대한 우리의 지식에 커다란 공헌을 한 연구자들에 대한 적절한 인용만 했고 참고문헌을 충실하게 실었다—과학적 출판물의 특징을 나타내는 유일한 것. 인용과 참고문헌은 앞에서 말한 '학문적으로 가벼운'의 '학문적'인 면을 나타낸다.

이미 출판된 책들 속에서 이와 같은 책을 써달라는 부탁을 받을 수 있는 지점까지 내가 도달할 수 있도록 도와준 많은 사람들에게 감사를 표한다. 여기에서 그들의 이름을 반복하지 않겠다. 하지만 나는 이 시리즈 편집자인 James Kaufman에게 이 기회를 준 것에 대해 감사하고, 나의 의도에 대한 긍정적인 반응을 해 주고 첫 번째 원고에 코멘트를 해 준 원고 검토 편집자인 Phil Laughlin에게 감사를 표한다. 또한 그가 옥스퍼드 대학교 출판사에서 원고 검토 편집자로 일할 때 나의 『천재의 기원(Origins of Genius)』(1993)이 윌리엄 제임스 도서상을 받을 수 있도록 추천해 준 것에 대해 감사한다.

또한 내 아내 Karen Horobin이 내가 글을 쓸 수 있게 환경을 마련해 준 것에 대해 감사한다. 나만큼 열심히 활동하는 동료 교수로서 Kazie는 내가 그녀의 커리어 목표를 존중하듯이 그녀 또한 나의 커리어 목표를 존중해준다. 또한 우리는 서로의 일을 방해하지 않도록 최선을 다한다. 하지만 놀 때에는 우리는 정말 잘 논다!

감사의 말을 한 마디 덧붙이고 싶다. 지난 1990년 나는 『심리학, 과학,

그리고 역사 : 역사측정학 개론(Psychology, Science, and History: An Introduction to Historiometry)』을 출판했다. 나는 그 책을 아장아장 걷던 나의 딸 Sabrina Dee Simonton에게 바쳤다. 그러나 불행하게도 그 책은 모든 나의 책들 중에서 가장 테크니컬하고 전문적이어서, 결국 재고품으로 처분되었다—내 책들 중에서 유일하게 운명의 시련을 겪은 책이다. 나는 체념하고서 안 팔리고 남은 책들을 산 후 그 책의 상세하게 묘사된, 비밀스럽고 어려운 방식들에 특별한 관심을 표하는 학생들과 동료들에게 주었다. (지금 이 책을 읽고 있는 여러분 중 그 책을 원하는 사람이 있습니까? 나의 손자한테 줄 때까지 그 책들을 정말 보존해야만 할까?)

세월이 흘러 내가 이 책을 쓰기 시작했을 때에 나의 딸은 대학 1학년 과정을 마친 재능 있는 숙녀로 성장했다. 내 딸에게 책을 헌정한 지 오래되었고 그 책이 많이 읽히지도 않았으니 이제 이 새 책을 그녀에게 헌정하고자 한다. 그녀가 대학 2년 동안 101 유형의 과목들을 수강하게 된다고 생각하면, 이 헌정은 대단히 적절해 보인다. 단 한 가지 후회되는 것은 이 책이 사용되는 과목을 그녀가 수강하게끔 제때에 이 책을 내가 완성하지 못한 것이다!

역자주

1) 『World Book Encyclopedia』. 1917년에 처음 발간. 초등학생부터 고등학생들의 학습을 도와주기 위한 삽화와 지도가 많이 실려 있으며, 여러 분야의 권위자들이 기고하여 질이 뛰어나며, 세계에서 가장 잘 팔리는 백과사전이다.

2) 영어 원서에는 주석이 전혀 없음. 역서에서는 한국 독자들을 위해 주석을 붙였음.

차례

역자 서문 / 05
저자 서문 / 07

Chapter 1 누가 처음으로 천재를 연구했나?

017 ...... 심리측정학
020 ...... 역사측정학
026 ...... 심리전기는 어떤가?

Chapter 2 천재란 무엇인가?

031 ...... 정의
044 ...... 발현
053 ...... 천재성의 경계선
066 ...... 통합
074 ...... 적용

chapter 3 천재성은 일반적인가?

083 ...... 일반 지능인가 혹은 다중 지능인가?
097 ...... 영역특수적인 전문성인가 혹은 일반적인 문제 해결 테크닉인가?
117 ...... 마지막 관찰

chapter 4 천재는 태어나는가 혹은 만들어지는가?

124 ...... 선천적 입장 : 천재는 태어난다!
129 ...... 양육적 입장 : 천재는 만들어진다!
134 ...... 현대 입장 : 천재는 태어나고 그리고 만들어진다!
151 ...... 천재는 천재가 되게끔 태어나고, 결국 해낸다!

chapter 5 천재는 정신이상자인가?

160 ...... 연구 자료는 무엇을 말하는가?
166 ...... 정신의학적 결론 : 임상적 진단
175 ...... 이제 우리는 무엇을 말할 수 있나?
184 ...... 그게 다야?

chapter 6

천재성은 개인적인가 혹은 집단적인가?

196 ...... 문화적 자극
201 ...... 상호적 관계
205 ...... 협력 집단
210 ...... 학문적 시대정신
216 ...... 사회문화적 맥락
222 ...... 개인과 사회

chapter 7

천재 과학은 어디로 갈 것인가?

230 ...... 인지 심리학 : 뇌와 마음?
234 ...... 발달 심리학 : 연령과 업적?
248 ...... 차이 심리학 : 성향과 명성?
260 ...... 사회심리학 : 성별과 인종
271 ...... 마지막 수업 날

참고문헌 / 277
찾아보기 / 299

천재 101

1

누가 처음으로 천재를 연구했나?

천재가 사람들 주위에 있었던 것은 매우 오래 전부터다. 사실 가장 오래된 천재로 인정받는 사람은 이집트 사람으로, 기원전 약 2,600년에 사카라에 계단식 피라미드를 만든 건축가인 임호텝Imhotep일 것이다. 몇 세대 지나서 그의 건축 설계의 발전으로 인하여 기자에 있는 대 피라미드를 지을 수 있게 되었다. 대 피라미드는 고대 7대 불가사의 중에 유일하게 남아 있는 것이다. 특별한 천재의 공헌을 생각하지 않고 세계 문명의 역사를 상상하기는 어렵다. 예를 들면, 서양 세계에서 아리스토텔레스와 알렉산더 대왕이 없는 그리스, 단테와 미켈란젤로가 없는 이탈리아, 세르반테스와 고야가 없는 스페인, 괴테와 베토벤이 없는 독일, 렘브란트와 베르메르가 없는 네덜란드, 셰익스피어와 뉴턴이 없는 영국, 제퍼슨과 휘트먼이 없는 미국 그리고 톨스토이와 레닌이 없는 러시아를 생각해 보라. 그렇게 가정하면 각 문화는 명성이나 영향력에서뿐만 아니라 인식할 수 있는 정체성에 커다란 상실을 겪을 것이다. 셰익스피어의 연극과 시가 없는 영국 문학은 런던 탑, 웨스트민스터 사원, 성 폴 성당 혹은 빅벤이 없는 런던과 같을 것이다.

천재의 영향을 국가적 유산으로 생각하기보다 인간이 성취한 특별한 영역들에 관련하여 그들의 중요성을 생각해 볼 수 있다. 플라톤이 없는 철학, 유클리드가 없는 수학, 코페르니쿠스 없는 천문학, 아인슈타인이 없는 물리학, 라부아지에가 없는 화학, 다윈이 없는 생물학, 파스퇴르가 없는 의학, 피카소가 없는 미술, 에디슨이 없는 테크놀로지, 버그만이 없는 영화는 어디에 가 있을까? 당신은 이에 관한 생각이 좀 다른가, 아니면 같은가?

세계 역사를 통한 천재들의 탁월함을 생각하면, 그들이 전기 작가들의 대상이 된 것은 놀라울 것이 없다. 그 예들로는 서기 200년대 초기에 쓰인 디오게네스Diogenes Laertius의 『유명한 철학자들의 생애(The Lives of the Eminent Philosophers)』와 1550년경에 출판된 조르조 바사리의 『예술가들의 생애(Lives of the Arts)』가 있다. 이 전기 작가들은 분명히 창의적인 천재들에 초점을 맞추었다. 하지만 다른 전기 작가들은 정치나 전쟁과 같은 다른 영역들에서의 천재들에 집중했다. 100년경에 쓰인 플루타르크의 『그리스 로마 영웅전(Lives of the Noble Grecians and Romans)』이 적절한 사례다. 그리고 그보다 거의 200년 전에 사마천이 초기 중국 문명의 전통적인 역사를 쓴 『사기(Records of the Grand Historian)』에 전기들이 포함되어 있다.

이 전기들은 모두 중요한 가치가 있다. 그것들은 종종 그들이 묘사하는 천재들에 대해 우리가 알 수 있는 유일한 정보를 제공한다. 하지만 이 전기들은 과학적이라기보다 인문학적이다 — 문학과 역사. 천재의 심리학에 대한 진정한 과학적인 탐구는 훨씬 뒤에 나왔다. 이런 탐구를 하는 연구자들은 두 가지 주요한 접근을 채택했다 — 심리측정학과 역사측정학(Simonton, 1999c).

심리측정학

이 책을 읽고 있는 독자들 모두 심리검사를 받아본 적이 있을 것이다 — 그런 검사를 여러 번 받았을 수도 있겠다. 중학교에서는 직업 흥미검사를 받거나 고등학교에서는 학업성취도 검사를 받았을 것이다. 어쩌면 성격이나 동기를 사정해서 무엇이 당신을 움직이게 하는지 이해하기 위해 관련 웹사이트를 방문했을지도 모른다. 혹은 인터넷이나 학교 상담실에서 IQ 검사를 했을 수도 있다. 이 양적 검사도구들이 무엇을 측정하는가 그리고 그것을 어떻게 측정하는가에 있어서는 매우 다르겠지만, 그것들은 공통된 어떤 특징을 가지고 있다. 그것들은 바로 하나 이상의 심리적 변인들에 초점을 둔 여러 질문들로 구성되어 있다는 것이다. 이 변인들에는 능력, 적성, 흥미, 가치, 성향 등 다양한 것들이 있다. 어떤 검사는 예/아니오 형식, 어떤 검사들은 선다형 또 어떤 검사들은 '매우 동의함'에서 '매우 동의하지 않음'까지의 7점 리커트 척도와 같은 점수를 주는 형식들이 사용된다. 심리측정학은 그런 검사를 만들고 적용하는 심리학의 하위 분야이다(Rudy, 2007). 심리측정학의 글자 그대로의 의미는 '마음 측정 mind measurement'이다.

영국 과학자인 프랜시스 골턴은 이 분야의 선구자였다. 그는 사람들의 키, 몸무게, 양팔의 길이, 힘세기뿐만 아니라 반응 시간, 시각적 · 청각적 정확성 그리고 색 지각이 어떻게 다른지 측정하는 다양한 검사를 개발했다. 이 인체측정(혹은 인간측정)적인 사정은 능력에 있어서 중요한 개인차를 판단하는 것으로 생각되었다(Galton, 1883). 골턴은 또한 설문지법을 발명하고, 그 방법을 유명한 과학자들과 예술가들을 연구하는 데 적용했다. 예를 들어, 한 설문지는 위대한 과학자들 — 골턴의 사촌인 찰스 다윈을 포함한 — 에게 그들의 학교와 교육에 대한 태도에 대해서도 질문했다(Galton, 1874).

골턴은 천재를 연구한 첫 번째 심리측정학자였을 뿐만 아니라 그 자신도 천재였다. 오늘날의 많은 심리학자들은 연구 참여자들을 구하기 힘들어한다. 연구자들은 연구 참여자들에게 비용을 지불하거나 심리학 개론 과목에서 부가 점수를 제공해야만 한다. 나도 내가 심리학 전공 학생이었을 때 그렇게 했듯이 나의 독자들 중에도 이런 방식으로 실험실에서 실험대상자가 된 사람들이 많을 것이다. 그러나 골턴은 참여자들이 기꺼이 그에게 돈을 지불하고 인체측정 도구의 연구대상자가 되도록 설득할 수 있었다. 1884~1885년의 국제 건강 박람회에서 9,337명의 방문객들이 그

특권을 갖기 위해 3펜스씩 그에게 지불했다!

불행하게도, 골턴의 초기 심리측정은 정확하지 않거나 관련성이 없는 결과로 나타났다. 정확하지 않은 것은 심상mental imagery에 대한 사정이었다. 그 측정의 잠재적 유용성은 양적인 것보다 고도로 질적인 성격에 의해 훼손되었다. 양적 카테고리는 사람이 들을 수 있는 가장 높은 음을 측정하는 것이었다. 비록 이 특성은 심상보다는 훨씬 정확하게 사정될 수 있었지만, 심상과는 달리 그것은 다른 어떤 특별한 관심을 가질 만한 것과도 관련성이 없었다 — 그리고 천재성과 연관되는 그 무엇도 없었다.

따라서 심리측정 연구는 관련성이 있는 요인들을 정확하게 평가할 수 있는 도구가 나타나기 전까지는 큰 발전이 없었다. 이 영역에서 진짜 선구자는 스탠포드 대학교의 교수였던 루이스 터만Lewis M. Terman이었다. 터만 연구의 시발점은 프랑스에서 알프레드 비네Alfred Binet와 테오도르 시몽Theodore Simon에 의해 초기에 개발된 지능 측정검사였다. 1916년 터만은 이 검사를 수정하고 확장시켜서 스텐포드-비네 검사 도구를 만들었다. 몇 년 후 그는 스텐포드-비네 검사에서 IQ 140점 이상을 받은 1,528명의 아동에 대한 종단적 연구를 시작했다. 이 종단적 연구의 결과들은 1925년 처음 발표되기 시작해서 시리즈로 발표되었다. 이 시리즈의 제목은 『천재의 유전학 연구(Genetics Studies of Genius)』(Terman, 1925~1959)였다. 터만은 이 어린 천재들에 대하여 가족 배경, 학업 수행, 신체 건강, 성격 특성, 흥미와 가치관 그리고 그들이 성인이 되어 이룬 업적을 포함한, 모든 가능한 측면들을 연구했다.

터만이 천재에 대하여 처음으로 전통적인 심리측정연구를 했지만, 이 특별한 접근방법을 사용한 유일한 심리학자는 결코 아니었다. 여러 연구자들 중에서 가장 유명한 사람은 리타 홀링워스Leta Hollingworth였다. 그녀는 여성 심리학에서 시작해서 학자로서 중요한 공헌을 하기도 했지만 그녀의 관심사는 어린 꽃봉오리 천재들에게로 돌아갔다. 1922년 그녀는 IQ 155 이상인 아동 50명을 대상으로 3년 동안 계속되는 연구를 시작해서 1926년 『영재아(Gifted Children)』라는 제목으로 연구결과를 발표했다. 그녀는 1916년에 IQ가 더 높은 IQ 187인 한 아동을 대상으로도 연구를 시작했었다! 매우 똑똑한 12명의 아동을 기초로 해서 그녀의 연구결과는 『IQ 180 이상의 아동(Children Above IQ 180)』(1942)이란 제목의 유작으로 출판되었다. 홀링워스의 두 권의 책은 이 분야에서 소중한 고전이 되었다. 어쨌든 20세기 중반은 영재의 심리측정학적 연구가 잘 확립된 시기이다

역사측정학

심리측정학적 연구는 심리학자들이 천재를 연구하는, 가장 일반적인 방식이다. 하지만 가능한 유일한 방법은 아니다. 주된 대안은 역사측정학으로 알려진 테크닉이다. 역사측정학적 방법에서 전기적 그리고 역사적 정보가 우선 정량화되고, 그러고 나서 통계분석이 된다(Simonton, 2007d). 진정한 첫 역사측정학적 연구는 물리적 특성이 정상 혹은 종 모양 곡선에 따라 분포되어 있다는 것을 확립한 벨기에 수학자이자 물리학자인 아돌프 케틀레Adolphe Quetelet에 의해 1835년에 발표되었다. 그의 역사측정학적 연구에서 케틀레는 영국과 프랑스의 유명한 극작가들 — 셰익스피어와

몰리에르와 같은 — 의 창의적인 작품들이 그들의 전 생애에 걸쳐 어떻게 변하는가에 대하여 조사했다. 불행하게도 유명한 극작가들에 대한 그의 연구는 더 일반적인 대상들에 대한 훨씬 더 큰 규모의 연구들 속에 깊이 숨겨져 있었기 때문에 그의 연구 업적은 천재 연구에 직접적인 영향을 거의 미치지 않았다.

이것과 대조되는 것은 다음에 나타나는 중요한 역사측정학적 연구다. 1865년 골턴은 'Hereditary Talent and Character' 이라는 제목의 기사를 한 잡지에 기고했으며, 그것은 1869년에 『유전적 천재 : 법칙과 결과에 대한 탐구(Hereditary Genius : An Inquiry Into Its Laws and Consequences)』로 출간되었다. 이 책은 골턴의 심리측정학적 연구 이전에 수행된 연구를 싣고 있기 때문에 천재에 대한 과학적 연구의 시조라고 할 수 있다. 이것은 또한 심리학사에서 고전이 되었다. 그것은 천재는 태어나는가 만들어지는가 하는 질문을 다루고 있는데, 그 내용은 4장에서 다루어질 것이다. 또한 천재의 기원에 대한 다른 시각을 제공하는 알폰스 데 칸돌레(Alphonse de Candolle, 1873)의 흥미 있는 역사측정학적 연구도 논의할 것이다. 지금은 이 독특한 방법론의 발달에 있어서 몇몇 다른 초기 인물들을 설명하려고 한다.

연구를 이어받은 첫 심리학자들 중 한 사람이 미국 심리학자인 커텔 James McKeen Cattell이다. 커텔은 박사학위를 받은 후에 골턴 밑에서 잠시 연구하기도 했다. 커텔의 대부분의 연구는 심리측정학적이며 더 구체적으로 말하면 인체측정학적이다. 그는 **정신검사** mental test(Cattell, 1890)라는 말을 처음으로 사용한 사람이다. 하지만 그는 몇몇 역사측정학적 연구도 발표했다. 아마도 그의 가장 뛰어난 연구는 1903년에 발표한 서구 문화의 가장 뛰어난 천재 1,000명의 순위일 것이다. 그의 목록의 최상위에 있는 사람은 군사 천재인 나폴레옹과 문학 천재인 셰익스피어였다. 1년 후에는 인간의 성에 대한 혁명적인 연구로 더 잘 알려진 영국의 심리학자 엘리스Havelock Ellis에 의한 『영국 천재 연구(A Study of British Genius)』가 나왔다. 그의 1904년의 책에서, Ellis는 1,000명 이상의 천재를 대상으로 조숙성, 출생 순위, 사회 계급, 교육, 병리, 결혼 그리고 수명 등과 같은 변인들을 조사했다.

앞에서 언급한 연구자들 — 케틀레, 골턴, 커텔 혹은 엘리스 — 그 누구도 그들의 연구를 역사측정학적 연구라고 말한 사람은 없다는 것을 우선 지적한다. 그 이유는 그 용어가 그때까지는 없었기 때문이다! 사실 그 단어는 심리학자가 아니라 유전학자들이 만들어 낸 것이었다. 그의 이름은 프레드릭 우즈Frederick Woods였다. 1909년 그는 「새로운 과학을 위한 새로운 이름(A New Name for a New Science)」이라는 논문을 발표했으며 거기에서 그는 "개인적인 성격의 역사적 사실들이 어느 정도 객관적인 방식에 의해 통계적으로 분석될"(p. 703) 때 사용되는 방법이라고 말했다. 1911년 우즈는 그 접근이 정확한 과학이라고 방어하는 또 다른 논문을 발표했다. 그밖에 그는 그 방법은 "천재 심리학"(p. 568)을 연구하는 데 매우 적절하다고 주장했다. 그는 그 용어를 착안했을 뿐만 아니라 스스로 역사측정학적 연구도 했다. 1906년 그는 왕가의 지적 천재성과 도덕적 천재성의 유전을 연구했으며, 1913년 그는 국가의 복지에 미치는 정치적 천재의 영향을 조사했다. 하지만 결국 그의 주된 공헌은 한 단어로 말해서 역사측정학이라고 할 수 있다.

분명하게 역사측정학적 연구를 수행했다고 말할 수 있는 첫 번째 심리학자는 콕스(Catharine Cox, 1926)이다. 콕스는 스탠포드 대학에서 루이스 터만의 대학원생 제자였다. 박사 논문의 주제를 고민하면서, 그녀는 그녀의 멘토가 심리측정학적으로 연구한 것을 역사측정학적으로 연구해 보기로 했다. 터만은 높은 IQ를 가진 아동에 대한 야심찬 종단적 연구를 이미 시작했었다. 터만의 목표는 그의 연구대상자들 — 그 대상자들을 애정 어리게 'Termites' 라고 불렀다 — 의 아동기에서 청소년기를 거쳐서 성인기까지 조사해봄으로써 지적 영재성이 성인기의 천재성으로 나타나는 것을 보는 것이었다. 하지만 이 계획은 후에 곤란한 사실에 직면해야만 했다. 그 연구가 시작되었을 때의 터만 아동의 평균 연령은 약 11세였다. 따라서 그 이야기가 어떤 결과로 나타날 것인가를 터만이 볼 수 있으려면 매우 오래 기다려야만 했다. 결국 터만은 그 최종 보고서가 출판되기 전에 죽었다(Terman & Oden, 1959).

그곳에 콕스의 논문이 들어오게 된다. 터만(1917)은 또한 역사측정학적 방법을 사용하여 IQ 점수를 계산하는 방법을 탐구했다. 특히 그는 그의 영웅들 중 한 명인 프랜시스 골턴의 생물학적 정보를 조사했다. 터만은 스탠포드-비네 지능검사에서 그 당시에는 정신 연령(MA)을 생활 연령(CA)으로 나누고 다시 100을 곱한다는 사실(IQ = 100 × MA/CA)을 이용했다. 결과적으로 터만은 골턴의 조숙한 지적 발달을 기초로 IQ 점수를 예상할 수 있었다. 예를 들어, 한 살이 채 되기 전에 골턴은 알파벳 대문자를 알았고 여섯 달 후에는 알파벳 대문자와 소문자를 다 알았다 — 그는 2.5세에 글을 읽을 수 있었고 5세가 되기 전에 영어로 된 어떤 책도 다 읽을 수 있었다(내가 당신에게 그 나이에 당신은 무엇을 하고 있었느냐고 묻는다면?). 일반적으로 말하면, 골턴은 그의 나이에 곱절되는 대부분의 아이들이 성취하지 못하는 것을 성취하고 있었다. 골턴의 IQ가 200은 되었음에 틀림없다 — 분명 매우 총명한 아이였다.

콕스는 한 명의 천재가 아니라 301명의 천재의 IQ 점수를 예측했다. 그러고 나서 그녀는 이 IQ 점수와 커텔(1903)이 사용한 순위를 사용하여 각 개인이 얻은 명성 간의 상관을 조사했다. 그녀는 가장 위대한 성인 천재들은 아동기와 청소년기에도 높은 IQ를 가지고 있었다는 결론을 내렸다. 만일 수백 년 전에 IQ 검사가 있었다면 그들은 터마이츠[1]로 뽑힐 아이들이었다! 콕스의 논문은 터만의 『천재의 유전적 연구(Genetic Studies of Genius)』 1권이 출판된 지 1년 후에 2권으로도 출판되었다(Cox, 1926). 만일 지금까지 출판된 천재의 역사측정학적 연구에서 가장 기념비적인 것을 선택한다면, 그것은 콕스의 연구이다. 그것은 지금까지 출판된 가장 야심찬 박사논문들 중의 하나로 꼽을 수 있을 것이다. 그 연구는 전기적 자료와 흥미 있는 통계를 포함한 842페이지의 두께로 발간되었다! 시몬 볼리바르[2], 벤저민 프랭클린, 칼 린네[3], 스피노자, 조르주 상드[4], 디에고 벨라스케스[5] 그리고 요한 세바스찬 바흐와 같은 여러 유명인들의 IQ를 다른 어느 곳에서 찾을 수가 있겠는가?

이제 역사측정학적 방법의 초기 지지자들 중 마지막으로 손다이크 Edward L. Thorndike에게 경의를 표하고 싶다. 이 미국 심리학자는 그의 동물학습 — 특히 고양이를 탈출하게 하는 문제 상자 — 에 대한 고전적인 실험으로 더 잘 알려져 있었다. 하지만 그 후에는 심리측정학에 관심을 갖게 되고, 1927년에 지능 측정에 대한 책을 출판했다. 이것은 홀링워스의 『영재아(Gifted Children)』가 나온 지 1년 뒤였다. 사실 홀링워스는 터만이 스탠포드-비네 지능검사를 만든 1916년에 손다이크 밑에서 박사학위를 땄다. 그의 지능에 대한 책이 나온 지 10년 후에 손다이크는 역사측정학을 포함시켜 그의 연구 도구를 확장시켰다. 구체적으로, 그는 우즈(1906)의 왕족의 지능과 도덕성 평가의 추후 연구를 출판했다(Thorndike, 1936). 마지막으로, 그는 죽기 직전에 역사측정학적 연구를 수행하였는데 그의 아들에 의해 사후에 출판되었다(Thorndike, 1950). 이 연구에서 그는 92명의 천재에 대한 지능 점수와 성격 점수를 계산했다. 하지만 이 연구는 그의 마지막 작품이었다. 그의 모든 실험적 그리고 심리측정학적 연구에도 불구하고, 그가 마지막으로 심리학에 공헌한 것은 역사측정학이었다.

손다이크는 매우 유용한 점을 설명한다. 비록 심리측정학적 방법과 역사측정학적 방법이 매우 다르다고 해도 심리학자들은 두 가지 테크닉을 선택적으로 사용할 수 있다. 마침내 천재 연구의 몇몇 선구자들이 두 가지 접근 모두를 편안하게 생각하게 되었다. 골턴, 커텔, 터만 그리고 손다이크는 분명히 그러했다. 더 나아가 아무리 테크닉이 다양하다고 해도 두 가지 방법은 종종 양립하는 결과로 나타났다. 다음 장에서 두 가지가 수렴되는 것에 대해 설명할 것이다. 더 나아가기 전에 천재의 심리학적 연구에서의 세 번째 방법론에 대해 설명하고자 한다.

심리전기는 어떤가?

이 지점에서 어떤 심리학자들은 일어나서 "기다려!"라고 외칠 것이다. "무언가 간과하고 있지 않아요? 심리학자들은 영재를 연구하는 두 가지 이상의 여러 가지 방법이 있어야 하는 것 아닌가요!" 그렇다. 영재를 연구하는 방법이 두 가지뿐이라고 하는 것은 맞는 말이기도 하고 또 틀린 말이기도 하다. 첫째, 다른 방법들이 사용되지만 그런 경우는 극히 드물다. 대다수의 심리학자들이 연구에서 절대적으로 선호하는 방법으로써 훨씬 훌륭한 실험실 실험 사례가 있다. 실험실 실험은 특히 원인 추론에 있어서 많은 장점을 가지고 있지만 동시에 중요한 단점들도 가지고 있다. 한 가지 단점은 세계적으로 유명한 천재를 실험자로 실험실에 끌어들이는 어려움이다. 앨버트 아인슈타인 같은 사람이 실험에 참가하겠다고 하는 경우는 거의 없다. 언젠가 이론 물리학자인 스티븐 호킹이 자발적으로 MRI 기계 속에서 며칠 지내겠다고 할지 모르지만 그럴 가능성은 희박해 보인다. 그런 사람은 부가 점수를 원하지 않는다.

그럼에도 불구하고 여러 천재들에 자주 적용되는 또 하나의 방법이 있다. 한 가지 고전적인 예가 지그문트 프로이트(1910/1964)에 의한 레오나르도 다빈치의 심리분석적 연구다. 훗날 유명한 심리분석가인 에릭 에릭슨은 두 가지 유명한 심리전기를 출판했다. 하나는 프로테스탄트 운동의 창시자인 마틴 루터에 관한 책(Erikson, 1958)이고, 다른 하나는 시민 불복종의 가장 중요한 실천가인 마하트마 간디에 대한 책(Erikson, 1969)이다. 최소한 심리전기적 연구의 대상이 한 번도 되지 않은 사람을 두고서 천재라는 이름을 붙이기는 쉽지 않을 것이다 — 소크라테스, 에밀리 디킨슨, 도스토예프스키, 프리드리히 니체, 바그너, 매리 베이커 에디[6], 아돌프 히틀러 그리고 아브라함 링컨. 사실, 사람들은 천재를 심리전기가의 주목을 끌 수 있을 만큼 좋은 의미든 나쁜 의미든 간에 유명한 사람이라고 정의를 내릴 수 있을 것이다.

왜 심리전기psychobiography는 심리측정학적 연구와 역사측정학적 연구와 함께 나란히 이름이 오르지 않는가? 그 답은 간단하다. 심리전기에서 다루는 질문 방법이 매우 다르기 때문이다(Simonton, 1999c). 심리측정학이나 역사측정학과는 달리, 심리전기는 한 사례에 대한 질적 접근을 사용한다. 전체 연구가 한 천재의 삶과 일에 대한 심리학적 해석이다. 대부분의 경우에 특별한 사건이나 독특한 특성에 초점을 맞춘다. 예를 들어, 많은 심리전기가들은 빈센트 반 고흐가 그의 왼쪽 귀의 일부를 자른 이유를 알아내려고 한다(Runyan, 1981). 이것은 매혹적인 질문임에 의심할 여지가 없다. 하지만 그 답 — 만일 그것이 가능하다면 — 은 반 고흐에 대한 지극히 개인적인 무엇을 우리에게 말해줄 뿐, 일반적인 현상으로서의 천재의 성격에 대한 통찰을 제공하지는 않을 것이다. 예술적 천재나 다른 방면의 천재가 모두 자해하지는 않는다. 그리고 자해하는 사람이 모두 천재도 아니다. 이 책에서의 우리의 목표는 특별한 천재의 심리가 아니라 일반적인 천재의 심리를 논의하는 것이다. 이런 이유 때문에 심리전기가들이 우리에게 제공하는 지침은 거의 없다. 우리의 목표는 많은 사례를 질적 분석하는 연구를 수행함으로써만 도달할 수 있다. 심리측정학적 그리고 역사측정학적 탐구는 우리의 목표를 달성하기 위한 적절한 방법들이다.

역자주

1) Termites. 앞에서 말한 Terman 연구의 어린 연구 대상자들.

2) Simon Bolivar. 1783~1830. 남아메리카 독립운동지도자. <볼리비아>는 그의 이름에서 비롯된 것이다. 유럽에서 공부하는 도중에 유럽 합리주의 사상의 영향을 받았음.

3) Carolus Linnaeus. 1707~1778. 스웨덴의 식물학자. 생물 분류학의 기초에 기여.

4) George Sand(Aurore Dupin). 1804~1876. 프랑스의 낭만주의 작가. 결혼 전 이름은 오로르 뒤팽.

5) Diego Velazquez. 1599~1660. 17세기 스페인 미술사에서 가장 중요한 화가. 자연주의 양식으로 묘사한 인물과 정물 작품이 유명함.

6) Mary Baker Eddy. 1821~1910. 크리스천 사이언스 교파의 창시자.

천재 101

2

천재란 무엇인가?

천재란 무엇인가라는 질문에 당신은 어떻게 답할 것인가? 천재 101 수업 첫째 날에는 너무 과한 질문인가? 그렇다면 구체적인 다음 질문에 대해서는 뭐라고 답하겠는가?

만일 현존하고 있는 천재를 최소한 한 명 정해야 한다면, 누구 이름을 대겠는가? 빌 게이츠? 넬슨 만델라? 스티븐 호킹? J. K. 롤링? 스티븐 스필버그? 오프라 윈프리? 폴 메카트니? 메릴 스트립? 게리 카스파로프?[1)] 믹 재거? 코비 브라이언트?[2)] 그 외 누구? 당신의 결정에 대해 어떤 근거를 댈 것인가? 어떤 기준을 제시할 것인가? 당신의 부모, 친한 친구 혹은 애인은 당신과 같은 생각인가?

파티에서 어떤 사람을 방금 만났다고 생각해 보자. 그녀는 당신 또래이고, 평범해 보인다. 하지만 대화중에 당신은 그녀가 표준화 IQ 검사에서 172 이상인 사람들만 가입할 수 있는 고지능 집단의 회원이라는 것을 알게 된다. 그녀를 천재라고 할 수 있을까? 당신은 그녀의 지적 능력에 위축되는 느낌이 들까? 아니면 세상 물정에는 완전히 어두운 얼간이라고 생각하고 무시할 것인가? 그녀를 피해서 조금 덜 지적인 사람들과 어울리려고 할 것인가?

어려운 고급 심리학 수업의 첫째 날이다. 당신은 매우 어려보이는 어떤 사람 곁에 앉는다. 당신은 그가 그 수업을 듣고 있는 그의 형을 만나러 잠시 강의실에 들렀다고 생각한다. 그는 대학교 2학년으로 10살밖에 되지 않았지만, 물리학을 전공하고 있으며 지금까지 그의 성적은 대부분 A^+며 A학점 밑으로 받은 적이 없다는 사실을 나중에 알게 된다. 게다가 그는 대학교 교향악단의 제1 바이올린 연주자이고, 체스 실력이 대단하며, 영어, 러시아어, 라틴어와 그리스어에 유창하고 아라비아어, 중국어와 산스크리트어에도 정통하다.

생각할 문제들이 너무 많은가? 질문들이 쉬운가 혹은 어려운가? 천재에 대하여 조금 더 책을 읽어본다면 답을 더 잘할 수 있을 것이라고 생각하는가? 그렇다면 이 책을 계속 읽기를 권한다. 먼저 우리는 천재를 정의하는 여러 가지 방식들을 살펴보고, 다음에는 천재들이 가지고 있는 다양한 유형들을 살펴볼 것이다. 그러고 나서 당신이 정말 알고 싶어 하는 것을 이야기할 것이다. 나는 질문을 몇 가지 더 할 것이다! 당신은 의심의 여지가 없는 천재와, 천재와 비슷하지만 천재와는 다르게 분류해야 하는 현상들의 연속선상에서, 어디에 선을 그어 천재로 판별할 것인가? 희망하건데, 이 질문들이 천재에 대한 더 종합적인 정의를 내리는 데 도움이 될 것이다.

정의

개념은 정확성과 적용성에 있어서 매우 다양하다. 무게와 같은 어떤 개념들은 매우 막연한 반면에 킬로그램과 같은 개념은 매우 구체적이다. 기회와 같은 어떤 개념은 광범위한 현상에 적용될 수 있는 반면에 조건 확률과 같은 개념은 잘 정의된 상황에만 적용될 수 있다. 천재라는 용어는 매우 특이하다. 그것은 구체적으로 정의될 수도 있고 느슨하게 정의될 수도 있다. 그것은 다양한 현상에 적용될 수도 있고 단 하나 혹은 두 가지 현상에만 제한적으로 적용될 수도 있다. 이 모든 것은 그 용어를 당신이 어떻게 사용하는가에 달려 있다. 그 엄청난 사용의 범위는 천재는 긴 역사를 가지고 있는 인본주의적 개념과 짧은 역사를 가지고 있는 과학적 개념을 다 가지고 있다는 사실을 반영한다.

인본주의적 개념

천재라는 단어는 고대 로마시대로까지 거슬러 올라간다. 로마 신화에는 수호신에 대한 개념이 있었다. 이 영적 존재는 특별한 사람이나 장소에 내렸다. 어떤 사람의 경우에, 그것은 당신의 행복한 삶을 보살펴주는 수

호천사와 같다. 1946년 개봉된 영화 <It's a Wonderful Life>를 본 적이 있는가? 그 영화에서 방금 자살을 시도한 주인공을 위해 자애로운 존재가 나타난다. 그 천사(헨리 트래버스가 클라렌스 역을 맡았다)는 주인공(제임스 스튜어트가 베일리 역을 맡았다)에게 인생은 진실로 살 만한 가치가 있다고 설득한다. 그것은 전형적인 로마식 천재에 대한 할리우드식 연출이다.

시간이 지나면서 이 개념은 종교적 의미보다는 세속적인 의미로 많이 변화되었다. 특히 어떤 사람에 대한 독특하거나 특별한 무엇을 지칭하는 것이 되기 시작했다. 예를 들어, 선다형 시험을 잘 치는 친구가 천재성을 가지고 있다고 말할 수 있다. 이 의미는 다른 유럽 언어에서도 볼 수 있다. 예를 들어 스페인어에서 'una persona de mal genio' 라고 말할 때, 우리는 그 사람이 나쁜 천재라는 뜻이 아니라 고약한 기질이나 까다로운 성격을 가지고 있다는 뜻으로 사용한다. 한 사람의 천재성을 더 이상 'spirit' (영혼, 성령)이라고 생각하지 않지만 천재성은 모든 사람이 가지고 있는 무엇으로 여전히 남아 있다. 그것은 당신을 다른 사람과 구별해 주는 무엇이다. 그것은 당신을 다른 사람들과 구분하게 해 주는 어떤 독특한 재능일 수 있다.

지금까지는 좋다. 당신은 천재성을 가지고 있고, 나도 천재성을 가지고 있고, 모든 사람이 천재성을 가지고 있다. 그것보다 더 평등한 것이 어디 있겠는가! 하지만 천재성을 가지고 있다는 것과 천재라는 것은 다르다. 천재라는 존재는 훨씬 더 고귀하다. 이 세상에서 어느 한 시대의 소수만이 이 높은 지위를 얻는다. 이 장 첫머리에서 내가 당신에게 아직 살아 있는 천재의 이름을 말해보라고 했을 때, 당신은 아마도 당신 자신이나 당신 부모를 포함한 당신이 알고 있는 보통 사람들을 말하지 않았을 것이다. 대신 당신은 유명하고 흔하지 않은 특별한 인물을 생각했을 것이다. 어쩌면 당신은 더 이상 진정한 천재는 없다고 생각하고 누구의 이름도 대지 않았을지도 모른다. 어쩌면 세계 역사에서 마지막 천재들은 처칠, 간디, 아인슈타인, 사르트르, 타고르, 스트라빈스키, 피카소, 히치콕 혹은 마사 그레이엄처럼 이미 죽은 사람들일지도 모른다.

천재에 대한 엘리트주의의 개념은 훗날 만들어진 것이다(P. Murray, 1989). 이런 형식의 개념이 처음 나타나기 시작한 것은 르네상스 시대지만, 실제로 활발하게 사용된 것은 낭만주의 운동이 일어난 18세기 후반 유럽에서이다. 그때부터 천재성을 비범한, 타고난 능력으로 인식하게 되었다. 대부분의 사람들은 천재성을 가지고 태어나지 않고, 천재가 되도록 인위로 할 수 있는 일도 없다. 이것을 설명하기 위해 독일 철학자인 임마누엘 칸트는 1970년에 발표한 『판단력 비판』에서 "천재성이란 일정한 규칙이 적용될 수 없는 것을 생산하는 재능(천부의 재능, natural endowment)"(Kant, 1790/1952, p. 525)이라고 했다. 결과적으로, "독창성이 가장 중요한 성질임에 틀림없다."(p. 526) 하지만 "비상식적인 독창성이라는 것도 있을 수 있기 때문에 그 산출물은 동시에 모델, 즉 본보기가 되어야만 한다."(p. 526) 다시 말해서, 당신은 모방을 통해서는 천재가 될 수 없고, 선천적인 재능이 있어야만 하고 당신의 천재성은 다른 사람들로 하여금 당신을 모방하도록 고취한다! 천재는 다른 사람들이 따라올 본보기가 되는 규칙을 발명한다.

콕스(1926)에 의하면 칸트는 135에서 145 사이의 천재 수준의 IQ 혹은 그 이상의 IQ를 가졌다고 한다. 그래서 아마도 칸트는 적어도 자신이 무엇을 말하고 있는지 알고 있었을 것이다.

과학적 측정

천재에 대한 칸트의 생각에 장점이 없지는 않다. 우리는 이 책의 여러 곳에서 그의 관점을 더 보게 될 것이다. 하지만 천재를 연구하는 심리학자들은 더 분명한 정의를 선호하고 특히 수량화 할 수 있는 정의를 선호한다. 세상 사람을 천재와 비천재로 나누는 대신에, 그 정의들은 각 천재가 나타내는 천재성의 크기에 더 잘 접근할 수 있다. 분명 모든 천재들이 같지는 않다. 이 점을 증명하기 위해서 천재의 가장 중요한 특성은 독창성이라는 칸트의 주장을 생각해 보라. 한편 어떤 천재들의 산출물은 다른 천재들의 산출물보다 훨씬 더 독창적이다. 노벨상이나 문학상 수상자들은 누구나 독창적인 무언가를 창조했음에 틀림없다. 하지만 노벨상 수상자들이라고 해서 다 같지는 않다. 예를 들어 알버트 아인슈타인, 닐스 보어[3]와 루이 드 브로이[4]의 커다란 업적은 기욤Charles Edouard Guillaume, 마이컬슨Albert A. Michelson, 그리고 시그반Manne Siegbahn의 다소 관습적인 업적을 뛰어넘는다. 하물며 그것보다 조금 더 낮은 수준의 독창성을 가지고 있는 사람들은 영광된 상을 받기 위해 스톡홀름에 오는 기회를 얻지 못한다.

1장에서, 나는 심리학자들이 천재 연구에 적용하는 두 가지 중요한 방법이 있다고 지적했다. 그렇다면 천재의 수준을 사정하는 두 가지 주된 방법이 있는 것도 당연하다. 당신도 짐작했을 것이다! 그렇다. 그것은 역사측정학적 방법과 심리측정학적 방법이다.

역사측정학적 천재 칸트에 의하면 천재는 독창적일뿐만 아니라 본보기가 되어야 한다. 그들은 칸트가 모방이라고 말한, 다른 사람들이 그들의 자취를 따르도록 고무하는 산출물이나 아이디어를 만든다. 다르게 표현하면, 천재들은 다른 사람들에게 영향력을 행사한다. 그들은 당대 사람들과 후대 사람들에게 영향력을 가지고 있다. 그들의 공헌은 시대의 검증에서 살아남는다. 하지만 천재에 대한 이 정의가 어떻게 적용될 수 있을까? 한 가지 방법은 편안한 의자에 앉아서 수북하게 쌓인 전기와 역사책을 읽고 나서 역사적인 위대한 인물들을 그들의 세상에 대한 영향력에 따라 평가한다. 실질적으로 이 방법은 하트(Hart, 2000)가 『100 : 가장 영향력 있는 역사적 인물들의 순위(The 100: A Ranking of the Most Influential Persons In History)』에서 사용했던 것이다. 하트가 판단한 1위부터 10위까지의 순위를 보면 이슬람교 예언자인 모하메드, 뉴턴, 예수, 석가모니, 공자, 사도 바울, 채륜, 요한 구텐베르크 그리고 크리스토퍼 콜럼버스이다. 대부분의 독자들은 채륜이 누구인지 모르겠지만, 그는 당신이 매일 사용하며 또한 아마도 바로 이 순간에도(전자매체를 이용해 이 책을 읽고 있지 않는 한) 사용하고 있는 것을 발명했다. 채륜은 105년에 종이를 발명한 중국 환관이다. 만약 종이가 없었다면 구텐베르크가 어떻게 활판 인쇄기를 발명할 수 있었겠는가.

말할 필요도 없이 이 접근은 많은 문제점을 안고 있다. 큰 인물의 영향력이 단지 한 사람에 의해 평가되기 때문에 주관적 편향이 개입될 여지가 많다. 또 다른 사람은 그것과는 다른 방식으로 영향력을 판단할 것이다. 예를 들어, 하트는 종교적 지도자를 정치적 지도자 위에 두고, 지도자를 창조자 위에 그리고 과학적 창조를 예술적 창조 위에 두는 경향이 있다. 때문에 가장 높은 순위에 있는 예술적 창조자가 윌리엄 셰익스피어(하트의 순위에서 말하는 Edward de Vere[5])인데, 31위로 경제학자 아담 스미스와 화학자인 존 돌턴 사이에 있다. 레오나르도 다빈치는 100위 안에도 들어가지 못한다! 대신에 이 엘리트 집단의 마지막에는 비잔틴 제국의 황제인 유스티니아누스 1세와 자이나교의 창시자인 마하비라가 올라와 있다.

따라서 우리가 필요로 하는 것은 여러 사람들의 다른 의견들을 융합시킬 수 있는 여러 가지 정보원을 사용하는 천재에 대한 역사측정학적 측정이다. 그런 유형의 한 가지 측정이 1장에서 간단하게 언급되었다 — 커텔(1903)의 뛰어난 창조자와 지도자 1,000명의 순위. 이 순위는 다섯 권의 전기사전과 백과사전에서 각 인물에게 배당된 지면의 양을 기초로 했다. 이 참고 자료들 중 세 가지는 영어로 되어 있고, 두 가지는 불어로 그리고 한 가지는 독일어로 되어 있다. 이미 그 리스트의 꼭대기에 있는 두 명 – 나폴레옹과 셰익스피어 — 을 언급했는데, 그렇다면 그 명단의 제일 아래에는 누가 있을까? 999번째 그리고 1,000번째에 누구의 이름이 나와 있을까? 그 답은 앙팡탱Barthelemy Prosper Enfantin과 바뵈프Francois-Noel Babeuf이다. 둘 중 어느 한 사람의 이름이라도 들어본 적이 있는가? 앙팡탱은 19세기 프랑스의 사회 개혁자이고, 바뵈프는 18세기 후반 프랑스의 정치 운동가라고 내가 당신에게 말해 준다면 당신이 기억하는 데에 도움이 되겠는가? 아마도 그렇지 않을 것이다! 이 두 사람 모두가 상위 첫 번째와 두 번째 사람들만큼 유명하지 않다는 데에는 모든 사람들이 동의할 것이라고 확신한다. 나폴레옹과 셰익스피어는 앙팡탱과 바뵈프보다 더 높은 천재성을 나타냈다.

권위 있는 참고 도서에 배당된 지면의 크기를 측정하는 방법은 천재에 대한 역사측정학적 연구에서 매우 일반적으로 사용된다. 계산하기가 쉽다는 점 이외에 매우 신뢰할 수도 있다—즉 다른 정보원들에서 얻은 지표들이 여러 역사적 인물들에 얼마만큼의 지면을 배당할 것인가에 대해 높은 일치성을 나타낸다(C. Murray, 2003; Simonton, 1991c). 나폴레옹보다 바뵈프에게 더 많은 페이지, 칼럼, 줄 혹은 단어를 배당하는 백과사전이나 전기사전을 상상하는 것은 불가능하다! 심리 과학에서 완벽한 측정 테크닉이란 없다. 이러한 지면 측정방법도 예외가 아니다. 어떤 천재들은 그의 실제 영향력과는 무관한 이유로 더 많은 지면이 할당되기도 한다. 예를 들어, 커텔(1903)은 매우 젊은 나이에 죽은 천재들을 조금 더 높은 순위에 올리는 경향이 있다(Simonton, 1976a). 역사적 인물들은 비극적으로 그들의 삶을 마감했다는 이유로 부가 점수를 받는 것으로 보인다. 이 비극 효과는 특히 창의적인 천재들의 경우에 두드러진다. 파스칼, 모차르트, 바이런 혹은 라파엘이 젊은 나이에 죽었다는 것을 들을 때, 우리는 "오, 슬프도다! 그들이 더 오래 살았다면 더 많은 것을 이루었을 텐데!"라고 애석해한다. 그들의 실현되지 않은 잠재성이 업적으로 반영되는 셈이다.

다행히도 지면 측정은 다양한 대안들로 보충되거나 대체될 수 있다. 또 다른 방법은 관련 전문가들에게 천재의 후보자 명부에 이름을 올리거나 평가해달라고 부탁하는 것이다. 커텔은 과학자와 심리학자들을 평가하기 위해 이 테크닉을 처음으로 사용한 사람들 중 한 사람이다. 미국의 대통령에서부터 고전음악 작곡가에 이르기까지 거의 모든 주요한 유형의 위대한 업적이 이 방식으로 평가되었다(Farnsworth, 1969; Simonton, 1986b). 역사측정학적 연구에서 사용되는 이런 지면 측정방법과 전문가 조사방법 외에 또 다른 방법이 있다. 과학 천재의 연구에서는 한 개인의 출판물이 전문 문헌에 인용된 횟수를 종종 사용한다(Simonton, 1992b, 2000c). 그 과학자의 인용 횟수가 많을수록 그 분야에서의 그의 영향력이 높은 것으로 본다. 그리고 고전음악 작곡가들의 연구에서는 그 사람의 작품이 녹음되거나 연주된 횟수가 사용될 수 있다(Simonton, 1980c, 1980d, 1991b). 이 방법들은 각각 장점과 단점을 가지고 있다.

이런 여러 가지 측정 전략이 있는데 그 결과들이 일치할까 의문이 될 것이다. 만일 각각의 장점과 단점이 있다면 이런 차이 때문에 일치하는 정도가 다를 수 있지 않을까? 그 답은 놀랍다. 그 일치도는 매우 높아서 가장 좋은 심리측정 도구들을 사용해서 얻은 결과에서 얻은 것만큼 높다(Simonton, 1990b). 한 가지 적절한 예로, 고전음악 작곡가들을 생각해보자. 지면 측정, 전문가 조사 그리고 연주 횟수에서 거의 모두가 세 명의 작곡가, 즉 베토벤, 모차르트와 바흐를 최상위로 꼽았다. 나머지 작곡가들은 항상 그들 아래에 위치한다. 물론 베토벤, 모차르트, 바흐의 순위는 결과들에 따라 다를 수 있다. 하지만 이런 차이는 이해할 수 있는 것이다. 각 측정은 조금씩 다른 방식으로 다양한 기준에 무게를 두고 있다. 이런 불일치에도 불구하고 당신은 베토벤을 라이하Reicha 혹은 모차르트를 투르크Turk로 혹은 바흐를 게벨Gebel로 대체하는 역사측정학적 평가를 찾는 일은 결코 없을 것이다. 라이하, 투르크, 게벨은 각각 베토벤, 모차르트와 바흐의 당대 인물들이었지만, 높은 수준의 천재성을 나타내지는 못했기 때문이다.

그렇다면 여기에서 즉석 퀴즈 하나! 당신은 이 중 누구의 음악을 가장 자주 듣습니까? 베토벤 혹은 라이하? 모차르트 혹은 투르크? 바흐 혹은 게벨? 당신이 록, 재즈, 컨트리 음악, 힙합 혹은 팝 음악만 듣는 사람이라고 해도, 여러분들은 모두 같은 답을 할 것이다.

심리측정학적 천재 역사측정학적 평가에는 한 가지 커다란 불리한 점이 있다. 그것은 죽은 사람에 대한 연구에 가장 잘 적용된다는 것이다. 골턴(1869), 커텔(1903), 콕스(1926) 그리고 손다이크(1950)가 연구한 천재들은 대부분이 죽은 사람들이다. 그것과 똑같은 테크닉을 살아 있는 사람들에게도 적용할 수 있지만, 모험이 따른다. 죽는 순간까지, 그들의 공헌이 높은 수준으로 지속될지도 모르기 때문이다. 또는 시작이 미미했을지라도 대성공적인 말미를 장식할 수도 있을 것이다. 코페르니쿠스는 그의 생애 마지막 해인 1543년에 혁명적인 대작을 출판했다. 『천구의 회전에 관하여(On the Revolutions of the Celestial)』의 초판이 그가 죽은 날에 그에게 전해졌다. 전하는 바에 의하면, 뇌졸중에 의한 혼수상태에서 그는 임종을 앞두고서야 자신의 위대한 작품을 손에 쥘 수 있었다. 그는 잠시 깨어서, 자신의 책을 응시하고는 편안하게 잠들었다. 이 이야기가 진실이든 아니든, 역사측정학적 천재의 사정은 분명히 그 천재가 영원히 잠들 때까지 편할 수가 없다.

거기에 심리측정학적 평가가 끼어들게 된다. 생이 다하는 날까지 기다리지 않고 미리 그들을 검증할 수는 없을까? 만일 천재성이 어떤 심리적인 특성에 의존한다면, 그 특성들을 측정하면 되지 않겠는가. 그것을 측정한 결과에 따라서 우리 손으로 직접 그 천재성을 판단하는 것이다. 하지만 어떤 개인적 속성들을 사정해야 할 것인가? 골턴이 1869년에 답을 제공했다. 그는 천재성이 타고난 능력에 따라서 정해진다고 말했다. 타고난 능력이 높을수록 천재성의 크기는 더 크다. 하지만 타고난 능력을 어떻게 평가할까? 칸트 철학에 따르면, 우리는 한 사람의 독창성에 대한 역량capacity을 측정하기만 하면 된다고 말할 수 있을 것이다. 그러나 골턴은 매우 다른 생각을 가지고 있었다. 그에게 타고난 능력이란 "한 사람이 명성을 얻을 수 있게 행동하도록 이끌어주는 지성intellect과 성향disposition의 성질"을 의미하며, 명성이란 "여론 주도자, 창시자, 세상에 큰 공헌을 한 것으로 세계적인 인정을 받는 사람의 명성"을 말한다(p. 37). 그리고 골턴은 "열성zeal이 없는 역량이나 역량이 없는 열성이나 혹은 열성과 역량의 조합만이 아니라, 열성과 역량과 매우 고된 일을 하는 충분한 힘"을 의미하고 있다(p. 37). 이 조합을 그는 "열성, 고된 노력을 하기 위한 역량 그리고 능력이 결합된 3중 사진"이라고 불렀다(p. 38). 다시 말해 "자연스럽게 내버려둘 때 자연은 내재된 자극의 충동에 의해 명성에 이르게 하는 길을 올라간다"(p. 38).

안타깝게도 골턴은 이런 특성들 중 그 어떤 것도 측정하는 방법을 실제로 생각해내지 못했다. 그의 인체측정학적anthropometric 도구들은 분명히 부적절했다. 심리학자들이 이런 천재의 특성이라고 생각되는 것들을 사정하게 되면서 그들은 그들이 가장 중요하다고 생각하는 지성the intellectual에 집중했다. 나는 이미 그 책임이 있는 사람을 이야기했다 — 바로 루이스 터만. 그는 천재를 스탠포드－비네 지능검사에서 높은 점수를 받는 사람으로 정의했다. 그가 소개한 구체적인 기준은 IQ 140이었다. 이 분명한 한계점이 천재에 대한 공식적인 정의가 되었다. 한 사전에 기록되어 있듯이 천재란 '일반적으로 140 이상의 예외적으로 높은 지능지수를 가지고 있는 사람' 이다(American Heritage Electronic Dictionary, 1992). 당신의 지능지수가 140보다 더 높을수록 당신은 당신의 '영재성' 에 대해 더 당당하게 자랑할 수 있다.

그럼에도 불구하고 우리는 이 심리측정학적 정의에 심각한 문제가 있다는 것을 인정해야 한다. 이 스탠포드－비네 지능검사는 아동에게만 적용할 수 있다. 그 검사의 문항들이 성인들에게 너무 쉽다는 것이 이유가 아니다. 그 IQ의 정의는 아동에게만 적합하게 되어 있는 것이다. 1장에서 지적했듯이, IQ는 생활연령과 정신연령의 비율에 100을 곱한 것으로 원래 정의되었다. 그래서 6살 아이가 12살 수준의 수행을 할 수 있다면 그는 IQ 200점을 받게 된다 — 예측되는 골턴의 IQ 점수. 검사 당시에 11살 정도였던 터만의 연구대상 아동들의 경우에 그들이 IQ 140을 받기 위해서는 정신 연령이 15.4세가 되어야 했다(100 × 15.4/11). 그건 충분히 이해가 될 수 있다. 하지만 이 정의를 성인에게 적용할 때 어떻게 되는지 생각해보자. 40세인 어떤 사람의 IQ가 200이라고 해 보자. 이 사람이 80세

되는 사람의 지능을 가지고 있다는 것을 의미하는가? 그것이 어떻게 말이 되는가? 12살 아동이 6세 아동보다 지능이 높은 것은 당연히 생각할 수 있지만, 성인들에게 그런 공식을 적용하는 것은 적절하지 않다. 오히려 한때 상식적인 정의였던 것이 이제는 완전히 불합리하게 보일 정도다.

필요한 것은 심리측정학적 지능에 대한 개념의 변환이다. 그 새로운 개념은 실제로 1869년 골턴에 의해 제안되었다. 그는 자연적인 능력이, 케틀레(1835/1968)가 몸무게나 키와 같은 신체적 특성은 정상분포를 이룬다고 말했듯이, 정상적으로 분포된다고 주장했다. 천재는 종 모양 곡선의 상위 꼬리 부분에 위치한다. 대조적으로 평균 지능인 사람들은 봉이 있는 중간 부분 어디엔가 위치한다. 그렇다면 문제는 천재와 다른 사람들 간의 어디에 선을 그을 것인가를 결정하는 것이다. 심리측정학적으로 낮은 등급의 천재라고 해도 천재라고 말하기 위한 최소한의 지능지수는 도대체 몇 점인가?

이 질문에 대한 답은 어떤 것이라도 임의적이다. 왜 그것이 임의적인가 하는 한 가지 이유는 모든 IQ 검사가 같은 것이 아니라는 것이다. 어떤 검사에서의 IQ 점수가 다른 IQ 검사에서 받은 점수와 다를 수 있다. 간단하게 알아보기 위해서, 세부적인 것은 무시하고 근사 역치를 사용해보자(Storfer, 1990). 터만이 사용한 기준 점수인 140을 사용한다면, IQ 140 이상인 사람들은 그 분포의 상위 1%의 점수를 받는 사람들이다. 즉, 100명의 사람들 중에서 그 사람은 가장 똑똑한 사람일 것이다. 하지만 우리는 멘사Mensa와 같이 더 관대할 수 있다. 멘사 회원이 되려면 IQ 130 정도 이상 되는 상위 2% 이상이면 된다. 100만 명 중 한 사람만이 172점 이상의 높은 점수를 받는다. 한 파티에서 이렇게 높은 IQ를 가지고 있는 사람을 만날 확률은 매우 낮을 것이다. 한 번의 파티에서 그런 사람 한 명을 만나기 위해서는 확률적으로 보면 파티에 온 사람이 100만 명이 있어야 한다. 그것은 굉장히 큰 파티가 될 것이다!

당신은 어디에서 선을 긋겠는가? 아마도 터만(1925)이 사용한 IQ 140으로 구분하는 것도 좋을 것이다. 이 숫자는 평균 IQ 점수보다 40점이 더 높고 미국 대학 졸업자들의 평균 IQ보다 20점이 더 높다(Cronbach, 1960). IQ 140인 사람은 정말 똑똑한 사람이다. IQ 130~139인 사람은 '경계선 천재' 혹은 '준천재' 라고 할 수 있다. 현실적으로, 터만의 종단적 연구에서 1,528명의 천재로 판별한 아동들 중에서 약 60명의 IQ는 135~139였지만, 그는 그들을 터마이츠로 포함시켰다. 그러면 천재를 뽑을 때 우리는 'IQ 135 이상인 사람만 지원가능' 이라고 수정해야 할까?

당신들 중 어떤 사람들은 "잠깐! IQ가 높은 것이 바로 천재라는 것을 어떻게 알 수 있어? IQ 검사가 진짜 지능을 측정한다고 확신할 수 있나? 그리고 골턴이 말한 열성과 인내는 IQ와 어떤 관련이 있나? IQ가 높은 사람들이 칸트가 말한 독창적이고 모범적인 산출물을 생산할 수 있다는 것을 어떻게 알 수 있나?" 하는 여러 가지 질문을 할 수 있을 것이다. 지금으로서 우리는 아직 모른다. 하지만 천재의 심리측정학적 정의는 사전에 도입되었다. 그러니까 그것이 진리일까? 과연 그럴까? 앞으로 알게 될 것이다.

발현

역사측정학적 천재와 심리측정학적 천재 간의 실제 관계가 무엇이든, 우리는 그 두 가지 개념을 연결시키려고 하는 경향이 강하다. 이 연결은 미국과 캐나다의 대학생들을 대상으로 한 최근 조사에서 나타났다(Paulhus, Wehr, Harms, & Strasser, 2002). "머리가 좋은 사람의 이상적인 본보기로 친구나 가족이 아닌 살아 있거나 이미 죽은 유명한 인물"(p. 1052)을 생각하라고 대학생들에게 요구했다. 당신은 이 질문에 어떻게 답하겠는가? 조사의 응답자들은 아인슈타인, 뉴턴, 에디슨, 모차르트, 셰익스피어 그리고 다빈치와 같은 이름을 생각해냈다. 이 인물들은 모두 역사측정학적 천재의 예로 간주되었을 것이다. 그들 외의 세 천재들의 추정 가능한 대략의 IQ는 뉴턴이 130~170, 모차르트 150~155 그리고 다빈치가 135~150이었다(Cox, 1926). 이 세 명의 경우에는 역사측정학적 천재와 심리측정학적 천재로 일치하는 것으로 보인다. 아인슈타인, 에디슨 그리고 셰익스피어의 경우에도 의심할 여지없이 역사측정학적 그리고 심리측정학적 천재로 일치한다.

지능의 모범이 되는 사람들은 또 다른 공통적인 특성을 가지고 있다 — 그들은 모두 예외적인 창조자로 알려져 있다. 이 공통점은 가장 뛰어난 천재성의 발현을 조사하지 않을 수 없도록 한다. 하지만 그것이 유일한 것이 아니라는 것을 나중에 알게 될 것이다.

뛰어난 창의성

창의성이란 무엇인가? 어떤 사람이 창의적이라는 말은 무엇을 의미하는가? 가장 일반적인 창의성에 대한 정의는 두 가지 요구조건을 만족시켜야 한다는 것이다(Simonton, 2000b). 첫째, 창의적이라는 것은 독창적이라는 것이다. 만일 이미 수많은 사람들이 같은 아이디어를 가지고 있다면, 그것을 창의적이라고 하기는 힘들다. 하지만 독창성은 충분조건이 아니라 필요조건이다. 앞에서 칸트가 지적했듯이 완전한 비상식이 고도로 독창적일 수 있다 — 완전한 정신병자의 익살맞은 행동들이 충분히 보여주듯이. 이 부정할 수 없는 현실 때문에 두 번째 조건을 만족시켜야 한다. 바로 창의적이기 위해서는 유용해야 한다. 독창적인 아이디어이면서 적용성이 있어야 한다. 내가 콘크리트 블록으로 비행기를 만들겠다고 하면, 나는 독창성에서는 많은 점수를 얻겠지만 유용성에서는 어떤 점수도 받을 수 없고, 그래서 나의 전체적인 창의성 점수는 0점이 된다.

창의성을 이 두 가지 특성을 가진 산출물로 보는 것이 도움이 된다. 더 구체적으로 우리는 'C = O × U' 라고 말할 수 있다. 여기에서 C는 창의성creativity이고, O는 독창성originality 그리고 U는 유용성usefulness이다. 만일 O나 U 중에서 하나가 제로이면 C는 제로가 된다. 다시 말해서 창의성은 독창성과 유용성의 다양한 결합에서 나올 수 있다. 어떤 창의적인 아이디어의 유용성보다 독창성이 더 높은 경우도 있고, 독창성보다 유용성이 더 높은 경우도 있을 것이다. 전자의 경우는 모든 사람이 '이해 못하는' 혁명적인 스타일로 고안된 예술작품이라고 할 수 있다. 후자의 경우는 대부분 기존의 도구 기능을 가지고 있지만 한 가지 다른 기능을 가지고 있는 새로운 가정용품이 예가 될 수 있다.

창의성 연구에서 심리학자들은 창의성의 두 종류 간에 결정적인 구분을 하는 경우가 많다(Simonton, 2000b). 한편에는 '리틀 c' 창의성이 있다. 이것은 일상생활에서의 창의성과 관련이 있다. 인생은 우리가 해결해야만 하는 문제들로 가득하다. 그리고 우리는 실제로 작용하고 일이 되게 하는 새로운 해결에 자주 도달하게 될 것이다. 예를 들어, 당신은 특별한 손님을 위해 저녁을 준비하고 있는 도중, 손님이 도착하기 몇 분 전에 주 요리의 재료가 빠졌다는 것을 알게 된다. 그래서 당신은 선반에 있는 양념들을 섞어서 요술 같이 그 재료를 대신할 수 있는 것을 만들어 낸다. 그 결과 독창적인 조리법이 탄생하고 만족할 만한 요리가 된다. 하지만 그렇다고 해서 그 이채로운 요리가 다른 사람에게 깊은 인상을 심어주는 혁신적인 것은 아니다. 당신이 한 일은 뭔가를 끼워 맞춘 것뿐이다. 말하자면 그것은 로켓 과학은 아니다.

다른 한편에 '빅 C' 창의성이 있다. 이 빅 C 창의성은 독창성이 훨씬 파격적이고 유용성도 훨씬 파급적이다. 이것은 이전에 그 아이디어를 생각한 사람이 아무도 없고, 그 아이디어가 창의적 성취의 전체 영역에 대변혁을 일으키는 것이다. 칸트의 말을 빌리자면, 결과적인 산출물은 모방자들에게 영감을 주거나 최소한 숭배자나 제자들을 끌어 모은다는 점에서 본보기가 되는 것으로 볼 수 있다. 셰익스피어의 『햄릿』은 수세기 동안 관객들의 마음을 사로잡았을 뿐만 아니라 많은 다른 창조자들을 자극하여 오페라, 발레, 영화, 그림, 소설과 톰 스토파드Tom Stoppard의 1966년 작품인 『Rosencrantz and Guildenstern Are Dead』와 같은 연극으로까지 만들어졌다. 이것은 『햄릿』 같은 '독창성×유용성'의 산출물로 임시변통적인 창의적 조리법보다는 몇 단계 수준이 더 높다. 그와 같은 높은 수준의 창의성을 천재의 작품이라고 부른다. 빅 C 창의성은 창의적인 천재가 업으로 하는 것이다.

이 마지막 결론은 흥미 있는 이슈를 제기한다 — 어떠한 성취 영역에서 창의적인 천재를 발견할 수 있을까? 빅 C 창의성은 모든 성취 영역에 나타나는가 아니면 일부 특정한 영역에서만 나타나는가? 나의 경우에는 창의적인 천재를 순수 예술로 제한하는 경향이 강하기 때문에 이 질문을 한다. 예를 들어 대학생들에게 지능보다는 창의성의 본보기가 되는 인물을 말해보라고 했을 때, 아인슈타인과 뉴턴 그리고 에디슨조차 이 리스트에 나타나지 않았다(Paulhus et al., 2002). 모차르트, 셰익스피어, 다빈치 그 외에 베토벤, 미켈란젤로, 피카소, 살바도르 달리, 스티븐 스필버그 그리고 월트 디즈니와 같은 예술적 창조자들이 포함되고, 마이클 잭슨, 로빈 윌리엄스, 마돈나와 같은 유명한 연예인까지 포함되어 있었다. 리스트에서 마돈나보다도 낮은 순위에서 과학자로서는 오직 지그문트 프로이트와 알렉산더 그레이엄 벨, 두 명만 찾아볼 수 있다.

물론, 이것은 대학생들의 의견이다. 우리는 이 확인된 명단을 무지의 소치라 하고 거부할 수 있다. 그들이 무엇을 알겠는가? 서두르지 말기를. 지성인들조차도 예술이 과학보다 더 창의적이라고 보는 같은 경향을 가지고 있다. 사실 그 관점은 칸트(1790/1952)까지 거슬러 올라갈 수 있다. 칸트는 천재는 과학이 아니라 예술에서만 나타날 수 있다는 그의 관점을 "미술은 천재의 예술이다."(p. 525)라고 분명하게 말했다. 그는 뉴턴의 『수학 원리(Principia Mathematica)』는 '불후의 작품'이며 과학을 공부한 누구에 의해서도 쓰일 수 있었겠지만, 『일리아드』와 『오디세이』는 호며 같은 천재만이 쓸 수 있었다고까지 말했다. 시인, 극작가, 회화가, 조각가, 건축가 그리고 작곡가들은 천재가 될 수 있지만 수학자, 천문학자, 물리학자, 화학자 그리고 생물학자들은 천재가 될 수 없었다. '과학적 천재' 라는 표현은 모순어법이 될 것이다.

칸트의 입장은 과학은 창의성을 필요로 하지 않는 과학적 방법이라고 하는 것이 있기 때문에, 과학은 창의성이 필요 없다고 믿는 철학자와 과학자들의 입장과 같이 한다. 프랜시스 베이컨에게는 귀납법이고, 르네 데카르트에게는 연역법이고, 뉴턴에게는 가설－연역적 방법이었다. 이런 다양성에도 불구하고, 과학은 여전히 한 가지 방법을 갖고 있다. 그 방법을 모방하면 당신은 과학자이다. 하지만 당신이 아무리 성공적이라고 해도 당신은 천재는 아니다. 만일 뉴턴을 천재로 간주하지 않는다면, 코페르니쿠스, 갈릴레오 혹은 아인슈타인조차 어떻게 천재라고 할 수 있겠는가?

칸트와 그 외 사람들의 주장이 과장되었다 하더라도 그들의 입장에는 어느 정도 진리가 있다. 평균적으로 예술적 천재는 과학적 천재보다 더 많은 독창성을 요구한다. 후자는 전자보다 사실과 논리의 제약을 더 많이 받으면서 작동된다. 예술가는 진실을 확장할 수 있는 시적인 면허를 유리하게 이용할 수 있지만 과학자는 결코 그렇게 할 수 없다. 이 차이가 의미하는 것은 과학적 천재의 성격 특성은 예술적 천재와 작은 c 창의성을 발휘하는 사람 간의 중간 어디엔가 위치하는 경향이 있다는 것이다. 어떤 면에서 과학적 천재는 중간 c 창의성의 실천가이다.

예외적인 리더십

미국과 캐나다 학생들에게 지능의 대표적인 인물들을 말해보라고 했을 때, 그들은 가끔 창조자보다 지도자를 들었다(Paulhus et al., 2002). 그 지명된 사람들에는 마틴 루터 킹, 말콤 X, 빌 클린턴, 지미 카터, 미하일 고르바초프, 피에르 트루도, 다이앤 파인스타인[6], 빌 게이츠, 리 아야코카 그리고 도날드 트램프까지도 포함되었다! 이것은 천재성은 창의성보다 리더십을 요구하는 영역들에서도 나타날 수 있다는 것을 시사한다. 이 개념의 확장은 골턴(1869)의 유전적 천재와 일치한다. 과학자, 시인, 소설가, 미술가, 작곡가 외에 골턴은 정치가, 지휘관 그리고 종교적 지도자와 법적 지도자들까지 논의했다. 이렇게 개념을 확장하는 것은 하트(2000)가 100명의 가장 영향력 있는 역사적 인물을 평가한 것과 일치한다. 앞에서 살펴보았듯이, 지도자들은 창조자들보다 상위에 있고, 종교적 지도자들은 정치적 지도자들보다 우위에 있는 경향이 있다.

대체로 리더십 성취 영역에서의 천재는 다음 네 가지로 구분할 수 있는 것으로 보인다. ① 군사적 천재들－칭기즈 칸, 알렉산더 대왕, 나폴레옹 보나파르트, 훈족 아틸라 왕, 키루스 대왕, 줄리어스 시저, 프레드릭 대왕, 구스타프 아돌프, 조지 워싱턴, 시몬 볼리바르, 프란시스코 피사로, 헤르난도 코르테스, 조셉 추장 그리고 샤카[7]. ② 정치적 천재들 — 아쇼카 대왕, 진시황, 레닌, 모택동, 아우구스투스 시저, 콘스탄틴 대왕, 올리버 크롬웰, 히틀러, 스탈린, 퀸 이사벨라 1세, 퀸 엘리자베스 1세, 피터 대제 그리고 카트리나 대제. ③ 기업적 천재들 — 빌 게이츠, 록펠러, 밴더빌트[8], 앤드류 카네기, 존 제이콥 아스토르 그리고 헨리 포드. ④ 종교적 천재들 — 모하메드, 예수, 붓다, 모세, 조로아스터, 마하비라, 마니[9], 마틴 루터, 존 칼빈, 교황 우르반 2세.

분명히 네 번째의 천재 카테고리는 논쟁의 여지가 있다. 그렇게 포함시키는 것은 당신의 종교적인 소속이나 신학이론에 따라 다를 수 있다. 만일 당신이 무슬림이라면 모하메드는 단순한 천재가 아니라 알라의 예언자이다. 마찬가지로, 만일 당신이 크리스천이라면 예수는 신의 아들이므로 천재라는 용어는 이단적이지 않다면 비하하는 표현이 된다. 칸트는 다른 사람들이 모방하도록 하는 독창적인 아이디어가 신의 계시나 영감에서 나올 가능성을 고려하지 않았다. 소위 종교적 천재에 대한 연구에 대하여 발표한 심리학자는 거의 없다. 따라서 우리는 이 문제를 미래 세대가 더 밝히기 위해 고심하도록 편안하게 옆으로 제쳐둘 수 있다.

경이적인 수행

우리가 리더십 영역에서의 천재에 대하여 이야기할 때 우리는 창의성 영역에서의 천재들에 대해 이야기할 때보다 더 불안정한 상황에 처한다. 종교적 천재를 논외로 하면 예외적인 리더십은 뛰어난 창의성만큼 타고난 능력 수준을 항상 필요로 하지는 않는다. 이 차이는 콕스(1926)가 301명의 천재에 대하여 추정한 IQ 점수에서도 분명하게 나타난다(Simonton, 1976a). 그녀가 표집한 지도자들의 평균 IQ는 창조자들의 평균 IQ보다 약 10점 낮았다. 그 집단에서 장군이나 제독보다 IQ가 약 20점 더 높은 정치적 혁명가들을 이 표본에서 제외한다면, 이 IQ 점수 차는 더 커질 것이다. 콕스의 결과는 지능의 좋은 본보기로는 지도자들이 창조자들보다 훨씬 적은 것으로 나타난 학생들을 대상으로 한 조사와 일치한다(Paulhus et al., 2002).

이 경우보다 더 낮은 수준에서도 천재의 이름을 붙이기에 더 생각을 해 보아야 하는 사례들이 있다. 종종 천재라는 용어는 거의 모든 종류의 경이적인 수행의 모범에 적용된다. 어느 누구든 어떤 영역의 수행 분포에서 매우 높은 위치에 도달한 사람을 천재라고 말한다. 따라서 카스파로프Gary Kasparov나 피셔Bobby Fisher를 이야기할 때 체스 천재라고 말하는 것이 타당한 것 같다. 마찬가지로 악기를 다루는 거장의 솜씨도 천재성을 나타내는 것이라고 말할 수 있다. 글렌 굴드Glenn Gould나 이작 펄만 같은 거장들에게 천재라는 숭고한 이름이 붙는 것도 같은 경우다. 전자는 피아노 천재였고 후자는 바이올린 천재이다. 같은 원리로 록 기타연주자 지미 헨드릭스, 시타르 연주자 라비 샹카 혹은 재즈 음악가 엘라 피츠제럴드에게도 이런 엘리트 명칭을 붙여주는 것이 타당할 수 있다.

더 애매한 경우는 그 단어를 스포츠에 붙일 때이다. 마이클 조던은 농구 천재인가, 조 몬테나는 축구 천재인가? 어떤 관찰자들에게는 그 용어를 관대하게 헌정하는 것이 어리석게 보일 수 있다. 하지만 골턴(1869) 자신에게 그런 행태에 대한 책임이 있다. 유명한 창조자와 지도자들과 나란히, 그는 뱃사공과 레슬링 선수도 포함시켰다. 만일 운동선수들을 천재라고 할 수 있다면, 정신적 선수는 어떤가? 경이적인 인간 계산기인 데비Shakuntala Devi를 생각해 보자(Jensen, 1990). 그녀는 7,686,367,774,870 곱하기 2,465,099,745,779를 단 28초 안에 할 수 있다 — 그녀의 머릿속에서. 혹은 20,047,612,231,936의 8제곱근을 단 10초에 계산한다. 우리들 중에 훨씬 적은 숫자의 제곱근을 단 10초에 계산할 수 있는 사람이 몇 명이나 될까? 데비를 계산 천재라고 불러야 할까?

앞에서 언급한 것은 모두 뛰어난 수준의 수행을 하는 성인들에 대한 내용이다. 그렇다면 신동은 어떤가? 모차르트를 예로 들어보자. 콕스(1926)에 의하면 모차르트는 5세경에 작곡을 시작했고 7세에 그의 첫 작품들인 바이올린과 키보드를 위한 4개의 소나타를 발표했다. 15세까지 그는 18개의 심포니, 2개의 오페레타, 한 개의 오페라 그리고 많은 협주곡, 실내악 그리고 교회 음악을 작곡했다. 그는 13세에 대공 수석연주자에 임명되기까지 했다. 이렇게 어린 나이에 많은 것을 이룬 것 외에도 그는 뛰어난 키보드 대가였다. 어린 시절에 성공적인 연주 여행을 시작했으며, 14세 때 시스틴 성당에서 알레그리의 <다성합창곡(Miserere)> — 두 개의 성가대를 위한 4부와 5부로 쓰인 가장 복잡한 작품 — 의 음악회에 참석한 후에 전 곡을 기억해서 악보에 적을 수 있었다. 그가 기록한 악보에서 수정한 부분은 아주 일부일 정도로 완벽했다. 그리고 자연적으로 7세에 절대 음감을 보여 주었다. 이 위업은 분명히 경이롭다. 하지만 만일 모차르트가 성인이 되기 전에 죽었다면, 우리는 그를 여전히 천재라고 부를 수 있을까?

과학적 관점에서, 그 답은 '예' 이기도 하고 '아니오' 이기도 하다. 그 이유는 우리는 두 가지 사정 기준만 가지고 있다는 것이다. 심리측정학적 천재의 기준에 의하면, 그가 실제보다 더 젊은 나이에 죽었다고 해도 천재라고 주장할 수 있을 것이다. 콕스(1926)는 누가 봐도 인정할 만한 모차르트의 조숙한 발달을 기초로 IQ를 추정하여 어린 천재로 판단했을 것이다. 하지만 그 판단은 역사측정학적 천재의 기준을 사용한다면 달라진다. 모차르트가 왕성한 활동을 했겠지만 그의 초기 활동은 독창성과는 거리가 멀었다. 사실 초기의 모차르트는 능숙하긴 했지만 모방적이었다. 칸트가 상기시키듯이, 모방은 천재성이 아니다. 모차르트는 그의 독특한 목소리를 10대 후반까지는 발견하지 못했고, 그가 20대 중반이 될 때까지는 논란의 여지가 없을 정도의 대작을 만들지는 못했다(Hayes, 1989). 그래서 만일 그가 20세경에 죽었다고 가정하면, 기껏해야 그는 유명한 음악 선생님, 바이올린 연주자 그리고 장래가 촉망되지만 단명한 이류 작곡가인 레오폴드 모차르트의 아들로 음악사에 짧게 기록되었을 것이다.

천재성의 경계선

바로 앞에서 우리는 누구를 천재라고 판단하기 위한 두 가지의 적절한 기준을 가지고 있다고 주장했다. 하나는 심리측정학적 기준이고 다른 하나는 역사측정학적 기준이다. 이 두 가지 시금석 중에서, 첫 번째 것은 적용하기가 더 쉽고 더 명백하다. 터만(1925)이 그랬듯이 그 사람에게 지능검사를 실시하면 된다. 그 사람이 죽었거나 지능검사를 실시하는 것이 불가능하다면, 가능한 전기 자료를 사용하여 그 개인의 지능을 측정할 수가 있다(Cox, 1926; Simonton, 1986c, 2006c; Thorndike, 1936, 1950; Woods, 1906). 역사측정학적 천재는 대조적으로 기준이 훨씬 더 어렵고 불분명하다. 그것이 얼마나 복잡한 문제인가를 이해시키기 위해 여러분들에게 다음 6가지 사례를 제시하겠다. 그들을 천재로 간주해야 하는지 혹은 천재로 간주하지 않아야 하는지 생각해 보기를 바란다. 그 결정을 하기 위해 어떤 기준을 당신은 사용하겠는가?

악한 천재

앞에서 정치적 천재의 예로 히틀러가 리스트에 올랐을 때 여러분들 중에는 기분이 상하거나 아드레날린[10)]이 분출된 사람도 있을 것이다. 역사를 알고 있는 사람들 중에는 칭기즈 칸을 포함시키는 것에 대해서 반대하는 사람도 있을 것이다. 만일 내가 오사마 빈라덴을 포함시켰다면 더 많은 독자들을 분노하게 했을 것이다. 나는 <천재의 신비(The Mystery of Genius)>라고 하는 A&E 텔레비전 프로그램에 출연한 적이 있다. 나는 창의적인 천재와 군사적 천재에 국한해서 이야기를 했는데 방송된 그 쇼 프로그램에서는 악명 높은 스파이까지 천재에 포함시키고 있는 것을 보고 충격을 받았다. 범죄적인 천재에 대해서는 왜 이야기하지 않나? 알 카포네나 어떤 마피아 대부에 대해서는 왜 이야기하지 않는가? 더 일반적인 말로 하면, 사악한 천재도 여전히 천재로 간주해야 할 것인가?

나는 정확하게 기억하지 못하지만, 여러분들은 342명의 유럽 군주들을 조사한 연구결과를 살펴보기 바란다(Simonton, 1984e). 프랑스의 루이 14세, 러시아의 프레드릭 대제, 스웨덴의 크리스티나, 러시아의 예카트리나 여제, 오스만 제국의 슐레이만 대제와 같은 인물들이 그 표본에 포함되어 있다. 하지만 그 표본의 정치 지도자들 모두가 명예와 부를 가진 것은 아니며 그중에는 예카트리나의 무능하고 무력한 남편인 표트르 3세를 포함한 완전한 실패자들도 있다. 지도자들의 역사측정학적 탁월함은 평가된 그의 도덕성과 U 모양의 함수관계인 것이 발견되었다. 다시 말해서, 위대한 군주들은 선하거나 악하거나, 유명하거나 악명이 높았다. 반면 평범한 통치자들은 그들의 도덕적인 행동에 있어서 덜 극단적이었다. 만일 당신이 성자로 역사에 기록될 수 없다면, 최소한 당신의 흔적을 죄인으로 남길 수는 있다. 당신들 중에 몇 사람이나 셰익스피어의 『리처드 3세(Richard Ⅲ)』를 영화로 보거나 책으로 읽었는가? 당신은 무슨 뜻인지 알 것이다.

우연한 천재

우리는 천재는 수많은 노력에 의해 탁월함을 얻게 된다고 생각하기를 좋아한다. 골턴(1869)이 열심히 노력하기 위한 역량에 대하여 말한 것을 기억하라. 하지만 어떤 사람들은 마침 적절한 때에 적절한 장소에 있었다는 이유로 행운을 잡게 된다. 유명한 알렉산더 플레밍의 사례를 생각해 보라. 1928년에 그는 포도상 구균의 배양이 푸른-초록색의 곰팡이에 의해 오염되는 것을 우연히 발견했다. 곰팡이 주위에 후광이 생겨서 박테리아의 성장을 억제하는 화학물질을 내보낸다는 것을 보여 주고 있었다. 플레밍은 그것이 **푸른곰팡이**Penicillium notatum라고 확인하고, 마침내 그가 페니실린이라고 부른 활성 산소를 분리하였다. 이후 페니실린은 수백만 명의 생명을 구하는 기적의 약이 되었다. 1944년에 플레밍은 기사 작위를 받고 1년 후에 하워드 플로리Howard Florey와 언스트 보리스 체인Ernst Boris Chain과 공동으로 노벨의학상을 수상했다.

이와 같은 사건은 너무 흔해서 '운 좋은 뜻밖의 발견' serendipity이라는 말까지 있다(Cannon, 1940; Roberts, 1989). 몇 가지 유명한 예를 들면,

빛의 간섭(Grimaldi, 1663), 결정의 기하학적 법칙(Hauy, 1781), 동물 전기[11](Galvani, 1791), 아산화질소 마취(Davy, 1798), 전자기학(electro-magnetism)(Oersted, 1820), 오존(Schonbein,[12] 1839), 합성 콜타르 염료(Perkin, 1856), 태양 스펙트럼 속의 D-라인(Kirchhoff, 1859), 다이너마이트(Nobel, 1866), 축음기(Edison, 1877), 백신 접종(Pasteur, 1878), 사카린(Fahlberg, 1879), X선(Rontgen, 1895), 방사능(Becquerel, 1896), 유도된 과민화(아나필락시스[13]; Richet, 1902), 고전적 조건형성(Pavlov, 1902), 비타민 K(Dam, 1929), 설파제(Domagk, 1932), 테플론(Plunkett, 1938) 그리고 벨크로(de Maestral, 1948)의 발견들이 있다. 하지만 그들의 발견이 운 좋게 발견되었다는 이유로 그들의 천재성을 부인해야 할까? 만일 당신이 운 좋게 1928년 운명적인 그 날에 플레밍의 실험실에 있었고, 세균 배양용 접시를 그보다 먼저 보았다면, 당신이 기사 작위를 받고 노벨상을 수상했을까?

당신에게 운이 없었다고 애통해하기 전에, 당신은 운 좋은 뜻밖의 발견이 게으름뱅이의 무릎에 떨어지는 경우는 거의 없다는 것을 알아야 한다. 발견하는 기회를 잡은 대부분의 사람들은 그 커다란 사건이 일어나기 전부터 열심히 노력했고 그 이후에도 열심히 노력했다. 플레밍은 1928년 이전에도 세균학, 면역학 그리고 화학요법에 중요한 공헌을 해왔다. 예를 들어, 그는 6년 전에 효소 라이소자임을 발견했었다. 1928년 이후에 플레밍은 다른 화학자들과 함께 곰팡이에서 항생제를 분리하기 위해 노력했으며, 그는 그것의 효과를 임상적으로 검증하기 위해서도 노력했다. 비록 페니실린이 플로리와 체인의 연구 이후에 의약품으로 실용화 될 수 있었지만, 전반적으로 그 일을 추진하고 그 약의 개발에 활력을 불어넣은 사람은 플레밍이었다. 아직까지 그가 우연한 천재일 뿐이라고 생각되는가?

인정받지 못했던 천재

이 문제는 역사측정학적 천재의 개념이 생긴 후 계속해서 역사측정학적 천재의 개념을 괴롭혔다. 오스트리아 제국에서 멘델은 1865년에 유전의 법칙을 발견했지만, 실제로 그는 자신의 업적을 인정받지 못한 채 1884년에 죽었다. 그리고 1900년에 세 명의 과학자들이 독립적으로 그의 연구결과를 재발견하여, 그는 사후에 부활하게 되었다. 멘델이 죽은 지 2년 후에 미국에서 한 여자가 죽는다. 그녀는 짧은 생애 동안 12편도 안 되는 시를 출판했지만, 독창적인 1,500편 이상의 미출판된 시를 남겼다. 작품이 출판된 후 에밀리 디킨슨은 미국의 위대한 시인들 중 한 명으로 알려지게 되었다(그리고 시간이 한참 흐른 후에는 내가 개인적으로 좋아하는 사람들 중 한 명이 되었다). 마지막으로 멕시코의 프리다 칼로는 디킨슨보다 더 젊은 나이에 죽는다(디킨슨은 55세, 칼로는 47세). 멕시코의 유명한 벽화가인 디에고 리베라의 아내였고, 한때는 러시아 혁명가인 레인 트로츠키의 애인이었던 그녀는 거의 150편의 그림을 남겼으며 그중 2/3 이상이 자화상이다. 그녀의 사후에 이 그림들에 훨씬 더 많은 숭배자들이 생겼으며 2002년에는 셀마 헤이엑이 주인공 역을 맡은 영화가 <프리다(Frida)>라는 제목으로 만들어졌다.

우리는 이런 이야기를 정말 좋아하지 않는가? 월트 미티[14] 콤플렉스(제임스 터버의 만화 인물의 이름을 따서)와 비슷한 것을 앓고 있는 사람들이 특히 그런 이야기에 공감할 것이라고 생각한다. 우리들 중에 누군가 비밀 세계에 살면서 그곳에서 혁명적인 과학적 발견을 하거나 걸작의 시를 쓰거나 대성공적인 그림을 그리는 생각을 하고 있는 사람이 있을지 모른다. 슬프게도 그것을 알아주는 사람은 아무도 없다. 그렇긴 해도 앞의 예에 비추어 보면, 그들의 사후에 박수갈채까지는 아니더라도 소박한 인정은 받을 수 있지 않을까 기대할 수는 있다. 다행히 일찍 죽지 않는다고 해도 천재는 종종 당대에 인정받지 못한다는 생각으로부터 어떤 위안을 가질 수는 있다.

만일 당신이 이런 꿈을 꾸고 있는 사람들 중 한 사람이라면, 내가 당신에게 해 줄 수 있는 말은 "꿈 깨시오!"이다. 인정받지 못한 천재들은 법칙이 아니라 예외다. 어떤 법칙에도 예외는 있지만, 만일 대부분의 경우에 지켜지지 않는 법칙이라면 그것은 법칙이 아닐 것이다. 영어 철자법에서 우리는 흔히 'c가 앞에 올 때 혹은 neighbor나 weigh에서와 같이 a(에이)로 발음할 때를 제외하고는, i가 e 앞에 온다' 라고 알고 있다. 이 법칙은 'relieve' 와 'receive' 에는 맞지만, 'weird' 에는 맞지 않는다. 멘델, 디킨슨 그리고 칼로와 같은 경우는 예외적인 경우다. 그들의 예외성exceptionality은 몇 가지 경험적 연구에서 나타났었다. 예를 들어, 르네상스 이탈리아 예술가들의 상대적인 명성은 몇 세기에 걸쳐 꽤 안정적으로 유지되었다(Ginsburgh & Weyers, 2006). 가끔 유명하지 않던 사람이 잠시 명성을 얻기도 하지만 결국은 다시 망각되어 버린다. 레오나르도 다빈치, 미켈란젤로 그리고 라파엘 같은 빛나는 사람들은 선두 자리를 두고 경쟁에서 뒤처지기도 하지만, 시대에 따라 변한다고 해도 그 위치가 놀랄 만큼 커다랗게 변하지는 않는다. 그와 같은 시대를 초월하는 안정성이 문학, 과학 그리고 심리학과 같은 다른 영역에도 적용된다(Over, 1982; Rosengren, 1985; Simonton, 1984f). 시간을 가로지르는 이 일관성은 개인의 창의적인 산출물에도 적용된다. 한 오페라의 첫 공연에서 받은 반응이 수세기 후의 인기를 예측하며(Simonton, 1998b), 그와 같은 안정성은 셰익스피어의 154 소네트에 대한 좋은 평판에도 적용된다(Simonton, 1989b). 명성은 사람들이 종종 생각하듯이 그렇게 변덕스럽지 않다.

요약하면, 천재가 세월의 검증에서 살아남게 되면 그는 재검증을 받을 필요가 없다. 멘델, 디킨슨 그리고 칼로와 같은 몇몇 천재들은 너무 늦어서 영광을 누릴 수 없게 될 때까지 패스하지 못할지도 모르지만, 한 번 패스하면, 그들에 대한 후세의 평가는 상당히 안정적인 위치를 갖게 된다. 멘델, 디킨슨 그리고 칼로의 명성은 여전히 올라가고 내려가기를 반복하겠지만, 그들 중 누구도 망각되지는 않을 것이다. 그들이 죽었을 때 그것은 그들의 운명인 것처럼 보였다. 일단 판테온(유명인의 반열)에 들어오게 되면 이미 이룬 것이다 — 비록 때때로 지하로 내려가게 되는 경우가 생기더라도.

역 천재

역 천재Inverse Genius라는 말이 가장 적절하지는 않겠지만 다르게 표현할 적절한 용어가 생각나지 않는다. 내가 여기서 말하고자 하는 것은 어떤 것이 너무 나쁘기 때문에 좋다는 의미다. 영화가 너무 형편없기 때문에 걸작이 되는 것과 같은 이치다. 에드 우드Ed Wood의 영화가 딱 들어맞는 사례다. 그는 세상에서 가장 나쁜 감독으로 기록된 역사적 인물이다. 그의 1959년 영화 <Plan 9 From Outer Space>는 지금까지 만들어진 영화 중에서 가장 나쁜 영화라고 한다. 하지만 그의 전기를 그린 영화가 조니 뎁이 주인공 역을 맡아서 <Ed Wood>라는 제목으로 만들어졌다! 그리고 <Plan 9 From Outer Space>를 물론 포함한 그의 영화들은 인터넷 DVD 판매업체인 Netflix에서 구입하여 볼 수 있다! 분명 우드가 만든 괴물 같은 영화에 주어진 그런 관심을 여전히 기다리고 있는 훨씬 더 훌륭한 영화감독들이 있다!

혹은 윌리엄 맥고너걸William McGonagall이라는 시인을 생각해 보라! 그에 대해 들어본 적이 없다고? 그와 셰익스피어의 관계는 히틀러와 처칠의 관계와 같다. 맥고너걸의 시는 영어로 쓰인 시들 중에서 가장 나쁘다. 그의 시는 너무 졸작이기 때문에 그것을 즐기는 팬들은 오히려 그 이유로 오늘날까지 읽고 있다. 그를 추모하는 웹 사이트(http://www.mcgonagall-online.org.uk)에는 그의 졸작 시에서 따온 도저히 구제받을 수 없는 구절들이 올라와 있다. 그의 시 <Glasgow>[15]에는 이런 보석이 담겨 있다 — "아름다운 도시 글래스고우여 번창하라/그리고 그 주민들에게는 그들의 신체를 살찌울 음식이 풍부할 지다." 맥고너걸의 사례는 내가 일하는 데이비스 대학교에서 가까운 거리에 있었던, 캘리포니아 산호세 주립대학교의 영문과에서 매년 개최하는 Bulwer-Lytton Fiction Contest를 생각나게 한다. 참가자는 '가능한 한 최고로 나쁜 소설의 시작하는 문장을 작성' 해야만 한다. 그 대회의 이름은 불워 리튼[16]의 이름에서 따왔으며, 그의 한 소설은 "어둡고 폭풍우가 치는 밤이었다."라는 문장으로 시작했다. 어디서 들어본 것 같은가? 그것은 찰스 슐츠가 피넛 만화에서 가끔 인용했던 것이다. 그것은 가끔 스누피가 개집 위에 앉아서 위대한 미국 소설로 길이 남을 작품을 구상하면서 타이프 하던 첫머리 글로 등장하곤 한다. 어쨌든 훌륭하게 형편없는 글머리를 생각해내면 상금 250달러를 받을 수 있다. 대상을 받은 수상자들 속에는 1975년이 많은 사람들에게 '애완용 돌(Pet Rocks)'[17]을 사도록 설득함으로써 백만장자가 된 게리 달Gary Dahl의 이름도 포함되어 있다. 2000년에 그는 자신의 이력서에 Bulwer-Lytton상 수상을 써넣을 수 있게 되었다.

당신의 생각은 어떤가? 당신은 에드 우드, 맥고너걸 그리고 게리 달 모두가 천재가 될 수 있다고 믿는가? 그렇지 않다면 그 이유는 무엇인가?

부끄러운 천재

나는 클래식 음악의 열렬한 팬인데, 내가 가장 좋아하는 작곡가는 베토벤이다. 열렬한 팬이라기보다 거의 광적이라고 표현하는 것이 더 적절할 것이다. 어쨌든, 나는 내 친구에게 어떻게 베토벤은 100곡보다 조금 많은 수의 작품만 작곡했는지 애통하다고 말한 적이 있다. 이 숫자는 내가 좋아하는 다른 작곡가들인 바흐, 헨델, 하이든 혹은 모차르트보다 훨씬 적은 수다. 사실, 베토벤의 주요한 전체 작품의 수가 하이든이 작곡한 교향곡의 수보다 더 적다. 하이든은 104개의 교향곡을 작곡했고 베토벤은 9개의 교향곡을 작곡했을 뿐이다. 비교적 작품 수가 적다는 것은 베토벤의 음악을 들을 때 더 짧은 시간 내에 반복해야 한다는 의미다. 그것은 베토벤의 음악이 다시 들을 가치가 없다는 것을 의미하는 것이 아니다. 절대로 그런 것이 아니다! 나는 하나뿐인 오페라 곡을 더 듣고 싶고, 다섯 개뿐인 피아노 협주곡도 더 듣고 싶고, 9개보다 더 많은 교향곡, 16개보다 더 많은 현악 4중주, 32개보다 더 많은 피아노 협주곡 그리고 더, 더 많은 베토벤의 곡을 듣고 싶을 뿐이다.

마침 내 친구가 매우 합리적인 질문을 했다 — 왜 다른 어떤 사람이 베토벤과 같은 음악을 작곡하지 않을까? 잠정적으로 나는 베토벤 정도의 새로운 작품을 만든 작곡가라면 그 자신의 곡을 만들 만큼 천재성을 가지고 있을 것이다라고 답했다. 돌이켜 생각하면 그것은 매우 칸트적인 답이었다. 천재와 모방은 정반대다. 하지만 정말 그럴까?

타임머신을 타고 제2차 세계대전 직후의 네덜란드로 가보자. 네덜란드 당국은 독일이 그들 나라를 점유하는 동안 나치에 협조한 사람들을 검거하고 있었다. 검거된 사람들 중에 이류 화가이면서 가끔 화상으로 일한 한 판 메이헤런Han van Meegeren[18]이 있었다. 그의 범죄는 귀한 베르메르Vermeer의 그림을 미술품 감정가 지망생이며 히틀러의 측근인 헤르만 괴링Herman Goring에게 판 것이었다. 베르메르는 2003년 개봉한 영화 <진주 귀걸이를 한 소녀(Girl With a Pearl Earring)>에서 콜린 퍼스가 맡았던 역할의 화가이다. 그 영화가 말해 주듯이, 베르메르는 천천히 작품을 만들었으며 그래서 렘브란트가 남긴 작품 수의 약 10분의 1 정도의 작품만을 남겼다. 그래서 베르메르의 작품은 희귀한 국보물이었고, 메이헤런이 저지른 범죄는 그래서 더욱 무거웠다. 때문에 그는 네덜란드 법정에서 동정을 받지 못했다.

하지만 메이헤런은 놀라운 변호를 했다. 베르메르가 아니라 자기 자신이 그 그림을 그렸다는 것이었다! 뿐만 아니라 메이헤런은 베르메르의 작품을 6점이나 그렸고 또 다른 네덜란드의 대가인 후그Pieter de Hoogh에 의해 만들어진 것으로 추정되는 두 작품도 그렸다고 주장했다. 그 이야기를 누가 믿을 수가 있겠는가? 그의 주장을 입증하기 위해 그는 캔버스와 물감을 제공해줄 것을 요청했다. 그러고 나서 그는 모든 사람들이 지켜보는 앞에서 완전히 새로운 베르메르를 정교하게 만들어 냈다! 그는 자신이 적에게 협조한 것 때문이 아니라 예술품 위조로 기소될 것이라는 것을 알아채고는 그림을 완성시키지는 않았다. 여러 가지 조사 후에 다른 위조들이 확인되었고, 메이헤런은 1년 형을 선고받았지만, 신기하게도 그는 국가적 영웅이 되었다. 그는 괴링을 속여서 위조품을 대작으로 알고 사도록 했고 결국 네덜란드의 재간이 독일의 폭정에 승리하도록 했던 것이다.

만일 이 그림들이 실제로 베르메르가 그린 것이었다면, 그것들은 대작으로 간주되었을 것이다. 그리고 그 그림들은 베르메르 작품의 단순한 모사품이 아니라, 비록 다른 사람의 예술적 스타일의 모방이기는 하지만 독창적인 작품이 되었을 것이다. 그것이 바로 열쇠이다. 칸트의 말을 빌리면, 메이헤런은 천재가 아니라 한 천재를 모방했을 뿐이다. 그는 노예 같이 다른 사람이 만든 본보기 작품을 모방했다. 당신의 판단은 어떤가? 그래도 진정한 천재라고 할 수 있는가 아니면 부끄러운 천재인가?

컴퓨터가 등장하면서 이 질문은 새로운 전환을 맞이하게 되었다. 과학적 발견이나 예술 작품을 만드는 목적으로 몇몇 컴퓨터 프로그램이 만들어졌다. 예를 들어, David Cope는 유명한 작곡가가 만든 것 같은 음악을 만드는 EMI(음악 지능의 실험, Experiments in Musical Intelligence)라고 하는 프로그램을 만들었다(Cope, 1996). 그 프로그램은 조플린(Scott Joplin)에 '의한(by)' 새로운 래그음악(rag), 쇼팽에 '의한(by)' 새로운 마주르카, 바흐에 '의한(by)' 새로운 인벤션 곡 그리고 베토벤에 '의한(by)' 새로운 피아노 협주곡까지 만들었다. 그래서 나는 내가 좋아하는 작곡가들이 만든 더 많은 음악을 들을 수 있다. Amazon.com에서나 Cope의 웹사이트(http://arts.ucsc.edu/faculty/cope/mp3page.htm)에서 오디오파일(MP3)을 다운받으면 당신도 들을 수 있다. 하지만 그 음악은 당연히 모방이다. 그렇게 만들어진 음악은 컴퓨터가 만든 위조라고 불러야 된다. 그래서 그것들은 부끄러운 천재의 또 다른 형식으로 간주될 수 있다. 그래서 내가 나의 친구에게 한 말은 여전히 유효하다.

컴퓨터 천재

매우 똑똑해 보이는 컴퓨터에 대한 이야기를 하고 있는데, 여러분들 중 몇 사람이나 컴퓨터와 체스 게임을 해보았는가? 여러분들 중 몇 사람이나 바보 같은 기계에 철저히 패한 경험이 있는지? 아마도 수년 간 체스를 배웠더라도 당신 컴퓨터의 체스 프로그램에 당하지 못했을 것이다! 컴퓨터 체스 프로그램이 당신의 아마추어 기술을 이길 수 있는 것은 놀라운 일이 아니다. 이 프로그램들은 매우 오랜 기간 동안 주위에 맴돌고 있었다(Levy & Newborn, 1982). 처음에 그것들은 인간에 견줄 만큼 잘하지 못했다. 그 프로그램들이 인간이 하듯이 체스 게임을 하려고 한 것은 적절하지 않았다. 이것을 지식기반 프로그램이라고 하는데 그 이유는 그것들은 실제로 그것들이 무엇을 하고 있는지 알고 있었기 때문이다.

컴퓨터 속도가 정말 빨라진 후에야, 컴퓨터는 체스를 하는 방법을 아는 것을 뛰어 넘을 수 있었다. 체스 전략이나 전술 대신 컴퓨터 프로그램은 체스보드 위의 어떤 특정한 움직임도 미리 계산할 수 있는 브루트 포스 brute force 접근을 채택할 수 있었다. 그 프로그램들은 미래를 훤히 볼 수 있는 투시가가 되었다. 모든 움직임 하나하나의 결과를 알 수 있기 때문에 빈약한 인간 두뇌보다 우세하다. 컴퓨터 하드웨어에 비해서 컴퓨터 소프트웨어를 고안해 내는 인간의 두뇌는 너무 속도가 느리고 서툴다.

처음에 그 새로운 체스 프로그램들은 그렇게 야심적이지 않았다. 그것들은 보통의 오락 게임을 하는 사람들을 이기는 정도였다. 하지만 시간이 지나면서 그 프로그래머들은 체스 대가의 위치를 차지할 정도로 대담해졌다. 1989년 DEEP THOUGHT 프로그램이 카스파로프Garry Kasparov에게 도전했다. 초당 70만 개의 위치를 평가할 수 있는 능력을 가지고서도, 그 프로그램은 패배했다. 그렇다고 우승자가 쉽게 승리한 것은 아니었다. 그리고 1996년 DEEP BLUE라고 하는 개선된 브루트 포스brute-force 프로그램이 마침내 세계적인 인간 체스 우승자인 카스파로프를 이기게 되었다(Hsu, 2002). 그 이후 카스파로프가 컴퓨터를 이기는 경우도 있었지만, 인간이 체스 게임의 절대적 우월주의에 있던 시대는 이제 끝났다고 누구나 생각하는 것이 분명하다. 이 장의 앞부분에서 체스 천재의 정당성을 인정하는 것처럼 보였다. 그러면 DEEP BLUE가 카스파로프와 함께 본보기로 간주되어야 할까?

만일 내가 비슷한 다른 질문을 한다면? 세계 최고의 달리기 선수가 세상에서 가장 빠르고 날렵한 그랑프리 스포츠카와 마라톤 대전을 한다고 상상해 보라. 당신은 누가 이길 것이라고 생각하는가? 이 우승은 위대한 육상선수가 되기 위해서는 무엇을 갖추어야 하는가에 대한 어떤 통찰을 우리에게 제공하는가? 자동차가 올림픽에 출전하고 금메달을 두고서 인간과 경쟁을 할 수 있도록 해야 할까? 만일 두 발을 가진 <Star Wars>의 C3-PO와 같은 두 발을 가진 로봇이 스포츠카와 시합해서 이긴다면 더 놀라겠는가? 마라톤이 더 동등한 조건으로 되어야 하지 않은가?

더 평범한 말로 하면, 컴퓨터 천재가 실제로 인간 천재가 될 수 있는가? 비록 컴퓨터가 인간보다 더 잘할 수 있다고 해도, 그들이 부정을 저지를 경우에는 인간처럼 책임을 져야 할까?

통합

나는 방금 논의된 문제들의 경계를 극복할 수 있는 천재 개념이 있을 수 있다고 믿는다. 그밖에 나는 그 개념은 심리측정학적 정의와 역사측정학적 정의를 통합하는 방향으로 나아갈 수 있다고 생각한다. 이 개념은 또한 골턴과 칸트 모두의 중요한 아이디어들을 포함한다.

우리는 천재들이 창출자generators라는 것을 강조하는 것으로 시작한다. 그들은 확인할 수 있는 산출물을 만든다. 이 산출물들은 그 천재성이 나타나는 영역에 따라 여러 가지 형태를 가질 수 있다. 아이디어, 이데올로기, 이론, 발명, 발견, 소설, 극본, 시, 미술품, 작곡, 디자인, 문제 해결, 정책, 프로그램, 전략, 전술, 결정, 중재, 개혁, 주도권, 법률 등이 그 예가 된다. 그 창출적인 특성은 천재성의 급magnitude을 사정하는 수단을 제공하기 때문에 천재의 정의에서 매우 중요하다. 대부분 위대한 천재들은 많은 산출물을 가지고 있다(Albert, 1975). 그들은 한 가지 아이디어만 가지고 있거나 한번 반짝하는 성공을 하는 사람들이 아니다. 따라서 더 다작인 사람일수록 그의 천재로서의 이름이 더 안정적이다.

이 생산성 규정은 우연한 천재에 대한 문제 해결에 도움이 된다. 운 좋은 뜻밖의 사건으로 에디슨이 축음기를 발견했다. 하지만 만일 그가 그 뜻밖의 운에만 의존했다면 그가 천 가지가 넘는 발명을 하는 것은 불가능했을 것이다 — 그는 아직까지 미국 특허청이 인정하는 최다 발명의 기록을 유지하고 있다. 행운의 여신이 한 사람에게 한 번 혹은 두 번의 기회는 가져다주겠지만 여러 번 기회를 주지는 않을 것이다.

나는 이 창출적인 성질이 천재의 특성으로 필요하지만 충분하지는 않다고 미리 말하고자 한다. 그 창출된 산출물은 칸트가 바로 지적했듯이 독창성도 나타내야만 한다. 독창적인 산출물은 세 가지 조건을 만족시켜야 한다.

1. 최소 수준에서, 독창성이란 그 산출물이 이미 기존에 만들어진 것이 아니어야 한다는 의미다. 만일 당신이 수레를 재발견한다면, 당신은 특허를 신청하려고 할 때 매우 실망하게 될 것이다. 사실 그것이 특허청이 하는 중요한 일이다. 특허청에서는 어떤 새로운 발명품이 정말 새로운 것인지를 결정해야 한다. 만일 그 청구가 이미 특허를 준 것과 중복된다면, 그것은 거부된다.
2. 독창성은 또한 그 산출물이 모방적이지 않다는 것을 의미한다. 칸트가 모방은 천재성의 반대라고 생각한 것을 기억하라. 천재는 다른

사람들이 모방하는 산출물을 만들어낸다. 베르메르를 모방한 메이헤런의 그림이나 베토벤을 모방한 EMI의 피아노곡을 부정하는 것도 이 이유 때문이다. 그 작품들은 모방적이고 따라서 독창적이지 않다. 내가 EMI의 작품을 들을 때, 그것은 얼핏 베토벤처럼 들리기는 하지만, 대가가 베토벤을 흉내 내고 있는 것 같기도 하다! 베토벤의 소나타들이 서로 비슷한 데 비해서, 그 작품은 오히려 그냥 베토벤의 모든 소나타들과 비슷하게 들린다! 그 작품은 창조된 것이라기보다 캐리커처에 더 가깝다. 이 점은 독창성의 또 다른 조건을 강조한다 — 천재는 다른 천재를 모방해서는 안 되지만, 자신을 모방해서도 안 된다! 같은 것을 반복적으로 하려고 할 때 — 외적 유인가 때문이든 혹은 내적 게으름 때문이든 — 그것은 문제가 된다. 그 순간 그들의 독창성은 사라지고 만다.

3. 동시에, 어떤 특별한 독창성이 진정한 천재가 창출한 전체 작품 속에 묻어 있어야만 한다. 독창성의 이 세 번째 특성은 그 천재만이 가지고 있는 혹은 독특한 무엇이 나타나야 한다는 것을 의미한다. 예술적 천재에서, 이 독특성은 개인적인 스타일이나 개인적인 주제 요소thematic material 속에서 그것을 표현한다. 따라서 윌리엄 셰익스피어의 시와 희곡은 당대의 다른 사람들의 작품과 쉽게 구별이 된다 — 그 차이가 너무나 분명해서 컴퓨터도 그것을 구별할 수 있다(Elliott & Valenza, 2004). 컴퓨터는 첫 네 음만 듣고도 그 고전음악 작품의 작곡자가 누구인지 알아낼 수 있다(Paisley, 1964). 과학적인 천재들도 독특한 연구 방식을 가지고 있다. 이론 물리학자 볼

츠만Ludwig Boltzman은 "음악가들이 처음 몇 소절만 듣고도 모차르트, 베토벤 혹은 슈베르트인지 알듯이, 수학자는 몇 페이지만 읽으면 코시Cauchy, 가우스Gauss, 자코비Jacobi 혹은 헬름홀츠Helmholtz를 알아낼 것이다"(Koestler, 1964, p. 265 인용됨)라고 했다. 국제적인 단체가 제시한 도전적인 수학 문제에 대한 답을 뉴턴이 익명으로 제출했을 때, 그 수취인은 곧바로 '사자의 발톱'이라는 것을 알아챘다. 독창성에 대한 이 마지막 특징은 고대 로마의 개념으로 돌아가게 한다는 것을 주목하라. 우리의 천재성은 우리 각자를 독특하게 만드는 것이다. 그것은 우리를 특별하게 만드는 것이다.

아직 독창적인 산출물을 만든다는 것만으로 천재라고 할 수 없다. 그것으로 충분하다면, 맥고너걸은 셰익스피어와 함께 당당하게 문학 천재가 될 것이다. 우리가 창의적인 천재를 논의할 때, 우리는 독창성과 유용성의 두 가지 조건을 함께 언급했다. 칸트는 독창성이 터무니없는 것이 아니라 합리적인 것이어야 한다고 말했다. 그 산출물은 순수 예술fine arts의 특별한 영역에서 모델 혹은 본보기로 간주되어야만 한다. 맥고너걸의 시는 이 검증에 통과하지 못한다. 분명 본보기가 아니다. 하지만 칸트와는 달리 우리는 천재성의 현상은 순수 예술에 국한시킬 필요가 없다는 데에 이미 동의했다. 반대로 천재성은 인간 성취의 어떤 영역에서도 나타날 수 있다. 뛰어난 창의성의 사례에서, 천재는 과학과 역사의 다양한 분야에서, 문학과 음악의 다양한 장르 그리고 페인팅, 드로잉, 조각, 건축, 서법calligraphy과 영화까지도 포함하는 시각 예술에서 나타날 수 있다. 천재성이 예외적인 리더십을 가장할 때, 비록 군사적, 정치적 그리고 기업적 재능은 아마도 가장 논쟁이 덜하지만, 다른 것들에서도 발현될 수 있다. 우리는 몇 가지 종류의 경이적인 수행도 천재성의 예로 간주할 수 있다고 보았다.

하지만 우리는 어디에 그 선을 그어야 하는 것일까? 나는 그 경계선은 두 가지 기준에 따라 결정되어야 한다고 믿는다.

첫째, 천재성은 널리 가치가 있는 인간 성취의 영역에 나타나야만 한다. 이 기준은 골턴(1869)이 천재를 '세상이 그에게 큰 은혜를 입고 있다고 분명히 인정하는' (p. 37) 사람의 명성과 연결시키는 것으로 돌아가게 한다. 이 기준으로 보면 나쁜 영재의 악의적인 유형이 포함되기는 어렵게 될 것이다. 조직적인 범죄는 사회가 일반적으로 높이 평가하는 성취의 한 영역으로 간주되지 않는다(한정적인 하위문화 속에서 아무리 커다란 존경을 받는다고 해도). 대조적으로 칭기즈 칸과 훈족 왕 아틸라Attila the Hun 같은 군사 지도자들은 천재라는 용어에 부합될 것이다. 히틀러의 위치는 더 수수께끼이다. 그럼에도 불구하고 그의 후보자 자격은 다음에서 설명하는 기준에 의하면 실패할 수 있다.

두 번째, 그 업적은 그 영역에 진출하고 싶어 하는 모든 사람들에게 엄격한 요구를 제시하는 **영역 특수적 전문성 획득**과 관련한 것이어야만 한다. 이 요구란 지망하는 사람은 누구나 '열성과 노력하기 위한 역량이 결합된 능력'(Galton, 1869, p. 38)을 가지고 있어야 한다는 것을 의미할 것이다. 골턴의 '3중 사건' 에서의 세 가지 성분들 중에서 열성(혹은 열의) 필수 조건에 대해서는 더 설명할 필요가 거의 없다. 어떤 영역에 대한 상당한 매력을 갖지 않으면서 세계적 수준의 전문성을 획득한다는 것은 거의 불가능하다. 위대한 예술가는 절대적으로 예술을 사랑해야만 하고, 뛰어난 과학자는 과학에 대한 강렬한 열정을 갖고 있어야 하며 최고의 장군은 전쟁에 관한 전략과 전술에 흥분해야 하고, 체스 챔피언은 게임에 완전히 몰입해야만 한다. 필요로 하는 전문성을 획득하기 위한 기반을 제공하는 것 외에, 그와 같은 열의는 평생에 걸쳐서 그 영역에 적극적으로 관여할 수 있도록 도움을 준다. 그 영역에 대한 애정 없이 전문성을 훈련하는 것은 이력 탈진career burnout의 지름길이다. 세쌍둥이 중 나머지 두 가지는 더 많은 설명을 필요로 한다.

능력과 관련하여, 대부분의 영역에서 어떤 사람이 성취하기 위해서는 필수적인 지식과 기술을 숙달하기 위한 충분한 지능을 갖고 있어야 한다고 가정하는 것은 당연하다. 거의 모든 과학 영역을 생각해 보자. 첫째, 과학 전공으로 BA나 BS를 획득하기 위해서는 충분히 똑똑해야만 한다. 앞에서 조금 언급했듯이, 이것은 약 120 정도의 IQ를 말한다. 그리고 오늘날 당신이 선택한 과학 분야에서는 더 높은 IQ를 필요로 한다. 이것은 최소 10점 더 높은 것을 뜻하며, 이미 당신을 심리측정학적 천재의 문지방에 올려놓는다(Cronbach, 1960). 물리학과 같은 영역들의 지적 필요조건은 그보다 더 높다 — IQ 약 140 정도. 최우수 연구 대학의 학부와 대학원 교육 과정을 한 번 살펴보면 '바보들을 위한 물리학' 과 같은 과목은 결코 없다. 보통 지능을 가진 사람들이 공부할 수 있을 정도로 충분히 물을 탄 물리학은 물리학이 아닐 것이다. 그것은 아인슈타인이 "모든 것은 상대적이다."라고 말한 것으로 노벨상을 탔다고 가르치는 것과 같을 것이다. 64명의 유명한 과학자들에 대한 한 연구는 그들의 IQ 점수의 범위가 약 120에서 200 사이로, 평균은 135와 170 사이였다(Simonton, 2002b; Roe, 1953). 분야(물리학, 생물학 혹은 사회과학)와 측정된 구체적인 IQ(수학, 언어 혹은 공간)에 따라 그 범위가 달랐다. 연구된 대부분의 과학자들은 천재 혹은 최소한 경계선 천재로 간주될 수 있었다.

골턴의 세쌍둥이 중 세 번째 성분인 '노력하기 위한 역량'에 대해서는 어떤가? 천재에 대한 반복되는 신화들 중 하나가 천재는 너무나 큰 재능을 가지고 있다는 것이다. 따라서 천재가 실제로 무엇을 하는가 하는 문제는 관심을 받지 못했다. 천재는 어떤 영역을 숙달하기보다는 자신의 재능을 사용한다고 사람들은 생각했었다. 이 신화는 천재성은 가르칠 수 없으며 잉태되는 순간에 주어져야만 된다는 칸트의 신념에 내재되어 있다. 진실은 훨씬 더 평범하다고 나는 생각한다. 높은 수준의 성취를 획득한 사람들에 대한 연구들은 무지하고 무능력한 초보자를 비롯해서 오랜 기간의 견습 기간을 피할 수 있는 사람은 아무도 없다는 것을 보여 주었다(Ericsson, Charness, Feltovich, & Hoffman, 2006).

모차르트는 약 20년간의 작곡을 한 후에 의심할 여지가 없는 대작을 작곡하기 시작했다는 것을 나는 앞에서 관찰했다. 실제로 모차르트의 천재로서의 발달 속도는 다소 느렸다. 대부분의 영역에서 최고수준의 성취를 나타내기 위해서는 어린 재능아들에게 10년 법칙이 적용된다(Ericsson, 1996; Hayes, 1989). 이 법칙은 어떤 영역에서 중요한 공헌을 하려면 10년에 걸친 오랜 그리고 집중적인 연구와 연습을 거친 후에야 가능하다는 것을 말한다. 이 노력의 수준이란 적당히 하는 수준이 아니다.

대부분의 영역에서 뛰어난 성취에 필요한 지식과 기술을 획득하기 위해서는 인내하고, 조직적이고, 세심하고, 헌신해야만 한다.

모든 성취 영역에 이러한 조건들이 모두 갖추어지면 자동적으로 그 영역에서 천재가 나오는 것이 아니라는 점에 특히 유의해야 한다. 많은 영역들에서, 그 영역에서 최고의 성취를 이루어도 어떤 핵심적인 요소가 결여되어 있을 수 있다. 예를 들어 대부분의 스포츠에서 독창성이 크게 요구되지 않는다. 타이거 우즈의 일은 라운드마다 가능한 한 많은 버디나 이글을 잡는 것이다. 배리 본즈는 매 게임에서 가능한 한 많은 타점(RBI)[19]을 얻거나 다음 이닝에서 점수를 얻기 위해 최소한 출루를 해야 한다. 사실, 골턴에게 실례이지만, 나는 조정경기 챔피언이나 레슬링 선수가 독창성 점수가 높다고 생각하지 않는다. 스포츠에서는 천재가 나타날 수 없다고 말하는 것은 아니다. 아마도 코비 브라이언트가 거의 모든 수비수들을 제칠 수 있는 능력은 높은 수준의 자발적인 독창성을 나타낸다. 미국 프로 축구에서 그런 자격이 있는 사람들로는, West Coast Offense의 창시자로 인정받는 샌프란시스코 포티나이너즈San Francisco 49ers의 빌 월시Bill Walsh[20]와 팀 연봉 상한제salary caps와 자유계약의 시대에 왕국을 건설한 뉴잉글랜드 패트리어츠New England Patriots의 빌 밸리칙Bill Belichick이 있다.

다른 성취 영역들은 다른 기준에서 부족할 수 있다. 내가 좋아하는 예는 기네스북에 기록될 수 있는 종목들이다. 몇 해 전에 이런 기록들 중의 하나를 깨려고 하는 제자 한 명이 나에게 공식적인 목격자가 되어 줄 것을 부탁했다. 어떤 종목? 24시간 안에 많은 페이퍼 클립을 끼우는 기록! 페이퍼 클립을 연결하는 방법을 배우기 위해 많은 지능이 필요하다고 당신은 생각하는가? 그 세계 기록에 도전하기 위해서 10년의 연습이 필요하다고 당신은 생각하는가? 그것을 위해 페이퍼 클립을 연결하기 위한 강력한 열의가 필요하다고 당신은 생각하는가? 아니, 아니, 결코 아니다. 그래서 페이퍼 클립을 연결하는 천재 같은 것은 없다. 이제 당신의 질문에 대한 답을 하겠다. 나는 목격자 역할을 거절했다. 또한 그는 성공하지 못했다 — 연결된 줄이 엉켜서 그 길이를 측정하는 것이 불가능했다.

그리고 이 상황에서 카스파로프에게 승리한 DEEP BLUE를 생각해 보라. 브루트 포스brute-force 프로그램이 진정한 체스 전문성을 가지고 있다고 말할 수 있을까? 이것은 체스 게임을 요청받았을 때 그것 대신에 팔씨름을 하자고 하는 역도 선수와 같지 않은가?

다음 세 가지 사례들은 학생들을 위한 숙제로 남겨두기로 한다. 첫 번째 숙제 — 빌 게이츠를 포함한 이 장의 두 번째 단락에 나온 사람들. 두 번째 숙제 — 당신이 파티에서 만났던 IQ가 매우 높았던 여자. 마지막 숙제 — 심리학 수업에서 당신 옆에 앉았던 어린 신동. 그들은 천재일까? 그렇다? 아니다?

적용

이제 우리가 이 장에서 배운 것을 적용해보자. 만일 당신이 천재라면 당신은 당신이 천재라는 것을 어떻게 알 수 있는가? 당신 자신에게 단 세 가지 질문을 해보라. 당신은 널리 가치를 인정받는 성취 영역에서 필요로 하는 전문성을 획득하기 위한 지능, 열정 그리고 인내심을 가지고 있는가? 약 10년이라는 기간을 바쳐서 실제로 그렇게 했는가? 당신은 이 영역 특수적인 전문성을 사용하여 당신의 분야에 있는 사람들이 놀랍도록 독창적이고 최고의 본보기가 된다고 인정하는 한 가지 이상의 공헌을 했는가? 만일 그 답이 모두 '예' 라면, 축하한다! 당신은 이제 인정받은 천재이다!

만일 당신이 아직 나이 어린 독자라면 자연스럽게 대답은 불공평하게도 '아니오' 일 것이다. 그런 질문에 대답하기에는 아직 너무 이르다. 하지만 걱정하지 말기를! 우리는 그것들을 지금 확인하는 것이 아니라 미래 시제를 사용하여 예측할 수 있는 답을 하도록 할 수 있다. 당신은 널리 가치를 인정받는 성취 영역에서 필요로 하는 전문성을 획득하기 위한 지능, 열정 그리고 인내심을 가질 것인가? 약 10년이라는 필요로 하는 기간을 바쳐서 실제로 그렇게 할 것인가? 당신은 이 영역 특수적인 전문성을 사용하여 당신의 분야에 있는 사람들이 놀랍도록 독창적이고 최고의 본보기가 된다고 인정하는 한 가지 이상을 공헌을 할 것인가? 만일 대답이 모두 '예' 라면, 축하한다! 당신은 이제 잠재적인 천재이다!

역자주

1) Garry Kasparov. 1963~. 소련의 체스 대가.

2) Kobe Bryant. 1978~. 미국 프로농구 LA 레이커스 팀의 슈팅 가드.

3) Niels Bohr. 1885~1962. 덴마크의 이론물리학자. 원자 구조의 이해와 양자역학의 성립에 기여한 업적으로 1922년에 노벨물리학상을 받았다. 그의 아들인 아게 닐스 보어 또한 1975년에 노벨물리학상을 받았다.

4) Louis de Broglie. 1892~1987. 프랑스 물리학자. 1923년 학위논문으로 「파

동과 입자」를 발표하고, 여기에서 위상파(位相波)에 관한 기하광학의 원리는 입자의 운동에 관한 최소 작용의 원리와 동등하다는 것과 기하광학이 파동광학으로 진화하는 것과 같이 역학에서도 같은 진화가 이루어진다는 전자의 회절현상(回折現象)을 실제로 증명하였다. 이러한 업적으로 1929년 노벨물리학상을 받았다.

5) Edward de Vere. 1550~1604. 영국의 서정 시인이자 극작가, 옥스퍼드 극단의 후원자. 셰익스피어 극의 진짜 작가로 추정되었던 인물이다. 일반적으로 우리가 알고 있는 셰익스피어의 작품들은 셰익스피어(William Shakespeare, 1564~1616)라고 하는 평민 출신의 시인(Bard)이 아니라 17세기 옥스퍼드의 백작인 Edward de Vere라는 주장이 있음.

6) Diane Feinstein. 캘리포니아 주 민주당 상원의원.

7) Shaka. 1787?~1828. 남아프리카 줄루족의 왕. 군대를 이끌고 아프리카 남부 전 지역을 황폐화시켰다.

8) Cornelius Vanderbilt. 1794~1877 미국 선박, 철도자본가.

9) Mani. 216~277. 이란의 마니교 창시자.

10) Adrenaline. 아드레날린이 혈류에 분비되면 몸은 재빨리 위협에 반응할 준비를 한다. 아드레날린은 산소와 포도당의 공급을 뇌와 근육에 촉진시키고 소화 속도를 늦춘다.

11) animal electricity. 동물체에 일어나는 발전 현상. 특히 전기메기 따위와 같이 공격 또는 방어를 위해 체내의 신경과 근육에서 만들어지는 것.

12) 독일의 화학자. 14세부터 화학공장에서 일하면서 화학을 공부하였다. 1821년부터 에를랑겐대학, 튀빙겐대학에서 물리학과 화학을 공부하였다. 1828년 스위스 바젤대학에 초빙되어 1835년 교수가 되었다. 1839년 물을 전기분해할 때 이상한 냄새가 나는 기체를 발견하였고, 그리스어의 ozein(냄새나다)에서 오존(ozone)이라고 명명하였으며, 오존화합물(ozonide)도 발견하였다.

13) anaphylaxis. 혈청 주사를 맞은 뒤나 조개류를 먹은 뒤에 일어나는 이질 단백질에 대한 과민증.

14) Walter Mitty. 자신이 용감하게 활약하고 있는 공상에 빠져 있는 평범한 사람. 〈The Secret Life of Walter Mitty〉(1939)의 주인공 이름.

15) Glasgow. 영국 스코틀랜드 서남부의 항구 도시. 스코틀랜드 최대의 도시로 런던 버밍엄에 이은 영국 제3위의 도시.

16) Bulwer-Lytton. 1831~1891. 영국 외교관이자 시인. 1876~1880년 인도총독을 지냈다. 1877년 빅토리아 여왕을 인도 황제로 선언하여 인도를 영국령(領)으로 하였다.

17) Gary Dahl이 계곡을 거닐던 중 우연히 물속에 비치는 돌을 하나 주워서 공상에 잠겼다가 돌을 애완용으로 사용할 수 있겠다는 발상을 해서 탄생되었다고 함. 작은 상자 안에 들어 있는 돌들에게 규칙적으로 음악소리를 들려주거나 말을 거는 등 자신의 감정을 쏟아 부으며 자신을 돌아보게 함.

18) Han van Meegeren. 네덜란드 거장들의 그림을 계획적으로 위조하고 판매한 것으로 유명.

19) Run Batted In. 타점 혹은 득점타라고 한다. 타자가 플레이해서 주자가 득점했을 때 타자에게 주어지는 점수를 말한다.

20) 1980년대 샌프란시스코 포티나이너즈를 세 차례(1982, 1985, 1989) 슈퍼볼 우승으로 이끈 미국 프로풋볼계의 전설적인 코치. 그는 미리 설정된 루트에 따라 진행되는 단거리 혹은 중거리 패스를 통해 공격을 진행하는 이른바 'WCO(West Coast Offense)' 의 창시자로도 인정받았다.

천재 101

3

천재성은 일반적인가?

2장 마지막에서 나는 창의성의 통합적 개념을 소개했다. 칸트와 골턴의 아이디어를 결합하는 것으로만 만족하지 않고, 역사측정학적 정의와 심리측정학적 정의까지도 통합해보려고 했다. 아마도 후자의 주장을 어느 정도 고려하지 않고 전자의 정의를 충족시키는 것만으로는 천재라고 판단할 수 없을 것이다. 더 구체적으로 말하자면, 독창적이고 본보기가 되는 공헌을 하지 않고서는 역사측정학적 천재가 될 수 없고, 필요한 전문성을 우선 획득하지 않고서는 그런 공헌을 할 수 없으며, 충분한 지능을 우선 가지고 있지 않으면 필요로 하는 그 지식과 기술을 획득할 수 없다 — 천재나 준 천재 수준의 지능. 머리가 충분히 좋다는 조건이라면, 당신이 충분한 열정과 의지를 가지고 있는 그 어떤 영역도 숙달할 수 있다. 그렇게 된다면, 그 어떤 심리측정학적 천재도 역사측정학적 천재가 될 수 있다.

이 입장은 처음으로 영자사전을 만든 학자인 새뮤얼 존슨Samuel Johnson의 시대로 돌아가서 말할 수 있다. 1781년 그는 "진짜 천재는 큰 일반적 능력을 가지고 있는 사람으로, 그 능력은 우연히 어떤 특별한 방향으로 결정된다."(p. 5)라고 말했다. 나는 여기서의 '우연히'라는 부사가 우리가 2장에서 논의한 의미와 같다고 생각하지 않는다. 하지만 만일 그 단어가 한 사람의 흥미와 가치관을 결정하는 데 기회가 영향을 미친다는 것을 의미한다면 같은 뜻으로 생각할 수 있다. 예를 들어 유전자와 초기 경험의 조합은 과학에 대한 흥미와 관심을 갖게 할 수 있다. 이런 우연한 출생과 삶이 일반적 지능을 특정한 영역에서 명성을 얻기 위해 필요한 것을 획득할 수 있는 방향으로 연결시킨다. 그래서 한 가지 우연한 사건은 뉴턴을 만들고, 또 다른 우연한 사건은 나폴레옹을 만든다.

존슨(1781)은 천재성이 영역 특수적이라기보다 일반적이라고 생각하는 것으로 보인다. 이 입장은 천재는 높은 수준의 타고난 능력에 의존한다는 골턴(1869)의 관점과 양립하는 것으로 보인다. 하지만 더 자세히 살펴보면 골턴의 관점이 더 영역

특수적으로 보인다. 골턴이 유명한 창조자, 지도자와 운동가들의 가계도를 만들었을 때, 그 혈통은 특정한 영역에 제한되는 경향이 있었다. 다윈 가계는 많은 과학자가 나왔지만 예술가나 지도자는 없었다. 브론테 자매들[1)](샬롯, 에밀리 그리고 앤)은 모두 소설가였지만 그들의 남자형제(패트릭)는 시인이나 화가로 훨씬 덜 성공적이어서 만약 그의 세 자매가 없었다면 오늘날 그의 이름은 알려지지 않았을 것이다. 이 특수성은 타고난 능력은 복수 형태의 타고난 능력들로 표현되어야 한다는 것을 말해 준다. 개인은 다소 한정된 영역 내에서의 전문성을 획득하기 위한 능력을 가지고 있을 것이다. 기록적인 시간대에 물리학을 숙달하는 사람에게 있어서 시는 도대체 이해할 수 없는 것으로 영원히 남을 것이다. 타고난 능력이란 한 가지 특별한 재능과 비슷한 의미를 갖게 된다.

물론 만일 우리가 타고난 능력은 한 가지 전문성 영역에 맞추어져야 한다고 결론을 내린다면, 이것은 각 영역에 따라 전문성이 다르다는 뜻을 포함한다. 물리학에서 창의적이라는 것은 시에서 창의적이라는 것과는 상관이 없다. 뛰어난 창의성은 뛰어난 지도력과 관련이 없고, 뛰어난 창의성이나 뛰어난 지도력은 뛰어난 수행과 관련이 없다. 만일 영역 전문성이 실제로 그렇게 특수적이라면, 우리는 한 가지 이상의 영역에서 성취한 천재들에 대해 훨씬 더 경탄해야만 한다 — 만능 천재나 만물박사는 세계적인 불가사의이다. 괴테John Wolfgang von Goethe는 독일의 시인, 소설가, 극작가이자 자연 과학자로서, 네 가지 영역 모두에서 독창적이고 본보기가 되는 산출물을 창조했다(극시 『파우스트』와 서간체 소설 『젊은 베르테르의 슬픔』과 같은 절대적인 명작들을 포함하여). 그러는 동안 내내 정계 고위직을 맡으면서 유복한 생활을 했다. 콕스(1926)는 괴테의 IQ를 185~200으로 예상했다. 이것은 그가 우연히 여러 가지 성취 영역들로 향한 '큰 일반적인 능력을 가진 인물'이라는 것을 의미하는가? 아니면 그는 몇 가지 다른 재능을 가지고 태어날 정도로 운이 좋았던 것인가?

천재성이 일반적으로 존재한다는 것은 또한 2장에서 소개한 10년 법칙과 크게 상충된다. 만일 독창적이고 본보기가 되는 공헌을 하기 위한 충분한 영역을 숙달하기 위해 10년이 걸린다면, 어떻게 한 사람이 한 가지 이상의 영역에서 천재가 될 수 있는가? 두 개의 영역은 20년, 3개의 영역은 30년이 걸릴 것이다. 곧 당신은 전 생애를 다 보내게 되고 훌륭한 공헌을 하기 위한 시간이 모자라게 될 것이다. 자연히, 어떤 영역들에서는 전문성이 중첩되기 때문에 일반적으로 말하는 햇수보다는 덜 걸릴 수 있다고 말할 수 있을 것이다. 괴테가 시, 희곡 그리고 소설을 쓰는 방법을 배우는 데는 30년이 아니라 20년이 걸렸을 뿐이라고 말할 수 있다. 그렇다고 하더라도 그는 20대 초반에 대표적인 시, 희곡 그리고 소설을 이미 발표했기 때문에 그에게는 20년도 너무 많은 시간인 것으로 보인다.

그 밖에 전혀 다른 영역들에서 우수한 업적을 달성한 다른 박식가들은 어떤가? 다음과 같은 천재들이 성취한 것을 생각해 보라. 아리스토텔레스(BC 384~322) : 형이상학, 논리학, 생물학, 심리학, 정치 철학, 윤리학 그리고 미학; 알 킨디(Al-Kindi, 801~873) : 천문학, 지리학, 수학, 기상학, 음악, 철학, 의학, 물리학 그리고 정치 과학; 아비나바굽타(Abhinavagupta, 대략 전성기 975~1025) : 철학, 미학, 비평론, 시, 드라마, 음악, 신학, 논리학 그리고 무용; 셴 쿠오(Shen Kuo, 1031~1095) : 수학, 천문학, 지리학, 기상학, 동물학, 식물학, 약리학, 민족지학, 시, 테크놀로지, 엔지니어링, 정치학, 통치, 행정 그리고 전쟁; 오마르 카이얌(Omar Khayyam, 1048~1131) : 시, 천문학, 수학 그리고 철학; 힐데가르트(Hildegard of Bingen, 1098~1179) : 작곡, 드라마, 박물학, 철학, 의학, 시 그리고 종교학; 파스칼(Blaise Pascal, 1623~1662) : 수학, 물리학, 산문문학, 철학 그리고 종교학; 로모노소프(Mikhail Lomonosov, 1711~1765) : 물리학, 화학, 시, 지리학, 언어학 그리고 교육학; 토마스 제퍼슨(1743~1826) : 정치적 리더십, 정치 철학, 원예학, 건축학, 고고학, 고생물학, 테크놀로지 그리고 교육학; 토마스 영(1773~1829) : 광학, 물리학, 생리학, 수학, 의학, 이집트학, 언어학 그리고 음악. 심리학자 중에서도 박식가가 있다. 허버트 사이먼(Herbert Simon, 1916~2001)은 인지심리학뿐만 아니라 컴퓨터 과학, 행정학, 경제학, 경영학, 통계학 그리고 과학 철학에서 명성을 얻었다. 그렇게 다양한 업적들을 10년 안에 모든 필요한 전문성을 획득할 수 있는 몇 가지 단순한 영역으로 구분하는 것이 실제로 가능할까?

따라서 이 장에서는 다음과 같은 두 가지 질문을 다루기로 한다. 그것은 지능의 성격 그리고 영역 전문성의 성격에 관한 것이다.

일반 지능인가 혹은 다중 지능인가?

2장에서, 지적이라는 의미가 무엇인지 이상적인 본보기를 들어보라고 했을 때 대학생들이 아인슈타인, 뉴턴, 에디슨, 모차르트, 셰익스피어 그리고 레오나르도 다빈치와 같은 사람들의 이름을 말했다고 했다(Paulhus et al., 2002). 하지만 이 6명의 천재들은 모두 같은 방식으로 지적인가? 그들이 모두 같은 특성을 나타낸다고 할 수 있는 어떤 지적인 능력들을 가지고 있다고 당신은 진실로 생각하는가? 이 질문에 대하여 당신이 답하는 데 있어서, 오프라 윈프리 또한 지능의 본보기 명단에 들어있다고 내가 말한다면 도움이 되는가 아니면 방해가 되는가? 앞의 여섯 사람이 지적으로, 공유하는 것이 무엇이든, 공유하는 것을 가지고 있다고 할 때, 오프라 윈프리도 그들과 그것을 공유하는가? 간단히 말해서, 당신이 어떤 사람이 지능이 매우 높다고 말할 때 그것은 무엇을 의미하는가? 당신은 지능이 높은 사람은 모두 같은 방식으로 지적이라고 생각하는가? 혹은 오프라의 지능은 아인슈타인이나 모차르트의 지능과 매우 다르다고 생각하는가? 이 문제에 대하여 심리학자들은 뭐라고 말하는가?

마지막 질문에 답하기 위해서 나는 인지 능력의 성격에 대한 세 가지 다른 입장을 살펴보고 싶다. 첫 번째 입장은 지능은 모든 정신적 과정의 수행에 영향을 미치는 한 가지 차원의 일관성 있는 구성 개념이라고 본다. 두 번째는 매우 다양한 종류의 지적 능력이 있으며 그것들은 독립적인 지능을 나타낸다고 주장한다. 그리고 세 번째 입장은 앞의 두 가지를 통합하는 입장으로 다양한 지능들은 일반 지능을 맨 꼭대기에 두고 있는 위계를 구성하고 있다고 주장한다.

단일 지능

터만(1925)이 1,528명의 천재에 대한 종단 연구를 시작했을 때, 그는 분명히 지능을 하나의 응집된 실체로 생각했다. 지능의 수준은 스탠포드-비네 지능검사에서 하나의 점수로 표시되었다. 140점 이상의 점수를 받은 사람들이 그 당시에 천재로 선정되었다. 이 아이들이 성인이 될 때까지 추적함으로써 터만은 그들이 여러 영역에서 진정한 성취자가 되는 것을 보여 주기를 기대했다. 새뮤얼 존슨(1781)의 주장과 같이, 이 아이들은 다양한 상황에 따라 여러 가지 성취가 가능하도록 해주는 그들의 '큰 일반적인 힘(large general powers)'을 가지고 있었을 것이다. 어떤 아이는 뉴턴의 후계자, 어떤 아이는 모차르트의 후계자 그리고 어떤 아이는 세르반테스의 후계자가 될 수 있었을 것이다.

터만의 개념에 장점이 없는 것은 아니다. 사실, 일반 지능의 개념은 찰스 스피어먼(Charles Spearman, 1904)의 연구에서 이미 상당한 지지를 받았다. 스피어먼은 학교 학생들이 관련이 없는 것처럼 보이는 과목들에서 매우 상관이 높은 성적을 받는 것을 보여 주었다. 나아가 통계분석에서 이 점수들과 다른 지적 과제들에서의 수행은 나중에 스피어먼의 g(Spearman, 1927)로 알려지게 된 일반 요인으로 설명될 수 있었다. 인간의 인지적 수행에 대한 각 측정은 두 가지 요소를 포함했는데, 그것은 모든 검사나 사정에 의해 공유되는 g 요인과 각 측정에 독특하게 존재하는 s 요인이다. 측정치들은 스피어먼 g에 얼마만큼 부하load했느냐에 따라 다르겠지만, 어떤 지적 능력의 측정에 있어서도 일반 지능 요인의 상당한 부하량을 가지고 있을 것이다.

스피어먼 이후로 g 요인에 대한 연구는 상당히 발전했다. 적절한 지능 척도도 많이 개발되었고, 요인분석과 같은 가능한 통계 방법들도 매우 정교화 되었다. 결과적으로 심리학자들은 대부분의 개인차 변인들에 대해서보다 일반 지능에 대해 더 많이 알게 되었다(Jensen, 1999). 나아가 일반 지능은 많은 긍정적인 결과들과 상관이 있는 것으로 나타났다. 특히 일반 지능의 사정은 ① 일상생활에서 요구되는 한 성공적인 적응(Gottfredson, 1997)과 ② 다양한 직업에서의 작업 수행(Ones, Viswesvaran, & Dilchert, 2005)과 상관이 있었다. 그 밖에 일반적인 인지 능력은 천재와 직접적으로 연결되는 영역들에서의 성취와 정적인 상관이 있었다. 예를 들어, 만일 우리가 리더십을 이 영역들 중의 한 영역이라고 인정한다면, 일반 지능이 다양한 상황에서의 지도자의 수행과 관련이 있다고 말할 수 있다(Simonton, 1995). 따라서 151개의 독립적인 표본들에 대한 메타분석에서 .27의 상관을 얻었다(Judge, Colbert, & Ilies, 2004; 간단한 복습: 상관계수 r의 범위는 −1.00에서 1.00으로 0은 두 변인 간에 상관이 없음을 나타낸다). 하지만 그런 통계적인 연관성으로 천재성이 일반적이라는 것이 증명되는가? 지능 검사에서 극히 높은 점수를 받는 그런 지도자들이 그들보다 덜 똑똑한 동료들에 비해 정치적, 군사적 혹은 기업적 천재일 확률이 높은가? 그것에 대한 찬성과 반대에 대하여 생각해 보자.

g ➡ 천재 : 찬성　이 연결을 지지하는 증거는 심리측정적 연구와 역사측정적 연구 모두에서 찾을 수 있다. 심리측정학적 측면에는 터만의 종단적 연구가 있다. 1959년, 터만이 죽은 지 몇 해 후, 『천재의 유전적 연구(Genetic Studies of Genius)』의 5권이 『중년기의 영재아(The Gifted Child at Mid-Life)』라는 제목으로 마침내 출판되었다(German & Oden, 1959). 터마이츠들이 40대 중반이 됨에 따라 그 이야기의 결과가 어떻게 되었는지 볼 수 있게 되었던 것이다. 터만은 그 표본 중 남자들의 성취에 대하여 다음과 같은 관찰을 했다.

> 거의 2,000편의 과학과 기술 논문 그리고 약 60권의 과학, 문학, 예술 그리고 인문학에서의 책과 특별 연구서가 출판되었다. 특허를 받은 것이 최소한 230개에 달한다. 그 외에 33권의 소설, 약 375편의 단편소설, 중편소설과 희곡, 60편 이상의 수필, 비평, 스케치 그리고 265편의 다양한 주제에 대한 잡문이 있다. 출판물 숫자에는 새 소식, 사설 혹은 신문 칼럼 같은 언론인이 발표한 수백 건은 포함되지 않았고, 거의 1,000건에 달하는 라디오, 텔레비전 혹은 영화 스크립트들도 포함되지 않았다(p. 147).

역사측정학적 정의에 따른 천재의 한 가지 필수조건은 산출물 생성이다. 그 조건에 따라서 터만의 아이들에게 점수가 주어졌다.

이 긍정적인 결론은 천재의 유전적 연구의 두 번째 책인 콕스(1926)의 『천재 300명의 초기 정신적 특성(Early Mental Traits of Three Hundred Geniuses)』에서 발표된 역사측정학적 연구에 의해 강화된 것으로 보인다. 콕스는 그녀의 천재들의 IQ 추정치와 커텔(1903)에 의한 배당된 지면의 양을 기준으로 한 명성 순위 간의 실제 상관을 계산했다. 그 결과는 r = .25로, 앞에서 언급한 일반 지능과 지도자 수행 간의 상관과 같았다. 이후의 역사측정학적 연구들은 그것보다 더 큰 상관도 발표했다. 따라서 손다이크(1950)가 예측한 92명의 창조자와 지도자에 대한 지능 점수는 다른 명성 측정(Simonton, 1991d; Walberg, Rasher, & Hase, 1978; Walberg, Rasher, & Parkerson, 1980)과 .35의 상관을 나타냈다.

영역 특수적인 정치적 리더십에서 살펴보면, 우즈(1913)가 연구한 342명의 유럽 군주의 상대적 명성은 그들의 사정된 일반 지능과 .32의 상관이 있었다(Simonton, 1983). 지적으로 가장 똑똑한 세 명의 군주들 — 프러시아의 프레드릭 대제, 네덜란드의 침묵의 왕 윌리엄 그리고 스웨덴의 구스타프 아돌프 대왕 — 은 또한 현대 역사에서 가장 뛰어난 인물들이다. 콕스(1926)가 추정한 IQ 점수와 미국 대통령의 위대성 순위 간에도 이와 비슷하게 .31에서 .35 사이의 상관이 나타났다(Simonton, 2006c). 지금까지 훌륭한 대통령 중에서도 가장 똑똑한 대통령이 토마스 제퍼슨인 반면에 가장 나쁜 대통령 중에서도 가장 덜 똑똑한 (좋게 말해서) 대통령은 워런 하딩이다(Simonton, 1986c).

요약하면, 역사측정학적 연구 결과에 의하면 역사측정학적 천재성은 심리측정학적 천재성의 추정치와 .25와 .35 간의 상관이 있다. 여기까지는 좋다. 하지만…….

g ➡ 천재 : 반대 실제는 겉보기와 다를 수 있다. 터만이 그의 터마이츠에 대하여 자랑하는 것(Terman & Oden, 1959)을 자세히 살펴보자. 와우! 거의 2,000편의 과학과 기술 논문. 매우 감동적으로 들린다! 하지만 우리는 이 통계가 그의 종단연구 속의 남자들에게만 적용되고, 과학자가 된 남자들에게만 적용된다는 것을 기억해야 한다. 일인당 기준으로 이 결과를 계산하면 어떻게 되나? 말하기 어렵지만 우리는 이 남자들 중 70명이 *American Men of Science*에 등록되었다고 들었다. 그래서 2,000편의 모든 논문이 그 유명한 70명에 의해서만 만들어졌다고 관대하게 생각해 보자. 그것은 터만의 남성 과학자들이 40대 중반에 도달할 때까지 약 29편을 발표했다는 것을 의미한다. 대조적으로, 과학 분야에서 노벨상을 수상한 미국 과학자들은 같은 연령에서 대부분 그보다 약 2배의 발표를 했다(Zuckerman, 1977). 분명히 말해서, 여자든 남자든 터마이츠 중 한 명도 그 수준에 도달하지는 못했다. 더 나쁜 결과는, 1920년대에 검사를 받았을 때 그 표본에 속할 만큼 똑똑하지 못했던 소년들 중의 한 명이 물리학에서 노벨상을 받았다는 것이다. 이 수상자는 바로 트랜지스터를 공동으로 발명한 윌리엄 쇼클리이다(Eysenck, 1995). 쇼클리는 심리측정학적 천재가 되기 위한 충분한 일반 지능을 갖지 못했지만 역사측정학적

천재라고 하기에는 충분한 지능을 가졌다.

과학 분야에 진출하지 않은 터마이츠에 눈을 돌려보면 그 그림은 더 어두워진다. 사실은 역사측정학적 천재만큼 성공한 것으로 간주될 수 있는 사람은 아무도 없다. 더 심한 것은 터마이츠의 성취 영역들은 인문학과 같은 주로 학업적인 성격의 것들이다. 굳이 학업적인 것들이 아니라 할지라도 그들이 성취한 영역은 주로 언어적 영역이다. 시각 예술과 음악에서의 뛰어난 성취는 매우 드물다. 그들의 지능은 그렇게 일반적이지 않은 것으로 보인다.

역사측정학적 결과 또한 더 자세히 살펴보면 덜 분명해진다. 콕스(1926)의 연구가 적절한 사례이다. 그녀의 엘리트 표본은 분명히 터마이츠에서 발견한 것보다는 훨씬 더 광범위한 종류의 성취 영역들을 포함한다 — 정치가, 군인, 종교 지도자, 철학자, 과학자, 시인, 극작가, 소설가, 수필가, 역사가, 화가, 조각가 그리고 작곡가. 이것은 일반 지능이 광범위한 영향력을 가지고 있는 것을 암시한다. 하지만 여기 함정이 있다 — 콕스 연구에서의 천재들은 일반 지능에 대한 평가를 받지 않았다. 그들은 모두 11세 때에 스탠포드-비네 검사를 받지 않았고, 그럴 수도 없었다. 그래서 콕스는 어떻게 했나? 그녀와 그녀의 동료들은 아동기와 청소년기의 업적에 대한 전기적 자료를 사용하여 IQ를 추정했다. 그리고 이 업적들은 많은 부분이 구체적인 영역들에 제한되었다. 모차르트의 조숙했던 업적이 생각나는가? 그것들은 모두 음악이었다. 마찬가지로, 파스칼[2)]의 추정된 IQ 180은 주로 그의 수학적 조숙에 기초한 것이다. 12세에 그는 전적으로 혼자서 유클리드 기하학을 재발견했고(유클리드 기하학의 정리 32까지 혼자 힘으로 해냈다), 16세에 그는 원추곡선[3)]에 대한 학술논문을 완성하여 데카르트를 비롯한 많은 수학자들을 놀라게 했으며, 19세에 그는 덧셈과 뺄셈을 할 수 있는 계산기를 고안했다. 대부분의 콕스의 IQ 점수는 영역특수적인 지적 발달의 지표를 기초로 했다. 따라서 여기에서 g 요인의 지지자들이 편안하게 생각할 수 없다. 비슷한 특수성 문제들이 다른 역사측정학적 연구들을 괴롭힐 수 있다.

또 하나의 불리한 사실을 고려해야만 한다 — 일반 지능 검사에서 천재 수준의 점수를 받은 사람들이 그들의 성층권적인 IQ의 가치가 있는 독창적이고 본보기가 되는 결과물을 산출하는 경우가 드물다. 바스 서반트Marilyn vos Savant는 한때 가장 높은 IQ로 『기네스 세계기록 책』에 실렸다(McFarlan, 1989). 그녀는 생활연령 10세 때에 스탠포드-비네 검사에서 최고 한도 정신 연령(22년 10개월)으로 나와서 228[= 100 × (22+10/12)/10]점을 받았다. 비록 그녀가 성인 검사에서는 조금 낮은 점수를 받았지만[4)], 그녀는 여전히 이 지구상에서 가장 똑똑한 사람들 중 한 사람임에 틀림없다. 그녀에 대한 이야기를 들어온 사람이 여러분들 중에 몇 사람이나 있는가? 지능의 본보기가 되는 사람의 이름을 말해보라고 당신에게 요구했다면, 그녀의 이름이 생각났을까? 당신은 오프라 윈프리를 말하기 전에 그녀를 말했을까? 누군가는 그렇다고 할 수도 있을 것이다. 「Parade」 잡지의 '마릴린에게 물어보세요(Ask Marilyn)' 라는 주간 칼럼에서 그녀는 독자들의 질문(가끔은 바보 같은 질문)에 명석한 해답을 주고 있다. 하지만 그녀는 노벨상을 받거나, 암을 치료하거나, 더 좋은 쥐덫조차 만들지 못했다. 이와 대조적으로, 그녀의 남편인 로버트 자빅

Robert Jarvik은 IQ는 조금 낮은 것으로 생각할 수 있지만, Jarvik-7 인공 심장을 발명했다.

그녀의 지능은 너무 일반적이라서 특수한 영역에서 유용할 수 없다는 설명이 가능할까? 훌륭한 신체 조건을 갖고 있는 사람이 아마추어 3종 경기[5]에서 감히 경쟁할 수 없고, 자유투 라인에서 골을 못 넣고, 미식축구에서 쇼트 패스를 놓치거나 플레이트를 가볍게 넘어간 소프트볼을 못 치는 것과 마찬가지인가?

다양한 지능

어떤 심리학자들은 g 요인 이야기가 나오면 거의 발작을 일으킨다. 누구인지 이름을 밝히지 않겠지만, 다른 면으로는 매우 상식적인 학자들이 그 문제에 대해서는 광분을 일으킨다고 들은 적이 있다. 두 부류의 심리학자들이 있는 것 같다 — 일반 지능을 믿는 사람과 그렇지 않은 사람. 후자가 아마도 더 흥미롭다. 한 가지 지능에 대한 아이디어를 거부하는 데 동의하는 사람들은 실제로 몇 가지의 지능이 있는가에 대해서는 일치하지 않는다. 마치 그들은 문제의 불씨를 일으킨 것 같다. 하나의 지능이 있거나 아니면 2에서 무한대 사이의 지능의 개수가 있다.

한 가지 예를 들면, 무한대보다는 적은 수로, 길포드(J. P. Guilford, 1967)는 120가지의 다른 능력이 있다고 하는 지능 구조 모델을 제안했다. 더 상세하게 설명하면, 그것은 조작(인지, 기억, 확산적 사고, 수렴적 사고 그리고 평가), 산출(단위, 분류, 관계, 체제, 변환 그리고 함축) 그리고 내용(수, 상징, 의미 그리고 행동)의 모든 가능한 조합을 구성하는 3차원

모델이다. 또 하나의 숙제로, 당신은 몇 가지 가능성을 생각해 볼 수 있다. 만일 어떤 사람의 수행이 평가적 조작, 변환적 산출물 그리고 의미적 내용에서 뛰어나다고 하면, 그는 어떤 종류의 천재라고 생각하는가? 쉽지 않다고? 그럼 수업에서 그 답을 찾아보기로 하자.

다행히도, 모든 심리학자들이 다 순열로 까다롭게 하지는 않는다. 스턴버그(Robert J. Sternberg, 1996)는 친절하게도 지능을 세 가지로 제한했다. 첫 번째는 분석적 지능으로 대부분의 표준화 IQ 검사에서 하는 것과 매우 흡사하다. 두 번째는 창의적 지능으로 창의성 검사에서 흔히 다루는 종류의 능력이다(Simonton, 2003a). 세 번째는 실천적 지능으로 지식을 실생활에 적용하는 것에 중점을 둔다. 이 삼원론에 의하면, 당신은 하나는 높고, 다른 하나는 중간이고, 또 다른 하나에서는 더 낮을 수 있다. 사람에 따라 세 가지 지능에 대한 프로파일이 다를 것이다. 만일 한 사람이 그의 직업에 대한 적절한 프로파일을 가지고 있다면, 그는 성공적 지능이 높다고 말할 수 있다.

마지막으로, 앞에서의 두 가지 예의 중간인 예가 있다. 이것은 가드너(Howard Gardner, 1983)의 **다중 지능** 이론이다. 처음에는 7가지, 즉 언어, 논리-수학, 공간, 신체-운동, 음악, 개인 내 그리고 개인 간 지능이 있었다. 그리고 나중에는 이 일곱 가지 지능에 대한 대표적인 천재들이 소개되었다 — 시인 T. S. 엘리엇, 이론 물리학자 아인슈타인, 화가 피카소, 안무가 마사 그레이엄, 작곡가 스트라빈스키, 심리학자 프로이트 그리고 정치 지도자 간디(Gardner, 1993). 7가지로는 부족했는지, 후에 가드너(1998)는 추가적으로 세 가지 지능에 대해 숙고했다 — 자연주의 지능, 영적 지능 그리고 실존적 지능. 가드너의 지능의 수가 언젠가는 120가지가 넘을 것인지 두고 봐야 할 것이다. 나는 어떤 사람이 새로운 지능을 생각하는 능력도 11번째 지능으로 인정해야 한다고 농담하는 것을 들었다! 그러면 가드너는 탁월한 지능을 생성하는 다중 지능을 자랑할 수 있을 것이다.

불행하게도, 지능에 대한 이런 다차원적인 개념들 중에 일반 지능만큼 경험적으로 상세하게 연구된 것은 아무것도 없다. 길포드나 가드너도 그들이 가정한 능력 모두(혹은 하나라도)를 측정하는 도구는 개발하지 않았다. 비록 스턴버그는 그런 도구를 고안했지만, 그것들은 스탠포드–비네나 다른 표준화 검사와 같은 종류의 타당화를 거쳐야 한다. 세 가지 유형의 높은 지능을 가지고 있는 아동들을 대상으로 터만(1925~1959)의 종단적 연구를 반복한다면 특히 흥미 있을 것이다. 분석적 지능이 높은 사람들이 터마이츠와 비슷한 결과로 나타날까? 창의적 지능이 매우 높은 사람들이 유명한 화가, 작곡가 그리고 영화감독이 될까? 실천적 지능이 뛰어난 사람들이 정치가, 사령관 그리고 기업가로서 뛰어난 성취를 할까?

위계적 지능

이제 많은 심리학자들은 하나의 지능과 다중 지능 간의 타협적인 입장을 선호한다. 여러 가지 지능들을 더 좁은 의미로 정의된 지능은 아래에 그리고 일반적 지능은 꼭대기에 배열하여 위계를 이루도록 하는 것이다. 이 관점의 옹호자로 가장 잘 알려진 사람은 캐롤(John B. Carroll, 1993)이다. 수백 가지의 자료에서 얻은 인지 능력 검사 점수들을 재분석한 후에, 그는 능력들은 세 가지 수준 혹은 단계에서 작동한다고 주장했다. 가장 낮은 단계이며 가장 다양한 수준(계층 I)은 특별한 능력들의 고도로 특수화된 요인들이다. 중간은 더 추상적인 수준(계층 II)으로 더 적은 수의 더 포괄적인 형태의 인지 능력이다(일반적 기억과 학습, 청각 지각, 시각 지각 그리고 처리 속도와 같은). 마지막으로 꼭대기(계층 III)에는 스피어만(1904, 1927)의 중요 업적과 일치하는 g 요인이 있다. 첫 번째 계층에는 69요인, 두 번째 계층은 8요인 그리고 세 번째 계층은 한 가지 요인으로 구성된다. 결론적으로 말하면 다양성 속의 일체 지능 모델 unity-in-diversity model of intelligence이다.

복잡한가? 전혀 아니다! 얼마나 간단한지 알아보기 위해 이 위계적인 지능의 구성을 다른 위계적 배열과 비교해보라. 예를 들어 동식물 분류에서 우리는 최상위, 중위, 기초 수준과 같은 분류 대신에 계(예 : 동물계), 문(예 : 척색동물), 강(예 : 포유류), 목(예 : 영장), 과(예 : 사람), 속(예 : 호모) 그리고 종(예 : 사피언스)으로 구성되어 있는 위계를 고려해야 한다. 마찬가지로, 군대식 위계에도 순서가 있다(그리고 대부분의 지휘 계통에는 이것보다 더 많은 체계의 상하 지위가 있다). 이것과 비교하면 지능 모델의 위계는 단지 세 수준으로만 구성되어 있으며, 훌륭한 오래된 스피어만 g에 해당하는 하나의 계나 최상위 계급인 장군을 꼭대기에, 그리고 종 species이나 사병을 구성하는 여러 가지의 좁은 의미의 인지 능력을 맨 아래에 두고 있다.

나의 개인적인 입장은 위계적 지능 모델을 좋아한다. 수십 개의 특수한 능력들이 더 포괄적인 능력을 나타내는 중간 수준의 요인들로 집단을 구성할 수 있다. 그리고 중간 수준의 요인들은 궁극적으로 모든 것을 아우르는 일반 요인, 즉 스피어만의 g에 종속된다. 이 모델은 한 개인의 일반지능이 다른 사람에게서 볼 수 있는 낮은 수준의 능력들과 다른 배합을 가지고 있을 가능성을 배제하지 않는다. 그것은 여러 다양한 사람들에 걸쳐서 평균적으로, 다양한 인지 능력들이 서로 정적 상관을 가지는 경향이 있다. 독립적인 기술들이 상위의 능력에 의해 조정되기 때문에, 특히 높은 g를 가지고 있는 사람이 한 가지 이상의 성취 영역에서 역량을 획득하는 것이 더 쉽다. 박식가들은 매우 드물다고 생각되는 경향이 있지만, 그들보다는 덜 위협적인 사촌들 — 두 가지 혹은 세 가지 영역에서만 특출한 사람들 — 은 실제로 꽤 흔하다.

마지막에 언급된 결론은 2,102명의 창의적 천재들에 대한 역사측정학적 조사(Cassandro, 1998)에서 나타났다. 두 가지 영역 혹은 하위영역 이상에서 명성을 얻은 창조자들의 다재다능함이 사정되었다. 비록 61%가 이 정의의 기준을 적용하면 다재다능하지 않았지만, 15%는 한 영역 내에서의 두 가지 이상의 하위영역에서 명성을 얻었고(예 : 문학 내에서 시와 드라마), 24%가 두 가지 이상의 영역에서 명성을 얻었다(예 : 문학과 과학). 따라서 1/3 이상이 어떤 창의적인 다재다능함을 나타냈다. 셰익스피어는 첫 번째 분류에서의 천재의 한 예가 되고, 괴테는 두 번째 분류에서 천재이다.

콕스(1926)의 301명의 창조자와 지도자 표본도 영역 내 그리고 영역간의 다재다능함을 부정할 수 없는 많은 사례들을 포함하고 있다(R. K.

White, 1931). 빈도수보다는 상관이 더 많은 것을 말해 준다 — 이 천재들의 다재다능함은 IQ와 명성 모두와 정적 상관이 있었으며, 이미 지적했듯이 IQ와 명성 또한 서로 상관을 가지고 있다(Simonton, 1976a). 다르게 표현하면, 지적으로 가장 똑똑한 콕스의 천재들은 높은 명성을 얻을 뿐만 아니라 더 많은 영역들에서 명성을 얻는다. 이것은 콕스의 지능 수치가 결코 그렇게 영역 특수적이지 않았다는 것을 의미한다. 그것들은 대부분 한 가지 주 영역을 기반으로 한 것이었으며 영역 특수성의 사정은 더 일반적 지능에 대한 대리로 사용된 것이다.

나는 터만이 그의 표본을 뽑기 위해 사용했던 스탠포드-비네 지능검사에 대해서도 같은 말을 할 수 있기를 바란다. 그 검사는 너무 많은 성취 영역들을 배제해서 진실로 폭넓은 지적 능력을 측정할 수가 없었다. 그것이 왜 터마이츠 중에서 매우 성공적인 사람들이 훨씬 더 제한된 영역에서 명성을 얻는 경향이 있었는가 하는 한 가지 이유다. 터만은 분석적 지능을 측정했고 고도로 학업적인 영역에서 성공할 가능성이 높은 1,528명의 아동을 찾았다. 이 협의성 때문에 그가 무엇보다 원하던 것 — 진실로 역사측정학적인 천재 — 을 얻지 못했을 수 있다. T. S. 엘리엇, 아인슈타인, 피카소, 마사 그레이엄, 스트라빈스키, 프로이트 혹은 간디는 훌륭한 학자들이 아니었다. 나 자신이 학자로서, 나는 우리 교수들 중에 그들만큼의 명성을 얻는 교수들은 거의 없다는 것을 알고 있다. 우리는 아인슈타인이 우리들 중 한 사람이라고 결코 말할 수 없다. 정규 교수가 되었지만, 그는 가르치는 일이나 전문적인 봉사와 같은 학자로서의 중요한 책임을 회피하기 위해 가능한 모든 일을 했다. 그의 연구를 제외하면, 교수로서의 그는 학생보다 더 나은 것이 없었다.

나는 더 이상의 말을 하지 않겠다. 솔직히 나는 겁이 많다. 나는 이 책이 출판된 후에 어떤 일이 일어날지 걱정이다. 후에 내가 참석하는 회의에서, g에 반대하는 심리학자들은 나에게 고함을 치기 시작할지도 모른다! 나는 누가 더 크게 고함을 지를 수 있는지를 보기 위한 경쟁에 관련되고 싶지 않다. 그러니 제발 내가 방금 쓴 내용을 누구에게도 말하지 말아 주기를 부탁드린다. 그것은 우리끼리의 작은 비밀이다.

영역특수적인 전문성인가 혹은 일반적인 문제 해결 테크닉인가?

지능이 하나이든 혹은 여러 개이든 관계없이, 모든 꽃봉오리 천재들은 그들이 선택한 성취 영역에서 독창적이고 본보기가 되는 공헌을 할 수 있도록 해 줄 전문성을 획득하기 위한 어떤 종류의 도제 기간을 거쳐야만 한다. 아인슈타인 같은 사람조차 이 조건을 피해갈 수 없다. 16세에 아인슈타인은 물리학자들 중에서 그 누구도, 한순간이라도 거의 생각해 보지 못한 — 그리고 십대 중에서는 분명히 아무도 없는 — 한 가지 문제를 고심했다. 빛의 속도로 빛의 파동을 따라 여행한다면 빛의 파동이 어떻게 보일까? 아인슈타인은 그 문제에 대한 답을 얻기 위해 10년이 필요했으며 마침내 놀라운 답을 얻었다. 광선을 따라가는 것은 불가능하며, 그래서 당신은 정지된 빛의 파동을 결코 볼 수 없다. 역설적으로, 아무리 빠른 속도로 당신이 여행을 한다고 해도, 그 파동은 빛의 속도로 항상 당신보다 먼저 달리고 있을 것이다! 빛의 속도는 항상 일정하다. 그 대답은 아인슈타인의 특수 상대성 이론에서 핵심적인 가정이다.

하지만 그 질문과 그 답 사이의 수년 동안 아인슈타인이 숙달한 전문성은 무엇인가? 그는 물리학에서 훨씬 더 많은 지식과 기술을 획득했나? 혹은 문제 해결을 위해 광범위하게 적용할 수 있는 어떤 방법들을 획득했나? 이 문제를 다루기 위해서 나는 먼저 인지심리학에서 문제 해결 연구에 대하여 심리학자들이 뭐라고 말했는지(Klahr, 2000; Newell & Simon, 1972) 살펴볼 것이다. 그 다음에 나는 두 가지 다양한 입장을 통합하기 위한 결론을 제시할 것이다.

연산법 대 어림법

당신이 식사를 마치자 계산서가 도착한다. 이제 당신은 팁을 계산해야 한다. 식사와 와인 값이 74.15달러 그리고 당신은 15%의 팁을 주려고 한다. 계산기가 옆에 없다면 당신은 어떻게 하는가? 아마도 당신은 소수점을 왼편으로 옮기고 반올림하여 7.40달러를 구한다. 그러고 나서 이 숫자의 반, 즉 3.70달러(혹은 어떤 독자는 3.50 + 0.20달러 방식을 사용)를 구하고 전체 팁으로 11.10달러를 산출한다. 그러고 나서 당신은 이 액수를 저녁 식사와 와인 값에 합해서 신용카드 영수증에 찍히는 최종 숫자가 되는 85.25달러에 도달한다. 방금 당신은 무엇을 했나? 당신은 한 문제를 해결했다. 그리고 당신은 그것을 어떻게 했나? 당신이 아는 것(74.15달러)을 가지고 당신이 알 필요가 있는 것(85.25달러)으로 전환하는 한정된 수학적 조작을 적용함으로써 해결했다. 이 하나 하나의 단계적인 절차를 적용하면 무엇을 입력해도 답이 나온다. 매번 해결이 보장된다.

이와 같은 방법적으로 일정한 절차를 연산법algorithms이라고 한다. 연산법이라는 말은 9세기 이슬람교도로 수학자이면서 천문학자인 알 콰리즈미(Muhammad ibn Musa al-Khwarizmi)[6]의 성에서 유래되었다. 알 콰리즈미는 오늘날 대수algebra(그의 책 제목에서 나왔다)로 알려진 것에 대한 연구를 발표했으며, 그 연구에서 그는 1차 방정식과 2차 방정식에 대한 법칙을 정했다. 사실, 수학 교과서와 수리 과학 교과서에는 문제를 해결하기 위한 연산 방법이 많이 나와 있다. 교과서는 전형적으로 특수한 문제를 제시하는 것으로 시작해서 해결 방법을 보여 주고, 그 절차를 비슷한 유형의 모든 문제에 적용시킬 수 있도록 일반화하고, 연습문제나 '문제들'(흔히 짝수 번호의 문제에 대한 답이 책 뒤편에 제시됨)을 제시하고 있다. 그래서 만일 당신이 미적분 서론을 택했다면, 다음과 같은 문제를 해결하는 것에 어려움이 없을 것이다 — 만일 $y = 2x^2 - 3x + 2$라면 dy/dx의 값은? 그것은 저녁 식사 후에 팁을 계산하는 것보다도 더 쉽다.

나는 아인슈타인의 특수 상대성 이론이 탄생되기까지 10년 동안 일부 기간은 아인슈타인이 수학과 물리학에서 연산법의 일람표를 만드는 데 전념했다고 확신한다. 그의 1905년 논문에서 판단하면, 그는 뉴턴의 역학과 맥스웰의 전자기장 현상의 방정식과 관련한 문제뿐만 아니라 대수 문제를 푸는 방법을 배워야만 했다. 그가 배운 것이 그와 같은 연산법만이 아니었다는 것을 나는 또한 확신한다. 그 이유는 연산법을 적용하는 것에는 다소 제한이 따른다는 데에 있다. 첫째, 연산법은 매우 영역구체적인 경향이 있다. 한 가지 역학 문제를 풀기 위해 한 가지 연산법이 사용되고, 전자기electromagnetism 문제를 해결하기 위해서는 다른 연산법이 사용된다. 그 밖에 연산법은 잘 정의되어 있고 해결하기 위한 규칙이 이미 세워져 있는 문제를 해결하도록 설계되어 있다. 그것들은 독창적이고 본보기가 되는 방법을 요구하는 문제를 해결하기 위해서는 특히 설계가 잘 되어 있지 않다. 구체적으로 아인슈타인은 그의 교재 중 어느 한 권에서도 그가 16세에 마음속에 그린 그 문제에 직접적인 해결책을 제공할 수 있는 연산법을 만나지 못했을 것이다. 그는 그냥 한 숫자에 플러그를 꽂고 — 나는 지금 광선을 따라 초속 299,792,458미터로 여행하고 있다 — 광선의 유형을 기술하는 방정식을 구할 수 없었을 것이다.

이것은 아인슈타인이 아마도 문제 해결을 위한 또 다른 접근, 즉 어림법heuristics의 적용에 의존했다는 것을 의미한다. 어림법은 해결법의 발견을 촉진하지만 해결책을 찾을 것이라는 확신이 없는 조잡한 주먹구구식 혹은 다목적 행동 방침이다. 또한 연산법과는 달리, 어림법은 영역구체적 성격이 훨씬 덜한 경향이 있으며 어떤 그리고 모든 가능한 문제들에도 적용된다. 영역에 무관한 이 어림법에는 다음과 같은 것들이 있다. ① 산오르기hill climbing — 항상 목표에 더 근접할 수 있게 해주는 길을 선택한다, ② 수단-목표 분석means-ends analysis — 그 문제를 더 쉽게 해결할 수 있는 작은 문제들로 세분화 한다, ③ 역행 작업working backward — 당신이 해결했다고 가정하고 거꾸로 돌아서 그 문제에 도달한다, ④ 유추analogy — 잘 이해되는 현상을 잘 이해되지 않는 현상에 비교한다, ⑤ 시행착오trial and error — 어느 것이 효과가 있는지 알기 위해 모든 가능성을 시도한다(우연적으로 혹은 체계적으로).

어림법 중 한 가지 특별히 유용한 것은 한 문제를 다른 문제로 전환하는 것이다. 예를 들어, 추상적이거나 일반적인 문제를 구체적이거나 특별한 사례로 전환할 수 있다. 혹은 수학 문제를 쉽게 시각화할 수 있는 문제로 전환이 가능하다. 사실, 아인슈타인이 좋아하는 문제 해결 전략 중의 하나가 *Gedanken*, 즉 '생각' 실험이었다. 추상적인 수학적 수단에 의한 연역을 하는 대신에, 그는 가설적인 상황을 상상하고 함축적 의미를 찾아냈을 것이다. 그가 특수 상대성 이론과 10년 후에 일반 상대성 이론에 도달한 것은 이 수단에 의해서였다. 하지만 아인슈타인이 양자역학의 코펜하겐 해석을 뒤집기 위해 그것을 사용하였고 노력했을 때 알게 됐듯이, 그의 Gedanken 실험이 항상 옳은 답에 도달하는 것은 아니었다. Gedanken 실험은 연산법이 아니다.

연산법적인 문제 해결과는 달리, 어림법적 문제 해결은 천재는 '정의된 규칙이 적용될 수 없는 그 무엇'(Kant, 1790/1952, p. 525)을 산출한다는 칸트의 주장과 더 일치한다는 것을 주목하라. 연산법에는 규칙이 있지만 어림법에는 규칙이 없다. 하지만 어림법을 적용하면, 이미 해결된 문제들과 비슷한 문제를 해결하기 위해 사용될 수 있는 새로운 연산법을 발견하게 되는 경우가 종종 있다. 발견된 연산법은 따라서 본보기가 되고 그래서 뒤따르는 창조자들이 모방하는 대상이 된다. 아인슈타인이 특수 상대성 이론과 일반 상대성 이론을 생각해냈을 때, 그는 과학 공동체에 물리학에서 문제를 해결하기 위한 새로운 계산 법칙을 실제로 제공했다. 뉴턴 역학 대신에 물리학자들은 상대성 이론의 어림법을 사용할 것이다. 어떤 경우에는 그 두 가지 어림법은 같은 답을 줄 것이고(예 : 투수에서 포수에게로 날아가는 야구공의 경로), 어떤 상황에서는 두 가지 답이 다를 것이다(예 : 수성의 근일점[7)]의 세차 운동[8)]). 두 가지가 일치하지 않을 때는 상대성 이론 계산법이 유리하다.

연산법 컴퓨터 프로그램 대 어림법 컴퓨터 프로그램 연산법과 어림법의 차이를 더 잘 이해하고, 천재의 성격을 이해하기 위한 그것들의 관련성을 알아보기 위해 고차원의 문제 해결을 수행하는 두 가지 종류의 컴퓨터 프로그램을 살펴보자.

1. **전문가 시스템**Expert systems은 인간이 가지고 있는 어떤 전문 지식 영역에서의 전문성을 재생산하도록 하는 컴퓨터 프로그램이다(Duda & Shortliffe, 1983). 고전적인 예는, 혈액의 전염병을 진단하고 적절한 항생제를 추천까지 할 수 있도록 개발된 프로그램인 MYCIN이다(Buchanan & Shortliffe, 1984). 그런 시스템은 일반적으로 여러 개의 '만일 ~이라면if-then' 진술로 구성된다. 한 가지 예는 만일 그 유기체가 혈액 속에 그람 양성[9)]을 나타내면서, 구균 모양을 가지고 있고, 연결된 고리를 형성한다면 그것은 **연쇄상 구균**이라고 판정될 수 있다. 재미있게도, MYCIN은 대부분의 의사들보다는 더 정확하게 판정했지만 박테리아 감염을 진단하는 전문가들만큼은 잘 하지 못했다. 어쨌든, 대부분의 전문가 시스템은 어림법보다는 연산법에 따라 작용한다. 그 밖에 이 시스템들은 신중하게 인간 전문가를 모방한다. 지식 공학자로 알려진 전문가들은 주어진 영역에서의 전문가의 전문성을 얻어내어 그 정보를 컴퓨터 프로그래머에게 전달한다.

그래서 공학자나 프로그래머가 아니라 영역 전문가가 그 시스템이 맹목적으로 모방할 수 있는 법칙을 만든다. 이 제한 때문에 이 시스템은 어떤 영역에서는 새로운 발견을 하지 못한다. 그래서 전문가 시스템은 컴퓨터가 시뮬레이션한 천재computer-simulated genius의 예라고 할 수 없다.

2. **발견 프로그램**Discovery programs은 대조적으로 실제로 발견을 한다고 말할 수 있다(Langley, Simon, Bradshaw, & Zythow, 1987; Shrager & Langley, 1990). 나아가 발견 프로그램은 연산법보다 어림법을 적용해서 발견을 한다. 더 놀라운 것은 이 프로그램은 과학적 천재들이 원래 발견을 하기 위해 사용했던 것과 같은 자료를 사용하여 그들이 발견한 것을 재생산할 수 있다는 것이다. 예를 들어, BACON이라는 프로그램 — 프란시스 베이컨의 귀납적 방법을 기리기 위해 이름을 붙였다 — 은 행성의 궤도 주기와 최대 행성-태양 거리에 대한 원자료를 주었을 때 케플러의 행성 운동의 제3의 법칙을 재발견했다. BACON은 고도로 제한된 시행착오 어림법을 주어진 자료에 적용함으로써 이 위업을 달성했다. 만일 케플러를 천재로 인정한다면 — 그는 하트(2000)의 역사적으로 가장 영향력 있는 100인 중에서 75위였고, 커텔(1903)의 서양 역사에서 가장 유명한 인물 1,000명 중에서 90위에 올랐다 — MYCIN과는 달리, 우리는 BACON을 천재라고 말할 수 있는가?

유감이지만, 그 답은 아직까지는 '아니오' 이다. 그 이유에 대하여 간단히 설명하면, 그 발견 프로그램은 실은 재발견 프로그램이라고 불러야만 하기 때문이다. 그것이 하는 것이라고는 이미 발견하게 해 준 자료 혹은 비슷한 자료를 사용하여 이미 발견된 것을 재발견하는 것이 전부이다. 그 프로그램에 포함되어 있는 발견법은 분명히 그 후에 나타나는 모습을 갖고 있다. 그 프로그램은 그 발견자가 사용했던 것으로 보이는 발견법을 사용하여 그 후에 이미 만들어진 것을 재발견하도록 쓰인 것이다. 그것은 속임수가 아닌가? 불쌍한 케플러가 제3의 법칙을 발견하기 위해서 수많은 노력을 들였는데, 그 컴퓨터 프로그래머는 한걸음 물러서서 흘낏 보는 것만으로 순식간에 그가 한 것을 복제한다. 그것은 결코 공평한 것 같지 않다. 공평하든 공평하지 않든 그것은 모방이고, MYCIN만큼이나 모조이다. 유일한 차이는 MYCIN이 진단을 하는 의사를 모방한 반면에 BACON은 발견을 하는 과학자를 흉내 낸다는 것이다.

강한 방법 대 약한 방법 가끔 연산법을 강한strong 문제 해결 방법이라고 하고, 어림법을 약한weak 방법이라고 말한다(Klahr, 2000). 왜 그런지는 쉽게 알 수 있다. 어림법은 해결을 보장하지 못할 뿐만 아니라, 어떤 주어진 문제에 대해서 몇 가지 가능한 어림법들 중에서 어느 것이 가장 좋은지 항상 분명한 것은 아니기 때문이다. 그렇기 때문에 나는 모든 어림법적 방법은 내가 시행착오 적용 어림법이라고 부르는 한 메타어림법 아래에 포함되도록 하는 것이 좋다고 주장해왔다(Simonton, 2004c). 해결이 되면 본보기가 되는 산출물을 생성할 높은 가능성을 가지고 있는 매우 독창적인 문제에 당면했을 때, 그 문제의 해결자는 문제가 해결될 때까지 여러 가지 어림법들 사이에서 여러 번 오락가락 해야만 한다. 오류가 전혀 없는 어림법은 없기 때문에 이 융통성이 부분적으로 필요하다. 각각은 그것의 장점과 단점을 갖고 있다. 예를 들어, 산오르기 어림법은 '극대local maximum'[10]를 만날 때까지는 효과가 있지만, 몇 년은 아니라고 해도 몇 주 동안 당신이 인식하지 못할 수 있는 '절대적 극대global maximum'에는 효과가 없다. 비슷하게, 추상적인 일반적 문제를 구체적인 특수 사례로 축소하는 것은 그 사례의 선택에 취약하다. 그것은 더 큰 문제를 대표할 수도 있고 없을 수도 있어서, 그 구체적인 해결책은 당신을 잘못된 방향으로 끌고 갈 수 있다. 따라서 시행착오적인 메타어림법의 필요성이 나타나게 된다.

실생활의 문제 해결에 따르는 복잡성을 보여 주기 위해 대과학자인 헬름홀츠(Hermann von Helmholtz, 1898)[11]는 다음과 같이 고백한 적이 있다.

> 나는 사례들을 조금씩 일반화해 나가고 여러 가지 운 좋게 예측을 하면서 많은 우회적인 방법을 사용한 후에 마침내 그런 문제를 해결하는 데 성공할 수 있었다. 길을 모른 채 천천히 힘들게 오르고, 길이 막혀서 온 길을 되돌아갈 수밖에 없는 경우가 많았던 알파인 등산가에 나 자신을 비교해야만 했다. 가끔은 추리에 의해, 가끔은 우연히 새로운 길을 가다보면 조금씩 전진한다. 그리고 마침내 그 목표에 도착한 후에야 만일 그가 처음부터 정확한 출발 지점을 알 정도로 충분히 똑똑했다면 선택해서 걸어 올라왔을 왕도를 발견하

> 게 된다. 물론 내가 가지고 있는 나의 회고록에서는 독자들에게 내가 헤맨 이야기는 하지 않고 독자들이 고생하지 않고 정상에 도달할 수 있는 지름길을 기록해 두었다.

마지막 문장은 중요한 점을 말하고 있다. 최종 과학적 출판물은 그 과학자가 도달한 그 에두르는 길이 아니라 최종적으로 발견한 직행 길만 가르쳐주기 때문에, 우리는 어림법 문제 해결의 혼란스러운 진짜 모습을 거의 이해하지 못한다. 그 마지막의 직행길이 바로 앞에서 논의한 발견 프로그램으로 만들어진다. 이것은 그 프로그램을 재발견하도록 해주지만 새로운 발견을 하도록 해주지는 않는다. 킬리만자로 산 정상에 오르는 지름길이 당신을 에베레스트 산 정상에 오르게 해주지는 않을 것이며 그 반대도 마찬가지이다.

통합 : 다윈적인 천재

1859년 찰스 다윈은 생명 진화에 대한 과학적인 설명을 내놓았다. 비록 그 설명은 흔히 자연선택 이론으로 불리지만, 더 정확하게 말하면 변이-선택 이론이라고 할 수 있다. 왜냐하면 선택이 변이에 의존하기 때문이다. 변이가 없으면 선택이 없다. 더 정확하게 말하면, 다윈 이론의 변이 측면은 선택 측면보다 여러 면에서 더 도발적이다. 한편에서, 중언부언하는 것 같기도 하지만, 더 좋은 적응도를 전해주는 변종 형질trait variants이 유전자 풀에서 살아남을 확률이 더 높다는 주장은 확실히 맞는 것 같다. 그러한 측면에서 이것에 대한 논쟁은 거의 없다. 다른 한편, 다윈의 변이 과정에 대한 핵심적인 주장은 그 자신의 시대에 이론이 분분했으며, 그것은 오늘날까지 계속된다 — 그 변이는 의지나 지능을 나타내지 않는다. 그렇다. 다윈에 의하면, 그 변이는 어떤 변형이 생존과 번식의 확률이 가장 높은지에 대한 안전한 통찰 없이 생성된다. 변이는 살아남도록 보장받은 것이 아니며 많은 변이는 전적으로 부적응적이다. 다윈은 변이는 미래 결과에 대해 무지하며, 그러므로 내재적으로 낭비적이라고 보았다. 모든 경쟁적인 변형들 중에 아주 작은 일부만 성공한다.

어떤 의미에서, 다윈의 이론은 암묵적인 창의성 이론으로 생각할 수 있다 — '종의 기원' 이라는 제목에서 연상되는 창의성. 그것은 오래된 형태에서 어떻게 새로운 형태가 나오는가 하는 이론이다. 사실, 그 이론은 2장에서 채택한 창의성의 정의와 직접적인 관련성을 보여 준다. 창의적이기 위해서는 산출물이 독창적이고 유용해야만 한다. 새로운 종은 독창적인 변종이 오래된 변종보다 더 유용하다는 것을 증명할 때 나타난다. 이 분석적인 연결을 가정하면, 다윈의 이론은 곧 인간 창의성에 대한 사고에 영향을 미쳤다는 것이 우리에게 전혀 놀라운 것이 아니다. **호모 사피언스**에서의 창의적인 과정은 유인원들 간에 공유한 선조들로부터 바로 그 종들이 진화된 것과 비슷한 과정이 작용하는 것으로 생각할 수 있다. 이 연결을 처음으로 생각한 천재는 심리학자이자 철학자인 윌리엄 제임스(1880)이다. 『종의 기원』 초판이 나온 지 20년이 조금 더 지난 후에, 제임스는 다윈적인 창의성 이론을 설명한 '위대한 인간, 위대한 사고 그리고 환경(Great Men, Great Thoughts, and the Environment)' 이라는 제목의 논문을 발표했다. 제임스는 "사회적 진화는 두 가지 전혀 다른 요인들의 상호작용의 결과다. 첫째 요인은 개인으로서, 심리적인 힘과 사회 기반적인infra-social 힘으로부터 개인의 독특한 재능이 나타날 수 있지만 그 재능을 주도하고 조직하는 모든 힘을 가지고 있는 것은 개인이며, 둘째 요인은 개인과 그의 재능을 받아들이거나 거부하는 힘을 가지고 있는 사회적 환경(p. 448)"이라고 설명했다. 제임스는 또한 개인의 독창성이 나타나는 정신적 과정을 묘사했다.

> 구체적인 것을 습관적으로 정상 궤도를 따라 하나씩 하나씩 묵묵히 생각하는 대신에 우리는 아주 갑작스럽게 한 아이디어에서 다른 아이디어로 이동하거나 전환한다. 그리고 높은 수준의 추상과 판별을 하며, 전혀 들어본 적이 없는 요소들을 조합하고, 가장 미묘한 유사점을 연상한다. 한마디로, 우리는 아이디어로 들끓는 가마솥에 갑자기 빠진 것 같으며, 그 가마솥 안에서는 모든 것이 갈피를 못 잡는 양 뒤죽박죽이 되고, 순식간에 파트너십이 제휴되기도 하고 해체되기도 한다. 틀에 박힌 것은 없으며, 예측할 수 없는 것만이 법칙인 것으로 보인다(p. 456).

다시 말해서, 그 과정은 의도적이라기보다 우연적이고, 질서정연하기보다 무질서하고, 논리적이라기보다 짜맞추기식이다. 그 과정은 분명히 연산법적이지 않다. 그것은 어림법적으로 보이지도 않으며, 최소한의 어떤 체계적인 형식이 없다. 그 과정이 너무 맹목적으로 보이기 때문에 이제 다음의 BVSR 모델을 살펴보자.

BVSR 모델 다윈의 『종의 기원』이 출간되고 약 100년 후 그리고 제임스의 논문 이후 정확히 80년 후에, 심리학자인 도날드 캠벨(Donald Campbell, 1960)은 창의성과 발견은 명백히 다윈설의 과정에 의해 일어난다고 주장했다. 그는 이 과정을 '**맹목적 변이와 선택적 보유**(blind variation and selective retention)' 라고 했으며, 첫 자를 따서 간단하게 BVSR이라고 한다(Cziko, 1998). 그 과정 중 선택적 보유 부분은 관념적 변이ideational variation는 더 사용될 수 있도록 보존되어야 한다는 준거에 의해 지배된다. 예를 들어, 어떤 문제에 대한 모든 잠재적인 해결방법들 중에서 그 특별한 조건을 만족시키는 것이 보존될 것이다. 다윈의 원래 이론에서와 마찬가지로, 이 두 번째 단계는 BVSR 모델에서 가장 재미 없고 가장 논쟁이 없는 부분이다. 더 도발적인 것은 그 과정의 첫 번째 단계인 맹목적 변이를 일으키는 부분이다. 캠벨은 진정한 창의성과 발견은 어느 정도의 암중모색을 필요로 한다고 주장했다. 창시자는 어떤 산출물이 나올지 알 수 없는 시도를 하는 절차를 겪어야만 한다. 어떤 특정한 관념적 변종ideational variant이라도 창의성과 발견의 대표적인 특징인 독창성과 유용성이라는 두 가지 조건을 충족시킬 수도 있고 충족시키지 않을 수도 있다.

만일 앞에서 인용한 헬름홀츠(1898)의 말을 반복해서 읽어본다면, 당신은 그것이 맹목적 변이 과정을 묘사한다는 것을 알 수 있을 것이다. 헬름홀츠가 '그가 왔던 길을 되돌아가야만 했던' 모든 상황은 그의 진전이 멈추게 될 것이라는 것도 모른 채 잘못된 길을 선택했던 순간을 말한다. '행운의 짐작' 이란 운 없는 짐작도 존재한다는 것을 함축하고 있다. 그리고 헬름홀츠는 내재적으로 맹목적인 '우연한 사건accident' 은 '추리reasoning'로 큰 역할을 하며, 그것은 더 많은 통찰을 보여 주는 것으로 생각된다. 짧게 말하면, 헬름홀츠의 내성적introspective 보고는 그 자신의 문제 해결이 BVSR 과정의 안내를 받았다는 결정적인 증거를 제시한다.

캠벨(1960)은 어떤 종류의 정신 과정이 맹목적 변이를 일으키는가에 대한 몇 가지 제안을 했다. 그런 관념적 변종들ideational variants은 여러 가지 원천 — BVSR은 단일 과정 모델이 아니다 — 에서 올 수 있지만 그중에서도 가장 흥미 있는 것은 조합적 사고와 관련한 것들이다. 그의 제안을 지지하기 위해 캠벨은 프랑스 수학자 푸앵카레(Henri Poincare, 1921)의 말을 인용했다. "아이디어는 무리 지어 일어났다. 나는 아이디어들이 안정적인 조합을 이루면서, 말하자면 대립되는 쌍들이 서로 맞물릴 때까지 충돌하는 것을 느꼈다"(Poincare, 1921, p. 387). 캠벨은 수리 과학 분야에서 유명한 업적을 남긴 사람들에 대한 연구를 기초로 해서 수학적 발명의 조합적인 모델을 주장한, 또 다른 프랑스 수학자 아다마르(Jacques Hadamard, 1945)의 일도 언급했다. 아인슈타인이 "연합의 역할은 생산적인 사고에서 핵심적인 성격으로 보인다."(Hadamard, 1945, p. 142)라고 보고한 것을 기억하라. 또한 제임스(1880)가 창의성은 "가장 들어보지 못한 요소들의 조합"(p. 456)을 요구한다고 말한 것도 기억하라. 이 조합적인 과정들은 자연적 선택이 생물학적 진화에서 작용하는 대부분의 변형을 소개하는 유전적인 재조합과 대략 흡사하다.

캠벨(1960)은 그의 책의 일부분에서 그의 모델이 천재에 대한 우리의 이해에 어떻게 공헌하는지 논의했다. 한 가지 예만 들어보면, 그는 "사고가들thinkers은 사고를 시도하는 데 있어서 그 수와 범위의 정도가 다를 수 있다. 생각을 시도하는 수가 더 많고, 더 많이 다른 것들을 생각할수록 성공의 기회는 더 크다."(p. 391)라고 보았다. 이런 관찰에도 불구하고, 그는 BVSR 모델을 본격적으로 창의적 천재의 다윈론적인 이론으로 체계화하지 않았다. 그 정교화는 그 후 몇 년이 지나서야 일어났다. 그 모델은 마침내 야심찬 이론으로 확대되었다.

BVSR 이론　매입자의 위험 부담 : 당신이 교과서를 살 때마다 당신은 교과서를 사는 행동에 대한 책임을 진다. 그 책의 저자가 그 분야에서의 활발한 연구자일 때 특히 책임져야 하는 위험수준이 높다. 당신은 조만간 그 저자가 자신이 좋아하는 연구 결과를 기술하기 위해 한 장 혹은 두 장(혹은 세 장)을 배당하는 것을 알게 된다. 바로 그 순간이 왔으며, 나는 그 기회를 놓칠 수가 없다. 지난 20년 동안 나는 캠벨(1960)의 앙상한 모델을 세밀하고 포괄적인 이론으로 확장시켜왔다. 그것은 모두 나의 1988년 책, 『과학적 천재(Scientific Genius)』에서 시작해서 '창의성에 대한 다윈적인 관점(Darwinian Perspectives on Creativity)' 이라는 부제를 갖고 있는 1999년의 『천재의 기원(Origins of Genius)』까지 계속되었다. 많은 비판과 불평에도 불구하고 — 비판가들이 누구인지 내가 말하기를 기대하지는 않을 거라고 생각한다 — 오늘날까지 나는 그 이론의 예측을 검증하고 설명에 대한 평가를 계속해왔다(Simonton, 2005b, 2007b). 정식으로 인세를 받는 저자로서, 나는 간단하게 "내 책을 사!"라고 말하고 싶다. 하지만 당신이 지금 읽고 있는 책은 이미 돈을 주고 샀을 테니까, 그 명령을 따르기에는 과할 수 있다. 그래서 당신을 위해 공짜로 그 이론을 간단하게 설명해 주겠다.

나는 그 BVSR 이론은 캠벨(1960)의 오래된 BVSR 모델보다 훨씬 더 상세하고 포괄적이라고 말했다. 상세함은 그 이론에서 유래한 수학적 모델에 있다(Simonton, 2004c). 모델들 중 하나는 창의적인 산출물의 예측에 집중한다(Simonton, 1997a). 예를 들어, 그 모델은 전 생애에 걸쳐서 산출률이 어떻게 변하는지 예측하고 창조자들이 몇 살에 그들의 첫 번째 주요 작품을 만들고, 몇 살에 가장 좋은 작품을 만들고, 몇 살에 그들의 마지막 주요 작품을 만드는지까지 예측한다. 지금까지 이 예측들은 2,026명의 유명한 과학자(Simonton, 1991a), 69명의 유명한 미국 심리학자(Simonton, 1992b), 120명의 위대한 그리고 보통 수준의 고전음악 작곡가(Simonton, 1991b), 그리고 78명의 영화 음악상을 수상한 작곡가(Simonton, 2007a)들을 대상으로 검증되었다. 또 다른 수학적 모델은 우리가 6장에서 상세하게 논의할 현상과 관련하여 정확한 예측을 한다. 이것은 두 명 이상의 과학자들 혹은 발명가들이 각각 따로 같은 공헌을 하는 현상이다(Simonton, 2004c). 슬프게도, 그 정확성을 평가하는 유일한 길은 개론서에서는 특히 바람직하지 않게 수학적으로 평가하는 것이다. 그래서 BVSR 이론의 이 측면을 당신의 상상에 맡겨둘 것이다.

결과적으로 그 이론의 세세한 성격을 자세하게 설명하는 대신에, 나는 그 이론의 전체적인 성격에 대해 더 많이 이야기할 것이다. 그 이론의 정확성을 조사하는 대신에, 우리는 그것이 성공적으로 설명할 수 있는 현상의 범위에 대해 논의할 수 있다. 설명은 예측만큼 강력하지 않지만 심리과학의 현재 상태에서는 전자가 우리가 할 수 있는 최선인 경우가 가장 흔하다. 어쨌든 다른 무엇보다, 이 다원적 이론은 ① 천재 수준, 빅 C 창의성에 공헌하는 독특한 정신 과정, ② 정신이상인 천재를 포함하는 창의적인 천재와 관련한 성격 특성, ③ 미래 천재의 창의적 발달에 공헌하는 가정 배경과 교육 경험 그리고 ④ 창의적 성취의 주요 영역들에서 천재가 출현하는 데 가장 도움이 되는 정치적, 경제적 그리고 문화적 환경을 설명하기 위해 사용되었다(Simonton, 1999a, 1999b). 이 모든 특성들을 다루는 것은 분명히 불가능하기 때문에 나는 ②-④는 호기심이 있는 독자들에게 주머니를 털어 책을 사서 보도록 내버려 두고, ①에만 초점을 맞출 것이다.

BVSR 이론에서 핵심적인 개념은 변이의 맹목성이 질적 속성이라기보다 양적 속성이라는 것이다. 변이가 맹목적이냐 목적적이냐blind or sighted가 중요한 것이 아니라 변이는 맹목성blindnesss과 목적성sightedness의 상대적인 현저함에서 다르다는 것이다. 다른 용어로, 관념적 변이를 일으키는 사고 과정은 한 극단에는 완전히 맹목적인 과정과 다른 한 극단에는 완전히 목적적인 과정을 갖는 연속선상에 둘 수 있지만, 대부분의 과정은 두 극단의 중간 어느 지점에 위치한다. 이 양극성 차원의 순수한 범위를 이해하기 위해 연산법과 어림법 간의 차이로 돌아가 보자. 중요한 것은 연산법 과정은 목적성의 전형이다. 대부분의 연산법은 거의 사소할 정도로 평범하다 — 머릿속에서 종업원에게 건낼 팁을 계산하기 위해 사용하는 절차와 같이.

그렇다고 해도, 연산법이 항상 양극성 차원에서 가장 먼 지점에 위치하지는 않는다. 어떤 연산법은 맹목성을 조금 끌어들인다 — 가장 흔한 것은

'시도값trial values' 혹은 '초기 모수 추정치initial parameter estimates'이다. 긴 나눗셈을 해 보자(제발 당신의 계산기는 멀리 치워두세요). 어떤 사람의 정신 연령이 15.5이고 생활 연령이 7.8인 사람의 IQ를 계산해 보라. 당신은 즉시 계산했는가, 아니면 답을 내놓기 전에 한 가지 혹은 두 가지 시도값을 적용해 보았는가? 혹시 당신이 우리가 2장에서 언급했던 계산 신동 데비Shakuntala Devi라면, 당신은 미친 듯이 웃었을 것이다. 수학이 훨씬 더 서툰 사람들은 한 번 혹은 두 번의 시행착오를 거쳐서 마침내 답을 구했을 것이다. 즉, 당신은 그 약수로 곱하기 위해 어떤 숫자를 선택하고, 그것은 너무 작거나 혹은 너무 크다는 것을 발견하고서는 하나 더 많거나 적은 숫자로 해본다. 그렇게 몇 번 맹목적으로 시도한 후에, 당신은 마침내 IQ가 얼마인가에 대한 답을 얻게 되었을 것이다(당신은 이제 계산기를 꺼내도 좋다).

연산법에서의 맹목성은 이것보다 더 현저하다. 어떤 경우에는 문제가 너무 어려워서 어떤 연산법을 사용할 것인가 하는 것이 문제로 나타나는 경우가 있다. 적분을 공부한 사람들은 내가 무엇을 의미하는지 알 것이다. 주어진 함수를 적분하기 위한 몇 가지 방법이 있지만 — 치환, 부분, 연속 감소 등의 방법으로 — 특별한 함수에 대해 어떤 방법이 맞는지 항상 분명한 것은 아니다. 그래서 당신은 시도값 대신에, 시도 연산법을 사용한다. 당신은 한 가지 방법으로 적분을 시도하고, 설령 당신의 생명이 그것에 달려 있다고 해도 더 간단한 항으로 줄일 수 없는 도저히 알 수 없는 문제가 되면, 또 다른 방법을 시도한다. 모두 실패하고 마침내 당신의 수학 선생님으로부터 그 함수는 당신이 여태까지 배운 그 어떤 방법으로도 적분될 수 없다는 말을 들을 때 당신은 알게 된다! 당신 선생님이 당신에게 속임수 문제를 주었다는 것을.

어떤 연산법들은 맹목성의 작은 물방울을 안에 품고 있지만, 어림법들은 종종 커다란 수문을 연다. 시행착오 어림법은 분명히 맹목적 변이 과정이다. 처음 이것을 해보고, 다음에 저것 그러고 나서 또 다른 것, 마침내 성공할 때까지 한다. 마찬가지로, 앞에서 내가 소개했던 시행착오 메타어림법도 맹목적 변이 과정이다. 분명히 어떤 시행착오 절차들은 다른 것보다 더 목적적이다. 아마도 당신은 여러 가능한 시도를 제외시킬 수 있는 충분한 전문성을 갖고 있다. 그럼에도 불구하고, 과정 중에 그 어떤 맹목성이 개입되어 있지 않다면 그것은 시행착오라고 할 수 없다.

다른 어림법들도 더 미묘하지만 맹목성을 여전히 갖고 있다. 유추는 어림법인가? 어떤 유추? 어떤 현상도 무한개의 다른 현상과 비교하는 것이 가능하다. 당신은 어떤 것을 우선 시도할 것인가? 만일 당신이 고등학교 과학 수업에서 원자의 구조가 태양계와 비슷하다는 것을 배운 적이 없다면, 원자의 구조가 태양계와 비슷하다고 생각했겠는가? 구텐베르크의 인쇄술의 발명은 사실 포도즙 짜는 기계에서 유추한 것이다. 알코올 음료를 만들기 위해 사용되던 기구가 결과적으로 순례자들을 위해 많은 성경을 만들기를 원한 사람을 도왔다는 것이 이제 분명한가?

혹은 산오르기 어림법을 보라 — 항상 목표에 더 가까이 갈 수 있도록 해주는 것처럼 보이는 방향으로 당신을 이동하게 하는 주먹구구식 방법(정상에 도달하기 위해서 항상 위로 올라가듯이). 우리는 이미 극대local maxima의 문제점을 언급했다. 절대적 극대global maximum를 만날 수 있다는 기대감에 비탈을 내려가는 모험을 할 것인지 아닌지 어떻게 결정하는가? 당신은 이미 절대적 극대 지점에 와 있을지도 모른다! 그리고 그 비탈을 내려가지 않으면 도대체 어떻게 알겠는가? 혹은 만일 당신의 출발 지점이 완전히 평평한 평지의 한복판이라면 어떻게 될까? 산오르기를 시작하기 위해 당신은 어떤 방향으로 가야 하는가? 당신은 어디에서 시작할지조차 알 수 없는 문제를 직면한 적이 없는가? 당신은 어디가 위이고, 어디가 아래인지, 어디가 북쪽이고, 어디가 남쪽인지 전혀 몰랐던 적이 없는가?

감히 말하건대, 전진하라. 다른 어림법적인 문제 해결 테크닉들 — 수단-목표 분석 혹은 역행 작업이든 — 을 자세하게 살펴보아라. 이 어림법들이 맹목성을 조금도 포함하지 않는다는 것을 증명할 수 있는가? 행운을 빈다!

맹목성의 가장 바깥 부분을 나타내는 극단이 순수한 기회나 무작위성 randomness이라는 것은 말할 필요가 없다. 이것은 100% 운 좋은 발견의 영역이고, 순수하게 우연한 음악과 예술 영역이다. 잭슨 폴락의 페인트를 뿌리고 떨어뜨리는 기법은 이 끝점에 가깝다. 그리고 많은 컴퓨터의 창의성은 무작위 숫자 생성기에 그 근원을 가지고 있다(Boden, 1991).

그러나 내가 왜 당신에게 이 모든 것을 이야기하고 있을까? 그것은 창의성의 영역에 따라서 당신이 이 맹목성-목적성 차원의 어디에 서 있는지가 매우 다르기 때문이다. 일반적으로, 예술적 천재는 훨씬 더 맹목적이고 과학적 천재는 훨씬 더 목적적이다. 예술과 과학 속에서도 차이가 더 있다. 형식적, 학업적 혹은 고전적 예술가들은 표현적, 선구적 혹은 낭만적인 예술가들보다 더 목적적인 경향이 있다(Ludwig, 1998). 물리학과 화학과 같은 자연과학 분야의 과학자들은 심리학과 사회학 같은 소프트 과학 분야의 과학자들보다 덜 맹목적인 경향이 있다(Simonton, 2004d). 그리고 맹목성–목적성 차원에서 한 영역이 어디에 위치하느냐 하는 점에서의 이 차이는 그 영역에서의 창의적인 천재와 관련된 성격특성(정신이상인 천재의 사례를 포함하여)에 영향을 미치고, 그 영역에서의 미래 천재의 창의적인 발달에 공헌하는 가족 배경과 교육적 경험 그리고 그 영역에서 천재가 출현하는 데 가장 큰 영향을 미치는 정치적, 경제적, 문화적 환경에 영향을 미친다(Simonton, 1999b).

내 말을 그대로 받아들이지 마라. 다만 나의 책과 논문을 읽어보아라!

마지막 관찰

여러분들 중에는 내용의 중심이 조금씩 이동하는 것을 알아차린 사람이 있을 것이다. 우리는 일반 지능에 대해 이야기하는 것으로 시작했다. 일반 지능에 대한 논의에서, 우리는 창의적 천재만이 아니라 다양한 유형의 천재에 대하여 논의했다. 어쩌다 보니 우리는 창의적 천재에 대해서만 다루는 것으로 마무리하게 되었다. 이렇게 강조점이 이동한 것은 빅 C 창의성이 인간의 특이성을 가장 잘 나타내는 것으로 간주되는 경우가 매우 흔하다는 사실로 정당화 될 수 있다. 하지만 동시에 그렇지 않을 수도 있다. 따라서 나는 일반적인 천재에 대하여 이야기하는 것으로 이 장을 마무리하고 싶다.

만일 천재를 독창적이면서 본보기가 되는 산출물을 만드는 능력을 가지고 있는 사람으로 보는 칸트의 오래된 개념을 받아들이면, 나는 BVSR 과정은 창의성의 범위를 넘어선다고 판단한다. 낯선 지역에서 전투 전날 밤에 군대를 가장 잘 배치하는 방법을 생각하는 사령관, 전례가 없는 정치적 혹은 외교적 교착상태에서 벗어나는 방법을 모색하는 국가원수, 파산신청으로부터 회사를 구할 수 있는 혁신적 산출물이나 마케팅 전략을 생각하려고 애쓰는 CEO, 이 모두는 어느 정도의 맹목적 변이에 대한 적성을 보유하고 있는 사람에게 호의적인 상황들이다. 우리는 모든 가능성을 탐색하고, 우발적인 사고와 관련된 것들에 대비하고, 거의 불가능한 것들까지 진지하게 고려해야 한다. 이런 면에서 BVSR 모델은 모든 타당한 범주의 천재를 통합하는 일반적인 사고 과정을 명확하게 설명할 수 있다.

아니면 이 마지막 관찰이 선택적 보유를 기다리는 맹목적 변이에 그치는 것인가?

역자주

1) 아버지 Patrick Bronte와 어머니 Maria Branwell 사이에서 Maria(1814~1825), Elizabeth(1815~1825), Charlotte(1816~1855), Patrick Branwell(1817~1848), Anne(1820~1849)이 태어났다.
2) Blaise Pascal. 1623~1662, 프랑스의 수학자, 물리학자, 종교철학자, 작가.
3) conic section. 원을 포함한 타원, 포물선, 쌍곡선 등의 직원뿔을 꼭짓점을 지나지 않는 평면으로 잘라낸 단면의 평면곡선의 총칭.
4) Marilyn vos Savant. 1946년생. 어릴 때 IQ는 228이라고 하지만 성인으로

서의 IQ는 180 정도라고 함.

5) triathlon. 3종 경기. 수영(3.9km), 사이클(180.2km), 마라톤(42.195km)의 세 종목을 연속해 치르는 경기.

6) 아라비아 숫자를 유럽에 전파. 그의 이름 알 콰리즈미가 라틴어로 변화하여 알고리틈이 되고 그것이 다시 〈아라비아수학에 의한 계산법〉을 의미하는 보통명사 알고리즘(algorism)이 되었다. 그의 또 다른 중요한 저서로 『복원(復元 ; 移項)과 대비(對比 ; 同類項)의 정리』가 있는데, 이 원제(原題) 중 알 자브르(al-jabr)가 오늘날의 대수(代數)가 되었다.

7) perihelion. 태양계의 천체가 태양에 가장 가까워지는 위치.

8) precession. 회전체의 각 운동량 벡터와 직각인 방향에 가해지는 토크로 인하여 생기는 각 운동량 벡터의 회전 운동. 회전체에 토크가 가해지는 동안에는 장동(章動)과 세차 운동이 동시에 존재한다. 토크가 제거되었을 때에는 세차 운동도 없어진다.

9) Gram staining. 1884년 그람이 개발한 세균의 염색법. 이 방법에 의해 세균을 두 종류로 분류한다. 우선 균을 유리면에 바르고 가열, 고정한다. 그 다음 크리스탈바이올렛으로 염색한 후 르골액을 뿌리고, 에탄올 또는 아세톤으로 탈색한다. 이때 탈색되지 않고 흑자색을 띠는 것을 그람양성균이라 하며, 여기에는 포도상구균, 폐렴쌍구균, 연쇄상구균, 고초균 등이 있다. 그리고 탈색된다면 이를 그람음성균이라 하며, 여기에는 대장균, 녹농균 등이 있다. 이러한 반응을 보이는 그람양성균과 그람음성균의 차이는 세포벽의 구조에 있다. 그람양성균에는 세포막의 바깥쪽에 펩티도글리칸이라는 20~80mm 정도의 두꺼운 당단백질층이 있지만, 그람음성균의 펩티도글리칸층은 2~3mm 정도로 얇으며, 바깥쪽에 외막(外幕)을 가지고 있다.

10) 수리과학에서 함수 값이 일정한 법칙에 따라 증가하다가 더 이상 증가할 수 없는 점까지 이르렀을 때의 양.

11) 1821~1894. 독일의 과학자이자 철학자. 생리학, 광학, 전기역학, 수학, 기상

학 등에 중요한 기여를 했으며 에너지 보존법칙에 대한 이론으로 잘 알려져 있다. 그는 실험을 통한 연구 결과를 19세기 과학의 많은 부분의 기초를 이루고 있던 철학적 가정들을 이용해 분석할 수 있게 했다.

천재 101

4

천재는 태어나는가 혹은 만들어지는가?

창의성은 천재성과 마찬가지로 한때는 영적 현상으로 생각되었다. 오래 전에 창의적이라는 것은 신성하다는 것이었다. 거의 모든 인간 문화는 어떤 영적인 힘의 기적적인 성취를 설명하는 창조 신화를 가지고 있다. 그런 창조주에는 유대교-크리스천-이슬람 전통의 창시자, 북유럽 신화의 오딘Odin[1], 조로아스트교의 오르마즈드Ormazd[2], 그리고 힌두교 삼위일체의 브라마Brahma[3]가 있다. 현실적으로 인간은 창의성보다는 기능craft을 표현했다. 우리는 예술가라기보다 장인이었다 — 어떤 공예품을 만드는 기술을 가지고 있는 노동자. 정확하게 말하면 시간이 지나면서 개별적인 인간 또한 창의성을 나타내는 것으로도 보였다. 하지만 그때에도 그 개인이 가지고 있는 창의성의 궁극적인 자원은 여전히 영적인 것이었다.

이 중간 지점이 그리스의 뮤즈 신화 속에 나타난다. 이야기가 진전되면서, 판테온의 최고신인 제우스는 므네모시네[4](기억의 신)와의 사이에서 9명의 딸을 두었다. 이 딸들은 각각 인간 창의성의 독립적인 영역을 맡고 있었다 — 영웅시 혹은 서사시, 서정시나 연애시, 성스러운 시, 비극, 희극, 음악, 무용, 천문학 그리고 역사. 각 불멸의 뮤즈는 죽을 운명을 가지고 태어난 창조자에게 영혼 혹은 영적 자원을 제공했다. 어떤 면에서 각 뮤즈는 그와 같은 영역에 공헌하는 모든 창조자들을 위한 천재였다.

이 신화는 어떤 일상적인 표현들을 자극했다. 예를 들어, 내가 작가 슬럼프에 빠져서 좌절했을 때 나의 뮤즈를 잃었다고 말할 수 있다 — 그리고 나의 뮤즈는 내가 이 책을 쓰고 있는 동안에도 한 번 이상 나를 떠났다. 1999년 영화 〈The Muse〉에서 샤론 스톤 — 1992년에 개봉한 영화 〈원초적 본능〉의 주연 배우로 더 잘 기억되는 배우 — 이 창의적 엣지edge를 잃어버린 시나리오 작가를 돕는 '여신' 역을 한다. 그 영화는 인간의 창의성이 한때 신이나 영혼의 선물로 간주되었다는 사실을 보여준다. 이탈리아 르네상스 시대에서조차 창의성을 영적으로 생각했었다. 예를 들어,

조지오 바사리(약 1550/1968)는 '성스러운' 미켈란젤로의 전기에서 '하늘의 위대한 통치자'가 예술적 천재의 본보기로 봉사하도록 특별히 그 예술가를 지상에 내려주었다는 것으로 시작했다(p. 347).

서양 문명이 더 세속적인 것을 강조하게 되면서 특히 계몽주의 시대에 창의적 천재의 개념은 점차 성스러운 성격을 상실해갔다. 하지만 그것은 여전히 선천적으로 생각되는 경우가 많았다. "천재는 태어나는 것이지 결코 가르쳐서 되지 않는다."라고 영국의 극작가 존 드라이든(John Dryden, 1693/1885, p. 60)이 주장했다. 2장에서 우리는 이 관점이 바로 칸트의 천재에 대한 정의에 명시되어 있는 것을 보았다. 천재성은 선천적으로 부여받는 재능이었다. 그것은 배울 수 없는 것이며, 순수하게 타고난 것이었다. "학습은 모방에 지나지 않기 때문에 가장 뛰어난 능력이나 학생으로서의 적합성(능력) 그 자체로는 천재성과 동일하지 않다."라고 칸트(1790/1952, p. 526)는 말했다.

그럼에도 불구하고 칸트가 천성에 관련하여 이런 극단적인 표현을 하고 있던 시대에, 창의적 천재의 근원에 대한 반대되는 의견을 제시한 사람이 있었다. 그는 1768년에 왕립예술아카데미Royal Academy of Arts를 설립하는 것을 돕고, 초대 회장이 되고, 그 다음 해에 작위를 받은 영국 화가 조슈아 레이놀즈Joshua Reynolds였다. 레이놀즈(1769~1790/1966)는 왕립예술아카데미 제자들에게 분명하게 말했다.

> 자신의 천재성에 의존해서는 안 된다. 만일 당신이 위대한 재능을 갖고 있다면, 근면이 그 재능을 향상시킬 것이다. 만일 당신이 보통의 능력을 가지고 있다면, 근면이 그 부족한 것을 보충할 것이다. 올바른 방향을 가지고 노력하면 안 될 것이 없다. 노력 없이는 아무것도 획득되지 않는다. 천재의 성격이나 본질에 대한 형이상학적인 토론에 들어서지 마라. 난관에 부딪쳐도 약해지지 않는 근면함과 간절하게 목적을 추구하는 성향은 누군가가 자연의 힘의 결과라고 부르는 것과 같은 효과를 낳을 것이라고 나는 과감하게 주장할 것이다(p. 37).

레이놀즈는 칸트에 반대하면서 그 사람이 타고난 능력이 무엇이든 관계없이 모방이 천재를 만들 수 있다고 주장하는 것으로 보인다! 당신은 최소한 소유하고 있는 재능이 무엇이든 그것을 육성시키기 위해 충분히 노력해야만 한다. 본보기를 모방하다 보면 당신 자신이 한 것이 본보기가 될 수 있다.

칸트는 그의 『판단력 비판(Critique of Judgment)』에서 레이놀즈를 언급하지 않았지만, 우리는 그가 어떻게 반응했을지 생각할 수 있다. 칸트는 레이놀즈야말로 천재성을 모방으로 대용하는 사람으로, 자신이 생각한 바로 그 사람이라고 반박할 수 있었을 것이다. 이 논쟁이 인신 공격적으로 보일지도 모르지만 실제로는 그렇지 않다. 칸트는 진짜 천재는 자신의 규칙을 만든다고 믿었다. 이 독창성은 레이놀즈 자신의 영역인 회화를 포함한 순수 예술에서 분명 필수적이다. 그 밖에 그 규칙은 훈련에서가 아니라 타고난 재능에서 나온다. 칸트의 관점에서 레이놀즈의 주장은 18세기 말 영국의 시각 예술의 한심한 모습을 나타내는 것이었다. 레이놀즈는 그의 경쟁자라고는 토머스 게인즈버러Thomas Gainsborough가 유일했던 그 당시에 위대한 영국 화가로 널리 인정받고 있었다. 과연 그들은 진정한 천재라기보다 단지 모방자들이었을까?

그러나 유감스럽다! 이것들은 모두 의견이고 추측일 뿐이다! 연구 자료에서는 무엇이라고 말하는가? 천재는 칸트가 주장했듯이 단지 자연의 문제일 뿐인가? 아니면 레이놀즈가 믿었듯이 육성될 수 있는가? 이제부터 살펴보기로 하자. 우리는 우선 자연적인 입장을 살펴보고, 그러고 나서 양육 입장 그리고 마지막으로 현대 입장을 살펴볼 것이다. 최근 연구는 이 논쟁에 대해 어떻게 무게를 두고 있는가?

선천적 입장 : 천재는 태어난다!

당신이 천재를 연구하기 위해서는 천재이어야만 하나? 아마도 아니다. 그 분야에서 연구하는 우리들은 분명히 천재가 아닌 동료의 이름을 말할 수 있다(한두 명은 천재의 반대라고 할 수도 있겠지만). 하지만 책 한 권 전체를 천재 연구에 대해 발표한 첫 번째 과학자는 그 자신이 천재였다는 것이 역사적 사실이다. 그는 프랜시스 골턴Francis Galton이었다. 1장에서 당신은 터만(1917)이 골턴의 IQ를 200 가까이 된다고 예측했다는 것을 알았다. 그 점수는 어떤 심리측정학적 정의에 의해서도 천재 수준의 점수이다. 당신은 또한 그가 1869년에 『유전적 천재(Hereditary Genius)』를 썼다는 것도 알았다. 마지막으로 2장에서 당신은 골턴이 그 책에서 천재를 어떻게 정의 내렸는가에 대해서도 알았다. 골턴은 천재란 예외적인 양의 타고난 능력을 소유한 사람이라고 주장했다. 즉, 천재는 지능, 열의 그리고 인내에 있어서 정상분포의 상위 꼬리의 점수를 얻을 것이다. 내 책을 읽고 있는 여러분들 대부분에게는 그런 정도의 정보가 알고 있는 전부일 것이다. 그렇다고 해도 골턴의 1869년 대작의 제목에서 중요한 추론을 할 수 있을 것이라 생각할 것이다.

당신의 추측이 맞다! 골턴은 천재는 유전된다는 입장을 내놓았다. 더 정확하게 말하면, 그는 선천적 능력natural ability은 유전적이라는hereditary 주장을 했다. 그리고 만일 부모들이 천재 수준의 선천적 능력을 갖고 있다면, 그들의 자녀는 평균적인 선천적 능력을 갖고 있는 부모들의 자녀들보다 천재가 될 확률이 높다. 그래서 만일 선천적 능력이 유전가능하다면, 천재는 신원을 확인할 수 있는 혈통에서 나오게 된다. 골턴은 **가계도**family pedigree 방법을 소개했다. 이 테크닉을 사용하여 특정한 형질들이 가계를 통해 전해지는지 조사할 수 있다. 어떤 혈통에는 유별나게 키가 큰 구성원들이 많이 있듯이, 다른 혈통에는 유별나게 똑똑한 많은 구성원들이 있을 것이다. 유전적 천재Hereditary Genius의 많은 부분이 뛰어난 가계를 부각시키는 기록으로 되어 있다.

구체적으로, 골턴은 몇몇 뛰어난 업적의 유형들을 연구했다. 사실, 2장에서 언급했듯이 그는 천재에 대한 상당히 폭넓은 개념을 가지고 있었다. 그는 정치가, 사령관, 화가, 종교적 지도자 그리고 법률가 이외에 뱃사공과 레슬링 선수와 같은 사람들도 포함시켰다. 어쨌든 대부분의 이 성취영역들에서 어느 정도 가계와 연관을 가지고 있는 유명인들의 방대한 리스트를 수집했다. 예를 들어 과학자들과 관련하여 그는 자연 선택에 의한 진화 이론의 창시자인 찰스 다윈은 초기 진화론자인 에라스무스 다윈Erasmus Darwin의 손자라고 지적했다. 그 밖에 골턴은 찰스 다윈에게 몇 명의 유명한 아들들이 있었으며, 나머지 유명하지 않은 가족 구성원들도 어느 정도 성공을 했다는 것까지 언급했다. 골턴은 자신에 대해서도 암묵적으로 언급하고 있었던가? 그 또한 에라스무스 다윈의 자손이었고 따라서 찰스 다윈의 사촌이었다! 아마도 빅토리아 시대가 요구하던 겸손 때문에 골턴은 드러내놓고 자기과시를 하지 못했을 뿐일 것이다!

골턴은 유명한 가족 구성원들에 대한 긴 우등생 명부를 수집하는 것 이상의 활동을 했다. 그는 수학도 공부했다. 항상 셈하기와 통계를 너무도 좋아해서, 그는 천재가 생기는 빈도수는 관계의 밀접한 정도에 따라 변한다고 단정했다. 가족 관계가 더 밀접할수록 천재가 동시에 발생하는 사례수도 대부분 더 많았다. 부모, 자식 그리고 형제자매가 가장 높은 빈도를 나타냈다. 조부모, 삼촌/이모, 고모, 조카/질녀 그리고 손자손녀가 그 다음으로 높은 빈도를 보였다. 가장 낮은 빈도는 증조부모, 오촌 아저

씨/아주머니, 조카의 아들/딸, 증손 그리고 고종사촌 간에 나타났다. 이 통계적인 기대의 형태는 찰스 다윈과 꽤 잘 맞는다. 그는 4명의 유명한 아들이 있었고(천문학자 조지, 식물학자 프랜시스, 우생학자 레오나르도 그리고 토목 기사 호라세), 과학으로 유명한 할아버지(앞에서 말한 에라스무스)와 손자(물리학자 찰스 골턴 다윈 경) 그리고 사촌인 유명한 과학자(여러분도 잘 알고 있는 프랜시스 골턴)가 있었다. 그의 아들들 중 세 명은 오늘날의 노벨상 수상자에 비교될 수 있는 영광인, 런던 왕립협회 Royal Society of London 특별회원elected fellows이었다. 그 세 명은 또한 대영제국훈장 기사작위knights commander of the Order of the British Empire, KBE를 받았고, 그래서 그들의 성 앞에 '경'을 부칠 수 있게 되었다. 그리고 찰스 다윈의 손자와 사촌도 왕립아카데미의 특별회원fellow이 되고 기사 작위를 받았다. 비록 아들 레오나르도는 그만한 명성을 얻지 못했지만, 유명한 진화 생물학자이며 통계학자인 로날드 피셔(Ronald Fisher, F 검증과 영가설의 창조자)를 개인적으로 지도하기도 했다. 결론적으로 말하면, 다윈의 가계도보다 더 유명한 가계도는 생각하기 어렵다.

다른 연구자들은 과학 천재 가족을 쉽게 찾아볼 수 있다는 것을 보여주었다(Bramwell, 1948; Brimhall, 1922, 1923a, 1923b). 사실, 그렇게 가족이 연결된 것은 과학 분야에 수여된 노벨상을 살펴보면 뚜렷하게 나타난다. 1901년 이 권위 있는 상이 수여된 이후로, 6쌍의 아버지와 아들에게 이 영광이 주어졌다. 가장 최근의 예는 콘버그 부자이다 — 로저 콘버그Roger D. Kornberg는 2006년에 노벨 생리 · 의학상을 받았으며 그 이전에 그의 아버지 아더 콘버그Arthur Kornberg는 1959년에 그 상을 받았다. 아버지와 아들 이외에, 이 상은 또한 어머니와 딸, 형제, 삼촌과 조카 각각 한 쌍씩이 수상했다(Nobel Lauretes Facts, 발행연도 불명). 같은 분야에서 함께 노벨상을 받은 경우는 그 아홉 사례들 중 한 번뿐이었다(Braggs 부자, 1915년)[5]. 이 통계의 중요한 의미를 이해하기 위해 우리는 노벨상의 기본 확률이 극히 낮다는 것을 기억해야 한다. 최고로 유명한 과학자들이라고 해도 노벨상을 받기 위해 스톡홀름에 가는 기회를 갖게 되는 사람은 극소수이다. 따라서 한 가족에서 두 명이 그렇게 할 수 있는 확률은 무한소로 보인다.

말할 필요도 없이, 가족 중에 천재들이 군생하는 것은 과학적 천재에만 국한되지 않는다. 내가 생각하는 그런 예를 보여 주는 대신에 당신이 생각하는 천재 가족에 대한 문제를 첫 번째로 집에서 해오는 시험으로 내주겠다. 대중문화 속에서의 유명인들을 예로 들어도 좋다. 시험을 잘 보려면 정식으로 시험을 치르기 전에 연습 문제를 풀어보는 것이 가장 효과적이다. 내가 몇 명의 이름을 말할 테니 당신도 명성과 부를 얻은 그들과 가까운 다른 가족 구성원들을 생각해 보라(같은 영역이 아니어도 되고 같은 수준이 아니어도 된다). 준비됐다면 시작하겠다 — 마리오 안드레티, 드류 베리모어, 워렌 버티, 베리 본즈, 제프 브리지스, 제이미 리 커티스, 마이클 더글라스, 캐리 피셔, 제인 폰다, 안젤리카 휴스턴, 브렛 헐, 마이클 잭슨, 페이튼 매닝, 윈튼 마살리스, 그루초 막스, 리 페티, 바네사 레드그레이브, 줄리아 로버츠, 마틴 쉰, 키퍼 서덜랜드, 숀 웨이언스 그리고 씨씨 와이넌스. 어떻게 하는지 이해되는가? 이제 당신 차례이다. 다음 월요일에 제출하면 되니까 주말에 충분한 시간을 가지고 준비하라. 그리고 필요하면 Wikipedia를 사용해도 좋다. 정말 쉬운 시험이지 않은가!

양육적 입장 : 천재는 만들어진다!

여러분들 모두 시험 답안을 제출했는가? 재미는 있었나? 영화로 연결되는 것을 찾는 것이 아니라 혈연관계를 찾는다는 점이 다르기는 하지만, 케빈 베이컨 게임(Six Degrees of Kevin Bacon)[6)]을 하는 것 같지 않았는가? 내가 연습 시험에서 제안한 것보다 더 많은 가족 연결을 찾아냈는가? 그 관계성은 어떻게 분포되어 있는가? 가족 관계가 더 멀수록 빈도가 감소했는가? 부모-자녀 혹은 형제자매 연결이 가장 일반적이었는가? 하지만 이제 나는 당신에게 완전히 다른 질문을 하고자 한다 — 가계도 방법이 실제로 천재는 태어나는 것이지 만들어지는 것이 아니라는 사실을 증명하는가? 마이클 잭슨은 좋은 유전인자를 물려받았기 때문에 '팝의 황제'가 되었는가? 아니면 그의 재능은 Jackson Five로 어릴 때부터 활동하면서 육성되었는가? 이 자료들은 또한 자연 입장보다는 양육 입장을 지지하는가?

골턴의 당대 인물들도 『유전적 천재(Hereditary Genius)』(1869)에 나오는 혈연관계의 기다란 목록을 모두 믿은 것은 아니었다. 몇 년 후에, 프랑스계 스위스인인 식물학자 알폰스 드 칸돌레(Alphonse de Candolle, 1873)는 그것과 반대되는 것을 증명하는 방대한 조사를 발표했다. 과학 천재에 초점을 맞추어 칸돌레는 그런 명성은 대부분 특별한 정치적, 사회적, 문화적, 교육적 그리고 종교적 조건 속에서 많이 나타난다는 것을 보여 주었다. 한 사람이 성장하는 환경이 그 사람이 물려받았을 수 있는 유전자를 불러낸다. 칸돌레의 반론에 대하여 특별히 역설적인 것은 골턴 같은 사람이 유명한 과학자 가족에서 나왔다는 점이다. 『유전적 천재』 속에 골턴은 칸돌레와 가장 위대한 식물학자들 중의 한 사람인 그의 아버지 어거스틴Augustin의 이름을 실었다! 칸돌레에게는 또한 식물학자로 어느 정도의 명성을 얻었던 아들인 안네Anne도 있었다. 만일 자신의 가계가 훌륭하다는 것에 우쭐해지고 싶은 사람이 있다면 그는 골턴의 주장을 지지할 것이고, 그들 중 한 사람이 칸돌레일 가능성이 높아 보일 수 있다. 하지만 그는 골턴의 입장을 인정하지 않았고, 그는 골턴을 반박하기 위한 자료를 수집했다. 만일 천재가 가계에 유전되는 경향이 있다면 그것은 가족 구성원들 — 무엇보다 1촌 친족 — 이 비슷한 시간과 장소에서 성장하기 쉽기 때문이다.

골턴은 칸돌레의 주장에 대해 완전히 새로운 과학적 방법인 설문지 개발로 대응했다. 그는 설문 문항들을 만들고 그 설문지를 사촌 찰스 다윈을 포함한 왕립협회(Royal Society)의 회원들에게 돌렸다. 그 설문 문항에는 가족 배경과 교육 경험이 포함되어 있었다. 골턴은 그의 연구결과를 『영국의 과학자들 : 천성과 양육(English Men of Science: Their Nature and Nurture)』(1874)에 발표했다. 부제목은 두 가지 이유로 중요하다 — 첫째, 골턴은 과학적인 천재 연구에서 천성과 양육이라는 용어를 확립시켰다. 이 두 용어는 셰익스피어의 작품 『폭풍(The Tempest)』에서 프로스페로가 "악마, 타고난 악마, 그의 천성 위에 양육이 결코 끼어들 틈이 없다."(4막 1장)라고 말한 부분에 나온다. 두 단어가 심리학 용어의 일부가 될 수 있었던 것은 골턴의 부재 때문이다(Teigen, 1984). 둘째, 그 부제는 골턴이 단호하게 주장하던 유전적 결정론에서 물러섰다는 것을 보여 준다. 예를 들어, 골턴은 환경 요인의 한 가지로 오해의 여지가 없던 출생순위의 영향에 대해 처음으로 의심했다. 가족 내에서의 출생순위에 따라 당신의 유전자가 결정되는 것이 아니라는 것이다.

불행하게도, 골턴의 외유적인 양보 입장을 채택하기보다 최근 연구자들은 종종 일방적인 양육 입장을 택한다. 천재는 태어나는 것이 아니라 만들어진다. 칸트가 천재의 특성을 정의하는 것으로 믿었던 천부의 재능은 순수한 신화나 미친 미신이라고 말한다(Howe, 1999). 대신에 천재는 다양한 환경적 영향의 산물이라고 주장한다. 아마도 가장 결정적인 영향은 의도적 연습deliberate practice(Ericsson, Krampe, & Tesch-Romer, 1993; Starkes, Deakin, Allard, Hodges, & Hayes, 1996)이라고 불리는 것이다. 집중적인 노력 없이는 천재가 될 수 없다. 당신은 완전히 숙지할 때까지 연구하고, 배우고, 연습과 훈련을 해야 한다. 나아가 당신은 매우 오랜 시간을 투자하여 영역 특수적인 경험을 획득해야 한다. 일 년 혹은 5년에 걸쳐서 되는 것이 아니다. 10년을 전문성 획득에 헌신한 후에야 그 세계에 당신의 이름을 남길 수 있다. 2장과 3장에서 우리는 이 필요조건을 10년 법칙이라고 했다. 10년간 훈련에 헌신하지 않고는 천재가 될 수 없다!

이 양육 관점은 당신에게 조슈아 경이 천재에 대해 말했던 것을 상기시킬 수 있다. '방향이 있는 노력' (다시 말해서, 의도적 연습)이 없다면 재능이 아무리 많다고 해도 당신은 아무 곳에도 갈 수 없다. 그리고 연습이 완전함을 만들기 때문에 충분히 연습하면 어떠한 천부적 재능의 부족함도 보상할 수 있다. 한 서평에서 나는 정도가 지나친 이 입장을 "단순무식 drudge 이론"이라고 한 적이 있다(Simonton, 2001, p. 176). 천재는 단순무식하게 노력할 뿐이다. 그들은 지루하고 따분한 의도적인 연습을 매일 밤낮으로 그들의 모든 시간을 바쳐서 무섭게 노력한다. 10년 동안의 독방 감금형을 마치고 난 후에야 마침내 가슴에 붉은색으로 '나는 이제 검증된 천재다!' 라는 글을 새기고 감옥의 문 밖으로 행진하여 나온다.

좋다. 당신은 이 광신적인 입장에 대해 내가 다소 반감을 가지고 있다고 말할 수 있을 것이다. 하지만 나의 관점이 개인적인 의견인 것만은 아니다. 이 입장이 양육과 천성의 복잡성을 제대로 설명하지 못하고 있다는 자료들이 있다(Simonton, 2000a). 나는 2장에서 천재는 이 독단적인 주장을 위해 창조해야만 한다는 문제를 언급했다. 만일 10년 법칙이 타당하다면, 여러 가지 영역에서 수월성을 획득하는 것이 어떻게 가능한가? 여기 문제점이 두 가지 더 있다.

우선, 10년 법칙은 평균이지 고정된 역치가 아니다. 통계 과목에서 배웠겠지만, 평균은 표준편차를 갖고 있다. 어떤 천재는 10년이 더 걸리고 어떤 천재는 10년이 덜 걸릴 것이다. 이 편차는 10±5 혹은 그 이상으로 상당한 수치이다(Simonton, 1991b). 그리고 이 편차는 역설적인 결과를 갖고 있다 — 전문성 획득에 평균보다 시간이 덜 걸리는 사람은 더 많은 천재성을 나타낼 가능성이 높다! 120명의 고전음악 작곡가들에 대한 연구에서 더 유명해지고, 더 많은 작곡을 하고, 더 오랜 기간 생산적인 활동을 하는 것이 짧은 도제 기간과 상관이 있었다(Simonton, 1991b). 10년

이상이 걸리는 사람들은 덜 유명하고, 작품 수가 적고, 활동 기간이 짧은 경향이 있었다.

단순무식drudge 이론과 관계되는 두 번째 문제도 역설적으로 보인다. 사람들은 전문성의 양과 천재성의 수준 간의 관계는 정적 단조함수로 가장 잘 나타난다고 생각할 것이다. 그것은 끝없이 증가할 수 있다는 것을 의미한다. 물론 얼마 후 그 곡선은 발달중인 천재가 마침내 모든 필요한 영역 특수적 전문성을 숙달하면서 안정상태가 될 수 있다(Ericsson, 1996). 이것은 당신의 투자에 대한 이윤을 감소시키는 법칙이다. 일단 당신이 완벽한 상태에 이르면, 부가적인 연습으로 그것을 더 완벽하게 할 수는 없지만, 적어도 완벽성을 떨어뜨리지는 않을 것이다. 이런 일은 잘 일어나지 않는다. 많은 자료들에서 나온 증거는 어떤 영역들에서는 과도한 전문성이 수행도를 낮추면서 부정적인 영향을 미칠 수도 있다는 것을 보여 준다(Simonton, 2000a). 이것을 과훈련 효과라고 말할 수 있다. 역설적으로, 이 부작용을 완화시키는 가장 좋은 방법들 중의 하나는 또 다른 영역으로 전문성을 확장하는 것이다(Simonton, 2000a). 따라서 작곡가들은 반복적으로 같은 장르의 작곡을 하는 대신에 장르를 끊임없이 변화시킨다면 높은 수준의 창의성을 유지할 확률이 높다. 이것은 타이거 우즈에게 만일 크로케나 크리켓을 가끔 한다면 그의 골프 게임을 향상시킬 것이라고 말하는 것과 같다.

전문성 획득을 옹호하는 사람들은 골턴의 유전적 결정론을 부정하기 위해 너무 열심인 나머지 목욕물과 함께 아기까지 버리는 결과를 초래한다.

현대 입장 : 천재는 태어나고 그리고 만들어진다!

나는 한때 심리학에 관심을 불러일으킨 역사측정학적 연구를 수행했다(Simonton, 2000c). 그 연구의 표본은 심리학 분야에서 어느 정도의 명성을 가지고 있는 54명의 심리학자들로 구성되었다. 최고의 인지도를 가진 사람들로는 골턴, 프로이트, 이반 파블로프, 장 피아제, B. F. 스키너 등이 있었다. 그밖에 그렇게 유명하지 않는 사람들도 포함되었다. 여러분들 중에 밀러G. E. Miller, 에인절J. R. Angell 등의 이름을 들어본 사람들이 몇 명이나 될까? 나는 왜 아무리 해도 그 심리학자의 이름을 기억하지 못하는가? 그가 그 분야에서 오래 지속되는 인상을 남기지 못했기 때문인가? 그런 사람들은 짧은 기간 동안만 영향을 미친 이류 심리학자들이었는가? 그렇다면 그 영향력의 기준은 무엇인가? 나는 지속적인 영향력은 심리학을 구분하는 여섯 가지 갈등적인 이슈들에 대하여 내 표본의 각 심리학자들이 취한 관점에 의해 결정된다고 가정했다. 심리학의 방법과 이론에 대하여 객관적 혹은 주관적, 양적 혹은 질적, 요소적 혹은 전체적, 개인적 혹은 비개인적, 정적 혹은 역동적 그리고 외생적 혹은 내생적으로 나누어 접근하는 입장들이 다르다. 마지막 외생적 그리고 내생적 이슈가 우리에게 가장 흥미로운 것인데, 그 이유는 그 이슈가 여기서의 논의와 관련이 있기 때문이다. 양육nurture은 외생적(의도적 연습과 같은 외적 원인과 관련)인 반면에 천성nature은 내생적(유전적 자질과 같은 내적 원인과 관련)이다.

그리고 다음과 같이 충격적인 것이 있다 — 현대 심리학자들에 의해 인용된 빈도수로 계산한 이 54명의 심리학자들의 장기적인 영향력은 이 갈등적인 문제들에 대한 그들의 입장과 U자 곡선의 관계를 갖고 있다는 점이다. 다시 말해서 오늘날 가장 자주 논의되는 학자들은 그 이슈들에 대해 극단적인 입장을 옹호한 사람들이다. 대조적으로, 타협을 주장한 심리학자들은 자신의 입장을 후세들과 타협하는 것으로 끝났다. 심리학자들은 중간 입장이 더 정확한 경향이 있을 때조차 극단적인 입장을 옹호하는 사람들에게 더 많은 관심을 나타낸다(Simonton, 1976b). 골턴은 우생학을 지지하면서까지 유전적 자질을 그렇게 많이 강조했기 때문에 큰 인물이 되었다. 반대로 B. F. 스키너나 왓슨과 같은 행동주의자들은 마찬가지로 어리석은 행동주의를 강조함으로써 유명해지게 되었다. 이것을 생각해 보라 — 심리학에서 가장 유명한 사람들은 그들이 옳기 때문에 혹은 틀렸기 때문인가? 그들이 연구 문헌에서 인용하는 것이 그들의 관점에 대한 동의나 반대를 반영하는가? 프로이트나 피아제를 전적으로 인정하는 심리학자를 마지막으로 본 적이 언제인가?

이 모두가 좋다. 이 연구는 왜 많은 연구자들이 천성-양육 이슈에 대해 위태위태한 줄타기를 하는가를 설명할 수 있다. 하지만 나는 다음에서 더 합리적인 입장을 취함으로써 그 분야에서의 나 자신의 장기적인 영향력에 도전할 것이다. 나는 우선 환경적 성분들의 효과를 논의하고 다음에 유전적인 영향을 논한다.

환경적인 영향

비록 칸돌레(1873)가 천재의 출현에 대한 환경적 변인들의 영향을 조사한 첫 과학자였지만, 그의 요인들은 개인적 수준에서 작용하지 않았다.

대신에, 그것들은 모두 사회문화적 수준에서 영향을 미쳤다 — 정치적, 경제적, 사회적, 문화적 그리고 종교적 상황. 결과적으로 칸돌레의 연구 결과는 한 국가가 다른 국가보다 어떤 시기에 더 훌륭한 과학자들을 배출하는가를 설명할 수 있지만, 어떤 국가에서 어떤 과학자들이 같은 국가 출신의 동료들보다 더 위대한가를 설명할 수는 없다. 아이작 뉴턴이 살던 시기에 영국은 유명한 과학자들로 가득했지만 모두가 뉴턴만큼 유명해지지는 않았다. 뉴턴보다 1년 후에 태어난 화학자이면서 심리학자인 존 매로우John Marrow에 대해 들어본 사람들이 얼마나 될까? 왜 뉴턴은 시대를 초월하여 가장 위대한 과학자들 중의 한 사람이 된 반면에 매로우는 그렇지 않았는가? 아마도 뉴턴이 더 독창적이고 본보기가 되는 더 많은 산출물을 발명하여 더 많은 천재성을 나타냈기 때문일 것이다. 하지만 그 천재성은 어디에서 오는가? 이 질문에 답하기 위해서 우리는 같은 시대에 같은 장소에서 태어난 사람들 간에 차이가 있는 환경적 조건을 조사해야만 한다.

이 문제는 우리를 다시 골턴의 1874년의 조사 결과로 돌아가게 한다. 그의 설문지는 골턴 시대의 대부분의 유명한 과학자들 간에 배포되었다. 거의 대부분이 영국에서 태어나고 성장했다. 따라서 모두 같은 일반적인 사회문화적 조건하에서 산 사람들이다. 그 결과 골턴의 질문들은 그의 설문지 답변자들에게서 다를 것으로 생각되는 발달적 경험에 집중되어 있었다. 후세 연구자들은 다른 방법을 채택하는 경우가 많긴 했지만, 곧 그의 뒤를 따랐다. 엘리스Ellis는 1904년 『영국 천재의 연구(Study of British Genius)』에서 자서전적 정보에 의존했다. 골턴과 엘리스와 같은 연구자들은 역사측정학적 천재를 연구한 반면에 다른 연구자들은 그들의 관심을 심리측정학적 천재의 환경적 경험에 돌렸다. 그 첫 주자는 터만(1925)으로 『천재의 유전적 연구(Genetic Studies of Genius)』의 첫 번째 책에 포함되어 있다. 이 선구적인 연구 이후로, 천재의 성장에 영향을 미치는 환경적 요인들에 대한 방대한 문헌이 축적되었다(Simonton, 1987a, 1999b).

이 요인들은 두 가지로 분류될 수 있다 — 첫째, 실제로 거의 모든 업적에 적용되는 일반적인 영향과 둘째, 특별한 영역에 적용되는 특수적인 영향.

영역-일반적 환경 자선charity은 가정에서 시작하며 천재성도 마찬가지 자극을 주는 가정에서 나올 확률이 높다(Bloom, 1985; Cox, 1926; Roe, 1953; Schaefer & Anastasi, 1968; Terman, 1925; Walberg et al., 1980). 그 자극은 많은 서적과 잡지, 미술과 과학박물관 방문 그리고 외국 여행에서도 나올 수 있다. 한쪽 부모나 부모 모두가 평균 이상의 형식적 교육 수준을 획득한 전문인들 — 의사, 법조인, 교수, 교사, 엔지니어 혹은 목사, 랍비, 신부 — 인 경우가 많았다(Albert, 1994; Ellis, 1904; Galton, 1874; Raskin, 1936; Roe, 1953; Terman, 1925). 그 부모들은 아이를 갖기 시작하는 나이가 평균보다 다소 많을 뿐만 아니라(그리고 바라건대 더 현명하고)(Bowerman, 1947; Ellis, 1904; Galton, 1874; Raskin, 1936), 직업적 성공과 공부 그 자체를 위해서도 학습에 대한 상당한 가치를 부여했다(Bloom, 1985; Roe, 1953). 부모들은 또한 자녀의 특별한 재능에 대한 높은 관심을 갖는 경향이 있었다(Bloom, 1985; Feldman & Goldsmith, 1986; McCurdy, 1960; Walberg et al., 1980). 흥미 있는 것은 비록 천재들은 가난하거나 노동자 계급의 가정 출신인 경우는 덜했지만, 마찬가지로 상류층이나 부유한 가정 출신인 경우도 적었다(Cox, 1926; Ellis, 1904; Galton, 1874; Roe, 1953). 사회경제적 척도의 더 낮은 끝에 있는 사람들은 그들의 재능을 개발할 수 있는 기회가 부족하다. 척도의 더 높은 끝에 있는 사람들은 기회를 가질 수 있지만 그들의 재능을 개발하기 위한 유인가가 부족하다. 부자 아이들은 너무 쉽게 그들 부모의 월계관에서 쉴 수 있다. 금전적인 유산은 미래를 위한 지적 투자를 방해한다.

영역-특수적 환경 3장 끝부분에서 나는 천재성의 다원적 이론을 제시하고, 초점을 창의적 천재에 대한 다원적 이론의 적용에 두었다. 이 이론은 맹목적 변이와 선택적 보유 혹은 BVSR 과정의 관여를 긍정적으로 가정했다. 그때 나는 또한 창의성의 다양한 영역에 따라서 이 과정에 의존하는 정도가 다르다는 것을 관찰했다. 어떤 영역들은 엄격한 연산법적 문제 해결에 더 의존하는 반면, 어떤 영역들은 시행착오와 같은 느슨하고 예측 불가능한 어림법에 더 의존한다. 나는 또한 한 영역이 다원적 천재에 의존하는 정도는 그 영역에서의 '미래 천재의 창의적 발달에 공헌하는 가족 배경과 교육적 경험'과 관련이 있을 것이라는 사실을 언급했다. 그 이론은 매우 구체적인 예언을 하고 있기 때문에 이제 몇 가지 구체적인 사실을 제공할 때이다(Simonton, 1999b, 2004c).

천재의 가족 배경으로 시작해보자. 맹목적 변이 과정을 최소화하는 정밀과학과 같은 영역들은 더 인습적이고, 안정적이고, 동질적인 가정환경을 가진 천재들이 매력을 갖게 되는 경향이 있는 반면에, 맹목적 변이 과정을 최대화하는 주관적인 표현이 중요한 예술 영역들은 더 비인습적이고, 불안정적이고, 이질적인 가정환경에서 성장한 천재들이 선호하는 경향이 있을 것이다(Simonton, 2004c). 따라서 예술적 천재들은 과학적 천재들보다 일반적이고, 동조적이고, 중류층 가정 출신인 경우가 적고 매우 다른 배경(인종, 종교, 지리적인 배경에서)을 가진 부모를 갖는 경향이 높으며, 유아기나 청소년기에 한쪽 부모의 죽음이나 경제적 어려움과 같은 외상적traumatic 경험을 이겨낸 경향이 있다(Berry, 1981; Brown, 1968; Ellis, 1904; Moulin, 1955; Post, 1994; Raskin, 1936; Simonton, 1986a). 예를 들어, 노벨문학상을 수상한 작가들은 과학에서 노벨상을 받은 사람들보다 '사망이나 유기에 의해 최소한 한쪽 부모를 잃거나 혹은 아버지의 부도나 가난을 경험' 하는 경향이 훨씬 높았다(Berry, 1981, p. 387; Kaufman, 2000~2001). 반대되는 극단적인 예로는, 물리학에서 노벨상을 받은 과학자들은 "놀랍도록 파란이 없는 삶을 산 것으로 보인다"(Berry, 1981, p. 387).

당신은 어디에 들어맞는지 생각 중인가? 당신의 가정환경은 인습적, 안정적 그리고 동질적인가 아니면 비인습적이고 불안정적이고 이질적인가? 그것은 쉽지 않은 질문일 테니, 다른 질문을 해 보겠다. 여러분들 중 첫째로 태어난 사람은 몇이나 되는가? 막내로 태어난 사람은 몇이나 되는가? 형제자매들 중에서 태어난 순서가 중간인 사람은 손을 들어보라!

답하기가 훨씬 더 쉽지 않은가? 하지만 내가 왜 이런 질문을 했을까?

이론과 관련 자료에 의하면, 맹목적 변이를 강조하는 영역들에서는 나중에 태어난 사람들이 더 많은 경향이 있는 반면에, 목적적 변이를 강조하는 영역들에서는 첫 번째로 태어난 사람들이 더 많은 경향이 있다. 골턴(1874) 자신이 유명한 과학자들은 첫째인 경우가 많다는 것을 보여 준 첫 사례였다. 앤 로이(Ann Roe, 1953)가 연구한 64명의 유명한 과학자들(그들 중 한 명이 그녀의 남편이었다)에 대한 연구에서도 같은 결과가 발견되었으며, 그 외 많은 연구들에서도 같은 결과가 나타났다(Chambers, 1964; Clark & Rice, 1982; Helmreich, Spence, Beane, Lucker, & Matthews, 1980; Helson & Crutchfield, 1970; Terry, 1989; Feist, 1993). 반대로, 예술적 창조자들은 출생순위가 나중인 경향이 있다(Bliss, 1970; Eisenman, 1964).

이 출생순위에 따른 차이는 첫째 아이가 나중에 태어난 아이들보다 평균적으로 더 관습적이고 제한된 양육 방식을 경험하는 경향이 있다는 사실을 반영한다(Sulloway, 1996). 부모의 귀여움을 받기 때문에 그들은 부모의 기대를 충족시키려고 애쓰면서 성장한다. 이것은 첫째가 과학, 의학, 법률 그리고 다른 전문직과 같은 지위가 높은 영역들에서 우세한 경향이 있는 것으로 증명된다(Schachter, 1963). 첫째가 아닌 사람들은 극적으로 다양하며 창의적인 글짓기나 위험한 스포츠 같이 위험성이 높고 어떤 경우에는 지위가 낮은 영역에 진입하는 경향이 있다(Bliss, 1970; Nisbett, 1968). 이런 차이와 함께 평범한 과학자들과 보수적인 정치가들은 첫째인 경우가 많고, 혁명적인 과학자와 혁명적인 정치가는 첫째가 아닌 경향이 더 많다(Stewart, 1977, 1991; Walberg et al., 1980; Zweigenhaft, 1975). 간단하게 말하면, 가족 중에서 막내는 반항하도록 태어난다(Sulloway, 1996).

클래식 음악 애호가로서, 위대한 작곡가들은 첫째인 경우가 더 많다는 것에 주목할 가치가 있다고 나는 생각한다(Schubert, Wagner, & Schubert, 1977). 이것은 클래식 음악이 예술보다는 과학과 비슷하고, 진보적이라기보다 보수적이라는 의미를 내포한다. 고도로 형식적이고 추상적인 대부분의 대표적인 연주곡목들을 생각해 보면, 진실의 일면이 있을 수 있다. 심포니, 사중주, 삼중주 혹은 소나타는 회화, 조각, 시 혹은 소설과는 달리 분명한 내용을 갖고 있지 않을 수 있다. 클래식 음악 작곡가는 수학적 증명을 소리로 나타내는 사람과 비슷하다.

맹목적 변이 영역과 목적적 변이 영역 간의 대조는 가정환경을 넘어서까지 확장된다. 그것은 교육과 훈련 기간 동안 갑자기 다시 나타난다(Simonton, 1999b, 2004c). 한편, 목적적 변이를 가장 필요로 하는 영역들에는 학교에서 우수한 성적을 받았고, 더 높은 수준의 형식적 교육을 받았고, 그들이 명성을 획득한 영역과 가까운 영역을 훈련받은 천재들로 충만하다. 한편, 맹목적 변이를 가장 필요로 하는 영역들에는 학교에서 나쁜 성적을 받고, 낮은 수준의 형식적 교육만 받고 학교를 중퇴하고, 그들이 궁극적으로 명성을 얻게 된 영역과는 다소 먼 영역을 훈련받은 천재들이 많다. 칸트적인 말로, 전자 영역은 재능보다는 모방을 더 필요로 하고 후자 영역은 모방보다는 재능을 더 필요로 한다(Goertzel, Goertzel, & Goertzel, 1978; Simonton, 1986a). 사실, 바로 이 형태가 우리가 또 다른 환경 요인, 즉 멘토와 역할 모델을 조사할 때 반복된다(Simonton, 2004c). 목적적 변이를 더 필요로 하는 천재들은 한 명 혹은 두 명의 멘토와 모델만을 갖는 경향이 있으며, 아무리 많은 멘토와 모델을 가진다고 해도 그 멘토와 모델은 매우 비슷하거나 동질적이다. 하지만 맹목적 변이를 필요로 하는 천재들은 더 많은 멘토와 모델을 필요로 할 뿐만 아니라 더 이질적이고 정반대되는 멘토와 모델을 갖는 경향이 있다. 다르게 표현하면, 어떤 영역의 정상에 오르기 위해서 더 많은 독창성이 필요할수록, 그 천재는 상반된 관점들과 갈등적인 기술들을 더 많이 받아들일 필요가 있다(Simonton, 1984a, 1992b, 1992c).

유전적인 영향

행동유전학은 유전자가 어떻게 동물의 행동에 영향을 미치는가를 이해하기 위한 과학적인 학문이다. 심리학에서, 이 학문은 더 좁게 개인차의 유전적 기초를 이해하는 데 헌신하며, 그 개인차는 지적 특성과 성격 특성 모두를 포함한다. 우리가 어떤 아이를 "아버지의 판박이"라고 하거나 "부전자전"이라고 할 때, 그것은 그 아이가 어떤 특성을 선조로부터 물려받았기 때문일까? 비록 행동유전학이 19세기에 형식적으로 정의되지 않았지만, 골턴은 첫 행동유전학자라고 할 수 있다. 그는 『유전적 천재(Hereditary Genius)』(1869)에서 가계도 방법을 개발했을 뿐만 아니라 유전적 영향을 알아내기 위해 쌍둥이를 사용하는 방법을 시도했다(Galton, 1883). 그가 말했듯이, 쌍둥이는 "천성과 양육 효과를 비교하는 수단"(p. ix)을 제공한다. 그밖에 골턴은 상관 개념과 회기 개념을 개발하였으며, 그것들은 행동유전학 방법에서 중요한 역할을 한다. 자연히 행동유전학은 골턴 이후로 상당히 발전했다. 그 테크닉은 훨씬 더 세련되고 세밀하게 발전되었다. 하지만 그중에서도 가장 중요한 발전은 다른 가정에서 성장한 일란성 쌍생아를 분석하는 간단한 방법이다(Bouchard, Lykken, McGue, Segal, & Tellegen, 1990). 이 포컬 그룹focal group에 대한 더 기술적인 용어는 MZA(monozygotic twins reared apart, 분리돼 양육된 일란성 쌍생아)이다. 그런 쌍생아는 똑같은 유전적 성분을 갖고 있지만 다른 환경적 경험을 가지고 있기 때문에 지능이나 성격에서 어떤 비슷한 점이 발견된다면 그것은 유전된 자질 때문이라고 할 수 있다.

세부적인 것이 무엇이든, 행동 유전학자들은 그들의 자료를 사용하여 사람들의 차이에 대한 근거가 되는 특성의 유전가능성heritability을 계산해 내는 것을 좋아한다(Falconer, 1989). 유전가능성은 항상 양의 소수이고 보통 h^2로 표시된다. 어떤 특성에 대하여 그것이 우리에게 말해주는 것은 같은 모집단에서 유전자의 변이 때문이라고 할 수 있는 모집단에서의 변이의 비율이다. $h^2 = 0$이면, 그 특성은 유전자로 유전되는 것이 아니지만, 만일 $h^2 = 1$이면 그것은 전부 유전된 것이다. 물론 대부분의 유전가능성은 1보다 훨씬 작고 특성에 따라 매우 다르다(Bouchard, 2004). 한편에서는 일반 지능의 유전가능성은 .80보다 높으며, 모집단의 지능 검사에서 수행에서의 변산의 80% 이상이 유전적 변산 때문이라고 할 수 있다. 흥미와 가치관은 .30 정도에서만 유전가능성이 있다. 이 극단 간에 많은 성격 특성에 대한 유전가능성이 있다. 그것들은 .40대와 .50대 어느 지점에 있다.

지금 당신이 할 수 있는 질문은 다음과 같다 — 천재의 유전가능성은 어느 정도인가? 심리측정학적 천재의 경우에, 나는 이미 당신에게 그 답은 $h^2 = .80$이라고 말해 주었다. 만일 천재가 IQ 검사 점수로 정의된다면, IQ 점수에서의 변산이 천재의 수준을 반영하며, 천재의 80%는 유전자에서 결정된다. 이것은 당신이 모집단의 전체 점수 범위를 다룬다고 가정한다. 만일 범위가 더 좁아지면 — 예를 들어 대학생들만 대상으로 한다면 — h^2는 훨씬 더 작아질 것이다.

하지만 만일 당신이 역사측정학적 천재 — 뛰어난 창조자, 예외적인 지도자 그리고 놀라운 수행가 — 에 더 관심이 있다면 그 답은 더 문제가 있다. 그것은 비범한 위업은 지능 이상의 것을 필요로 하기 때문이다. 그것은 또한 수많은 능력, 동기, 성격 특성, 관심 그리고 가치관 등에 의존한다. 다르게 말하면, 역사측정학적 천재는 반드시 다차원적인 반면에, 심리측정학적 천재는 단차원적으로 간주된다(만일 당신이 스피어먼의 g를 믿는다면).

더욱 복잡한 것은 천재의 지적 특성 및 성격 특성과 관련한 구체적인 목록은 당연히 '일반적이지 않다nongeneric' 라는 것이다. 비록 일반 지능이 모든 천재성의 한 가지 요소일지라도, 대부분의 다른 성격들은 성취 영역에 따라 다를 것이다. 지도자들은 외향적이고 세력에 대한 욕구에 의해 더 동기화 되어 있는 반면에, 창조자들은 내향적인 성취 욕구에 의해 더 동기화될 것이다. 예술적 창조자들은 정서적으로 불안정하고 신경과민적인 반면에 과학적 창조자들은 <Star Trek>에서 벌컨Vulcan으로 나오는 스폭Spock 같이 차갑고, 조용하고 더 침착할 것이다. 사실, 경험적 연구가 바로 그런 결과를 보여 준다. 각 영역에서의 높은 성취는 인지적으로 그리고 성향적으로 독특한 성격을 나타낸다(Cox, 1926; Feist, 1998; Roe, 1953; Simonton, 1999d, 2008b).

이런 영역간의 차이는 예술적 천재와 과학적 천재를 대조해보면 알 수 있다. 한 메타 분석은 수천 명의 연구 참가자들을 기초로 한 많은 경험적인 연구 결과를 요약했다(Feist, 1998). 비록 예술가들과 과학자들이 어떤 특성들을 공유한다고 해도 — 모두 경험에 개방적이고, 내향적이고, 냉담하고, 추진력이 있고, 야심찬 — 그들은 더 많은 부분에서 달랐다. 예술가들은 더 상상력이 풍부하고, 충동적이고, 규범을 의심하고, 비동조적이고, 독립적이고, 사람들과 거리를 두고, 차갑고, 불안해하고, 정서적으로 민감하다. 그러나 과학자들은 더 융통적이고, 지배적이고, 오만하고, 자신감 있고, 자율적이다. 물론 이 결론은 모두가 빅 C 창조자들로 구성된 표본에서 도출된 것이 아니다. 대부분의 연구들은 리틀 c 창조자들로 구성되어 있다. 그렇다고 해도 빅 A 예술가들Artists과 빅 S 과학자들Scientists의 차이는 아마도 리틀 a 예술가들과 리틀 s 과학자들 간의 차이보다도 더 현저하다. 천재들은 다양하다. 어떤 경우든, 언급한 모든 성격 특성들은 .30과 .70 간의 범위를 갖는 상당한 유전가능성을 갖고 있다(Simonton, 2008b).

이제 문제가 되는 것은 예술적 천재, 과학적 천재, 정치적 천재 등의 유전가능성을 예측하기 위해 이 특성들과 유전가능성을 어떻게 조합할 것인가이다. 이것은 쉬운 과제가 아니다. 어려운 이유 중의 하나는 다차원적인 재능에는 두 가지 유형이 있다는 것이다 — 덧셈적additive 차원과 곱셈적multiplicative 차원(Simonton, 2005d).

덧셈적 유전 이 형식은 곱셈적 유전 형식에 비해서 간단하다 — 일반 특성을 산출하려면 기여하는 다양한 유전적 특성들을 간단하게 더하기만 하면 된다. 예를 들어, 과학적 천재성은 일반 지능, 특수한 시각-공간 능력, 과학에 대한 흥미, 사람보다는 사물에 대한 지향성 그리고 낮은 신앙심과 앞에서 언급한 성격 특성들, 즉 경험에 대한 개방성, 융통성, 내향성, 추진성, 야망성, 적대성, 지배성, 거만함, 자신감 그리고 자율성이 합쳐진 것으로 구성된다(Feist, 2006; Simonton, 2004c, 2008b). 이 특성들의 하나하나가 이에 상응하는 h^2를 갖고 있기 때문에 일반적 유전가능성 계수를 찾는 것이 가능하다. 이것을 계산해내기 위해 필요한 수학은 상당히 까다롭다. 그 밖에 그 계산은 꽤 기술적인 정보를 필요로 한다(그 특성들 간의 상관, 특성과 우리가 천재를 판단하기 위해 사용하고 있는 명성, 특성 신뢰도 등과 같은 준거 간의 상관).

당신에게 더 자세하게 설명하는 대신에 본론만 말하겠다. 최근의 한 연구는 과학적 그리고 예술적 창의성의 대략의 하계 추정치lower-bound estimates를 내놓았다(Simonton, 2008b). 연구에서는 과학적 창의성의 일반적 유전가능성의 범위를 .10에서 .20 사이로 계산했다. 몇 가지 중요한 특성들이 제외된 것을 감안하면 최종 범위는 아마도 .20에서 .30 사이로 좀 더 클 것이다. 예술적 창의성의 전체적인 유전가능성은 과학적 창의성보다 더 높을 수 있을 것이다. 과학적 그리고 예술적 창의성에 대한 추정치를 비슷한 방식을 사용하여 리더십의 유전가능성이 약 .17이라고 추정한 또 다른 연구와 비교될 수 있다(Ilies, Gerhardt, & Le, 2004). 이 다른 연구에서 나온 추정치는 여섯 가지 관련된 특성들(일반 지능과 빅 파이브 성격 특성들)은 물론 이 숫자 또한 얼마만큼인지는 몰라도 과소추정치이다. 나는 대부분의 의미 있는 성취 유형의 일반적인 유전가능성은 약 .30이나 .40 정도라고 짐작한다. 그것은 골턴적인 성격이 천재의 출현에 인상을 남길 수 있는 충분한 재량권을 준다.

곱셈적 유전 나는 소위 다 된 밥에 재 뿌리는 것을 싫어하지만, 유전자는 앞에서 말한 추정치로 생각되는 것보다 더 복잡한 과정에 의해 천재에 영향을 미친다. 유전은 덧셈적이기보다 곱셈적일 수 있다(Lykken, 1982). 다르게 표현하면, 천재는 지적 특성과 성격 특성의 개별적이면서 융합적인 구성을 필요로 한다. 곱셈적 유전은 덧셈적 유전보다 훨씬 더 이해하기 어려우며, 그래서 비교적 최근까지 행동유전학이 그 현상을 논의하지 않았다고 할 수 있다(Lykken, 1982; Lykken, McGue, Tellegen, & Bouchard, 1992). 그럼에도 불구하고 발생유전emergenesis[7)]이라는 용어가 나왔다(Lykken, 1982). 그리고 창의성과 리더십은 발생유전적 상속emergenic inheritance의 영향을 받는다는 몇몇 경험적인 증거가 이미 있다(Lykken et al., 1992; Waller, Bouchard, Lykken, Tellegen, & Blacker, 1993).

불행하게도 이런 형태의 유전은 너무 복잡해서 일반적 유전가능성을 추정하기 위한 공식을 구하는 것은 아직 불가능하다. 그럼에도 불구하고 곱셈 모델 뒤에 있는 수학은 우리에게 세 가지 중요한 함의를 이끌어낼 수 있도록 해 준다.

첫째, 만일 덧셈적 유전의 과정이 사실 발생유전적이라면 덧셈적 유전에 기초해서 전체적인 유전가능성을 추정하는 것은 하향 편중될 것이다(Simonton, 1999d). 편향의 양을 측정하는 방법이 현재로는 없지만, 소수점 정도가 될 것이다. 전체적인 유전가능성은 약 .40 혹은 .50 정도가 될 것이다.

둘째, 만일 유전이 곱셈적이거나 발생유전적이라면, 천재는 가계로 유전되지 않을 수 있다(Lykken et al., 1992). 만일 당신이 그 조합을 구성하는 모든 특성들을 물려받아야만 한다면, 한 특성을 물려받지 못하는 것은 모든 특성을 물려받지 못하는 것과 거의 마찬가지다. 각 성분 특성이 다른 특성들에 대한 거부권을 갖고 있는 것과 같다. 만일 한 성분이 행복하지 않다면, 아무도 행복하지 않다. 이것이 이상하다고 생각될 수 있겠지만, 천재는 지능, 열의, 인내를 필요로 한다는 골턴(1869)의 주장을 깊이 생각해 보라. 만일 어떤 사람이 이 세 가지 중에서 두 가지만 갖고 있다면 어떻게 될까? 즉 만일 그 사람이 열의가 있고 인내심도 있지만 바보라면? 2장에서 만났던 시인 윌리엄 맥고너걸William McGonagall의 간단한 설명 같이 들리지 않는가? 혹은 지능이 높고 열의가 있지만 게으르다면? 능력과 열정은 갖고 있지만 숙제를 하지 않거나 세밀한 것들을 하지 못해서 그 어떤 것도 이루지 못하는 사람들이 얼마나 많은가? 혹은 지능이 높고 인내심이 있지만 열의가 없는 경우는 어떤가? 이것은 지루한 논문을 쓰거나, 수업시간에 당신을 잠들게 하는 교수의 모습을 묘사한 것이 아닌가?

하여튼, 발생유전은 왜 천재 부모에게 항상 천재 아이가 나오는 것은 아닌가를 설명한다 — 알버트 아인슈타인의 경우에 그러했듯이. 그것은 또한 천재가 아닌 부모에게서 천재 아이가 나오는 것도 설명할 수 있다. 후자의 사례에 뉴턴, 베토벤, 미켈란젤로가 있으며 그들은 모두 골턴(1869) 자신의 자료에 따르면 뛰어난 가계도를 갖고 있지 않다. 하지만 다윈 가족과 다른 비슷한 가계는 어떤가? 이것들은 유전적인 영향보다 환경적인 영향의 예인가? 다윈은 우리들 대부분이 부러워할 수밖에 없는 가정환경에서 유아기와 청소년기를 보내지 않았는가?

셋째, 더 흥미 있는 것은 곱셈적 유전은 덧셈적 유전과는 매우 다른 빈도 분포를 나타낸다는 것이다. 후자가 2장에서 논의되었듯이 정상 종 모양 곡선을 나타내는 반면에, 전자는 매우 긴 상위 꼬리를 가진 매우 편향된 곡선을 나타낸다. 예를 들어, 만일 창의성의 유전이 발생유전적이라면, 많은 다수의 사람들은 거의 혹은 전혀 창의성을 갖지 못하고 매우 적은 비율만 천문학적으로 창의적일 것이다. 나는 이것이 의미하는 것을 이해하기 어렵다는 것을 아니까 두 가지 가설적인 사례를 들어보겠다(Simonton, 1988c). 첫째, 만일 지능이 발생유전적인 특성이라면, 1만 명의 모집단에서 가장 IQ가 높은 사람은 약 341점을 받을 것이며, 이것은 서반트가 받은 최고 점수보다 100점 이상이 더 높다. 둘째, 만일 키가 발생유전적 특성이라면(하지만 같은 평균과 표준편차를 가지고 있다), 1만 명 중에 가장 키가 큰 사람의 키는 3.3미터가 될 것이다! 그것은 세상에서 가장 키가 큰 우크라이나 수의사인 레오니드 스타드닉Leonid Stadnyk보다 훨씬 크다 — 그리고 그는 수십억 명의 모집단에서 가장 크다. 만일 우리의 상상의 친구가 NBA 농구를 한다면, 그는 윌트 체임벌린[8]이 될 것이다. 미리 말해두지만, 그 친구는 나의 상상 속의 팀 선수이다.

이 예들은 곱셈식 유전에 대항하는 귀류법[9]적 주장처럼 들릴 수 있겠지만, 그렇지 않다. 많은 종류의 뛰어난 업적들이 이런 방식으로 분포되어 있다는 것은 사실이다(Walberg, Strykowski, Rovai, & Hung, 1984). 창의적인 생산성이 한 가지 예이다(Simonton, 1997a). 어떤 영역이든 극소수의 창조자들이 산출물의 대부분을 생산한다. 대표적으로 가장 다작을 하는 상위 10%가 모든 산출물의 거의 절반을 설명하는 반면, 분포의 하위 절반은 산출물의 약 15%만 설명한다(Dennis, 1954a, 1954b, 1955). 믿기 어렵지 않은가? 당신이 세상에 있는 과학자나 예술가의 절반을 해고한다면 산출물의 약 1/7만 잃을 뿐이다. 이 이유 때문에 창의적인 천재들의 생산성은 척도에서 떨어져 있게 보인다. 골턴은 200편 이상의 연구물을 출판했고, 모차르트는 35년밖에 살지 않았음에도 불구하고 600편 이상을 작곡했다. 이 사람들은 비정상적으로 편향된 분포의 상위 꼬리에 위치한다.

같은 분포 유형이 부의 축적에도 적용된다. 금융 자산의 80%를 상위 20%의 사람이 갖고 있다는 파레토의 법칙 혹은 80:20 법칙이라고 하는 것이 있다. 미국에서는 상위 1%의 부자들이 하위 90%의 사람들이 갖고 있는 것보다 더 많은 돈을 갖고 있다. 만일 빌 게이츠가 그의 돈을 모든 미국 가구에 공평하게 분배한다면 당신 가족은 얼마나 많은 돈을 받을 수 있을까? 답을 찾기 위해 웹 서핑을 조금 해보라! 게이츠는 분포의 가장 오른쪽 꼬리에 위치하는 진정한 기업가적인 천재이다! 그는 키가 3.3미터의 농구선수, IQ가 341인 것과 같다.

천재는 천재가 되게끔 태어나고, 결국 해낸다!

행동유전학의 한 가지 놀라운 점은 우리의 환경적 요인들을 이해하는 데 공헌한다는 것이다. 놀랍게도 자연의 정량화는 양육의 정량화를 끌어낸다. 유전의 영향을 결정하는 것 외에, 행동 유전학자들은 환경의 영향도 사정한다. 예를 들어 쌍둥이 연구에서 연구자들은 환경의 영향이 공유되는 효과와 공유되지 않은 효과로 구분한다(Bouchard, 1994). 공유되는 환경은 같은 가족의 모든 사람들이 공유하는 것이다. 대부분의 형제자매들은 같은 부모, 같은 집, 같은 이웃 등 많은 것을 공유한다. 공유하지 않는 환경은 가족 중의 아이들 간에 다른 것이다. 출생순위는 대표적인 예이지만, 다른 예들로는 우정과 동료 관계가 있다. 한 가지 흥미 있는 연구결과는 공유되지 않은 효과가 보통 공유되는 효과보다 상당히 더 크다는 것이다(Bouchard, 1994; Plomin & Rende, 1990). 공유하는 환경의 영향은 무시될 수 있다. 같은 부모가 양육하는 것이나 같은 집에서 사는 것은 크게 영향을 미치지 않는다. 따라서 따로 자란 일란성 쌍둥이들은 그들과 함께 자란 형제자매들보다 서로가 더 비슷할 것이다. 그들의 양부모들은 영향을 주지 않는다.

이 놀라운 결과는 내가 앞에서 영역일반적인 환경의 영향에 대해 말한 것과 일치하지 않는 것으로 보일 것이다. 결국, 그때 나는 지적 자극과 문화적 자극이 풍부한 목가적인 가정환경을 묘사했다. 하지만 이 분명한 모순은 행동유전학에서 나온 또 다른 아주 재미있는 연구결과를 이

끌어낸다 — 소위 말하는 환경적 효과라는 것은 익명으로 작용하는 유전적 효과일 뿐이다(Plomin & Bergeman, 1991; Scarr & McCartney, 1983). 환경은 유전적으로 물려받은 것의 결과이다. 두 가지 예를 더 보여 주겠다.

첫째, 부모들이 그들의 꽃봉오리 천재들을 위해 풍부한 지적 자극을 제공하는 가정으로 돌아가자. 그 부모들은 어디에서 그 환경을 얻었는가? 책장에는 고전 도서로 미리 채워져 있고 커피 테이블에는 높은 수준의 잡지들이 놓여 있는 집을 그들이 샀는가? 아니면 그들 자신이 원하는 대로 자발적으로 꾸몄는가? 그 부모들이 매우 지적이기 때문에 스스로 지적인 자극을 원했고, 그래서 방들을 그들의 취향에 맞도록 꾸몄던 것이다. 그들은 또한 자식들에게 그들의 집을 지적인 환경으로 꾸미게 하는 바로 똑같은 지능을 물려주었다. 일반 지능은 그 어떤 인간 성격 중에서도 가장 유전가능성이 높은 것들 중의 하나를 갖고 있다. 아마도 이 직접적인 유전적 공헌이 학문적이고 교양이 있는 거실과 서재에 의해 만들어진 간접적인 환경적 공헌을 능가할 것이다. 책이 전혀 없는 양부모의 집에서 자란 아이도 여전히 같은 능력을 가진 아이로 자랄 수 있다. 이것은 양부모들이 그 쌍둥이들의 경험 세계에 더 영향을 주었는데도 불구하고, 왜 일란성 쌍둥이들의 IQ가 그들의 양부모들의 IQ보다 그들의 친부모들의 IQ와 더 비슷한가 하는 이유이다(Bouchard & McGue, 1981). 공유되는 환경이 아니라 공유되는 유전자가 지적 성장에 가장 중요하다.

두 번째, 높은 수준의 일반 지능을 물려받은 아이를 그의 지적 욕구를 채워주지 못하는 가정에 입양시킨다고 해보자. 그는 자신의 운명을 기정 사실로 그냥 받아들일까? 아니면 자신이 환경을 조성할 수 있을 만큼 나이가 들면 곧바로 자신의 환경을 조성하기 시작할까? 그는 자신의 부모에게 자신의 생일이나 특별한 날 받는 선물로 어떤 것을 사달라고 할까? 용돈을 받게 되면 그 돈을 어디에 쓸까? 여가 시간에는 무엇을 할까? 도서관에 가겠다고 할까 아니면 멋진 장소로 부모와 함께 가자고 하며 귀찮게 할까? 그는 그의 침실을 지적이고 도전적인 책들로 가득 찬 아늑한 작은 서재로 바꾸는 것이 가능할까? 그는 책벌레라고 소문나게 될까? 그리고 이 모든 것이 일어난다면, 그의 환경이 그의 지능을 만든 것이라기보다는 그의 유전적 지능이 그의 환경을 만들었다고 보는 것이 옳지 않을까? 이런 이유로 일란성 쌍둥이들의 IQ가 그들이 자라면서 서로가 더 비슷하게 된다(Bouchard, 2004). 그 역설을 상상하라 — 환경이 쌍둥이의 지적 발달에 영향을 주기 위해서는 점점 시간이 더 걸리기 때문에 쌍둥이들이 수정되는 순간에 물려받은 것에 관련하여 점점 영향력이 감소한다!

앞에서의 논의는 영역 일반적이고 환경적인 영향에 초점을 맞추었지만, 영역 특수적 효과에 대한 대등한 주장이 구성될 수도 있다. 우리는 앞에서 과학적 창의성과 예술적 창의성 모두가 유전자에 뿌리를 두고 있다는 것을 알았다. 만일 창의적인 예술가가 경험에 개방적이고, 상상력이 풍부하고, 추진력이 있고, 열의가 있고, 충동적이고, 규범을 의심하고, 비동조적이고, 독립적이고, 적대적이고, 사람들과 거리를 두고, 차갑고, 내향적이고, 불안해하고, 정서적으로 예민하다면, 그들의 부모들은 높은 유전가능성을 갖고 있는 방금 언급한 특성들을 공유할 것이다. 부전자전, 부모의 이런 특성들이 아동의 가정환경에 대해 어떤 영향을 미칠 것이라고 믿을 것이다. 당신은 어떤 특성들이 눈에 띄게 비관습적이고, 불안정적이고, 이질적인 가정을 만드는지 알아낼 수 있는가? 이들 중 어떤 특성들이 부모들 중 한 사람이 단명하고 그래서 그 아이가 부모를 여의는 외상에 노출시킬 가능성을 증가시킨다는 것이 가능한가? 가능성들은 끝이 없다.

그런 유전자-환경의 모호함을 숙고한 후에 나는 이제 지루한 이론에서 마지막 강타를 칠 준비가 되어 있다(맹세코 진실로 마지막이다). 분명히 영역 특수적인 전문성을 우선 숙달하지 않고는 천재가 될 수 없다. 우리가 귀를 움직이는 기술을 천재성의 한 종류로 인정하지 않는 이상, 전문성의 숙달은 피할 수 없는 필수조건이다. 앞에서 언급한 개체변이individual variation를 조건부로 하면 10년 법칙을 어느 정도 인정할 수 있다. 이것은 일주일에 한 시간 혹은 하루에 한 시간을 10년 동안 공부하고 연습하는 것을 의미하는 것이 아니라, 하루에 3~4시간을 매일 하는 것을 의미한다(Ericsson et al., 1993; Starkes et al., 1996). 그런 수준의 헌신이 필요하다는 것을 조건으로 할 때 당신은 앞으로의 당신의 천재성을 발휘하기 위해 어떤 영역을 선택하겠는가? 당신은 동전을 던져서 예술천재가 될 것인가 혹은 체스 천재가 될 것인가를 결정하겠는가? 당신은 새뮤얼 존슨의 말을 빌려서 표현하자면 "우연히 어떤 특정한 방향이 결정되도록" 내버려둘 것인가? 아니면 당신의 흥미, 가치, 성격 그리고 내재적 능력을 반영하여 결정할 것인가? 만일 어떤 특별한 영역에서의 의도적 연습이 너무 도전적이거나 너무 지루하거나 너무 의미가 없다는 것을 발견한다면, 그래도 계속해서 쳇바퀴를 돌릴 것인가? 아니면 당신 취향에 더 맞는 다른 무엇을 찾을 것인가? 당신이 접근할 수 있고, 당신을 흥분시키고, 보람이 있고, 가치도 있다고 생각되는 무엇?

내가 10대였을 때 나는 락 기타리스트가 되고 싶다고 생각한 적이 있다. 지미 핸드릭스는 나보다 겨우 6살 많았고, 에릭 클립튼은 3살 그리고 듀안 올맨은 2살 많았을 뿐이었기 때문에 그 당시에 나도 분명히 하면 된다고 생각했었다! 그래서 나는 하루에 최소 한 시간씩 연습하기로 결심했다. 하지만 겨우 한 시간을 연습하는 것도 나에게는 힘든 일이었다. 나는 시간이 빨리 지나가기를 바라면서 내 책상 위에 있는 시계를 반복적으로 쳐다봤다. 내 마음은 머나먼 곳으로 떠나곤 했다. 내가 마음이 안정될 때까지 잘 안 되는 부분을 계속해서 연주하려고 애써도 흔들리는 마음은 집중되지 않았고, 이전에는 실수하지 않았던 것도 실수하기 시작했다. 나는 차츰 진전이 없게 되었다.

나의 실없는 경험이 나만의 독특한 것이 아니라고 확신한다. 당신은 피아노 레슨, 축구 연습, 외국어 연습 혹은 대수학 문제 풀기에 대하여 그렇게 느꼈을 수도 있을 것이다. 골턴(1869)은 인내와 함께 열의를 포함시켰다. 열의가 없다면 '힘들게 노력하기 위한 능력' 이 충분히 발휘될 수가 있겠는가? 이것은 수많은 사람들에게서 수없이 반복되는 이야기이다. 유전자 구성이 노력을 불사르도록 하고 당신이 결코 꺼지지 않도록 해야만 당신은 천재가 될 것이다.

역자주

1) 북유럽 신화에 나오는 지식, 문화, 군사를 맡아보는 최고신.

2) 조로아스터교의 선과 빛의 최고신.

3) Shiva, Vishnu와 함께 힌두교의 3대 신의 하나로 만물 창조의 신.

4) Mnemosyne. 기억의 신이며 뮤즈 신의 어머니.

5) 1915년 William Lawrence Bragg와 그의 아버지 William Henry Bragg가 공동으로 노벨물리학상 수상.

6) Six Degree of Kevin Bacon은 1994년 펜실베이니아 대학생들이 만들어낸 게임으로 존 궤어(John Guare)의 연극이자 영화로 만들어진 『Six Degrees of Separation』에서 그 콘셉트를 따왔다. 이 연극의 내용은 우리는 모두 6단계의 상황이나, 6명의 인물을 거쳐 모두 연결되어 있다는 내용이며, 'Six Degrees of Kevin Bacon' 게임은 케빈 베이컨(Kevin Bacon)을 중심에 두고 할리우드의 어느 배우든지 가장 적은 수로 연결시키는 사람이 이기는 게임.

7) emergenesis. 특별하게 상호작용하는 유전자들의 조합 결과로 나타나는 형질을 말하며, 그것은 독립적인 유전자들의 간단한 합으로 이루어지는 것과는 구별된다. 따라서 emergenic traits(형질)는 가계로 유전되지 않지만, 일란성 쌍생아는 공유한다. 리더십, 천재 혹은 특정한 정신질병은 emergenic일 수 있다.

8) Wilt Chamberlain. 1936~1999. 2.16미터, 1959~1973년에 NBA에서 대활약.

9) reductio ad absurdum. 어떤 명제가 참임을 직접 증명하는 대신, 그 부정 명제가 참이라고 가정하여 그것의 불합리성을 증명함으로써 원래의 명제가 참인 것을 보여 주는 간접증명법.

천재 101

5

천재는 정신이상자인가?

당신은 2001년 영화 〈뷰티풀 마인드(Beautiful Mind)〉를 보았는가? 이 영화는 경제학상을 받으러 가는 길에 편집형 정신분열증으로 쓰러지는 뛰어난 수학자인 존 내쉬John Nash의 생을 다룬 전기 영화이다. 당신은 미친 과학자를 묘사한 영화를 몇 편이나 보았는가? 과거로 돌아가 보자. 어떤 사람들은 1931년 영화 〈프랑켄슈타인〉에서 주연을 맡은 배우가 전설적인 보리스 칼로프가 아니라 그가 만든 엉뚱한 창조물이 생명을 갖게 됐을 때 "살았어! 살았어!"라고 외친 훨씬 덜 알려진 콜린 클라이브라는 것을 잊어버린다.

할리우드의 미친 천재에 대한 환상은 과학 영역에만 제한되는 것이 아니다. 1956년작 〈열정의 랩소디(Lust for Life)〉에서 반 고흐 역을 맡은 커크 더글러스부터 2000년작 〈폴락(Pollock)〉에서 잭슨 폴락 역을 맡은 에츠 해리스까지, 영화를 통해 당신은 얼마나 많은 문제가 있는 예술가를 만났는가? 대중음악 스타로 돌아가면, 영화 타이틀의 숫자는 훨씬 더 증가한다. 당신은 짐 모리슨 역할로 발 킬머가 주연한 1991년 영화 〈도어즈(The Doors)〉를 보았는가? 그것은 그 장르의 대표적인 작품이다 — 주인공이 어린 나이에 많은 어려움으로 괴로워하고, 유명해지고, 괴이한 행동과 피할 수 없는 중독에 빠지고 젊은 나이에 비극적인 죽음을 맞이한다.

할리우드는 비정상적인 천재에 집착하는 것으로 보인다. 사실, 〈프랑켄슈타인〉 영화가 나온 같은 해에 존 배리모어(드류 배리모어의 할아버지)가 주연하고 마이클 커티스(10년 후에 고전인 〈양키 두들 댄디〉와 〈카사블랑카〉를 감독했다)가 감독한 〈미친 천재(The Mad Genius)〉라는 제목을 붙인 영화가 나왔다. 따라서 영화를 즐기는 여러 세대의 사람들은 괴벽스러운 과학자나 고통 받는 예술가의 이미지에 꽤 익숙하게 되었다.

이것은 할리우드가 꾸민 것이라고 나는 말하고 싶다. 하지만 사실은 그렇지 않다. 천재는 광기와 연결되어 있을 수 있다는 생각은 아주 오래되었다. 그리스 철학자 아리스토텔레스는 "철학, 정치, 시 그리고 예술에서 명성을 얻은 사람들은 우울증melancholia 경향이 있다."(Andreasen & Canter, 1974, p. 123)고 했고, 로마 철학자인 세네카는 "광기가 약간이라도 스치지 않은 위대한 천재는 결코 존재하지 않는다."(Seneca, 1932, p. 285)라고 했다. 미친 천재에 대한 생각은 현대까지 지속되어서 과학계에서도 퍼졌다. 천재는 미쳤을 뿐만 아니라, 범죄나 유전적 변질과 연관되어 있다고 여겨졌다. 한 작가는 열등한 유전적 재능을 가진 사람에 대한 네 가지 잠재적 결과를 확인했다.

> 첫째, 가장 빈도수가 높게 나타나는 뚜렷한 현상은 요절이다. 둘째, 그는 범죄자 수를 늘리는 데 기여할 수 있다. 셋째, 그는 미쳐서 마침내 정신병으로 병원에 입원하게 될 수 있다. 넷째, 가장 드물게, 그는 과학에서 발명이나 발견을 하거나 예술, 음악 혹은 문학에서 독창적인 작품을 만듦으로써 세상을 놀라게 한다. 그러면 그는 천재라고 명명된다(Babcock, 1895, p. 752).

이 인용문은 인기 있는 잡지나 복잡한 길거리에서 배부되는 전단에 실린 것이 아니라 「Journal of Nervous and Mental Disease」에 실린 것이다. 1874년 창간된 이 저널은 그 분야에서 가장 오래된 과학 월간지이다 — 앞의 인용문이 출판된 것은 이 저널이 발간된 지 이미 20년이 되었을 때이고, 오늘날까지 발간되고 있다. 그래서 우리는 단순한 사기꾼의 의견에 대해 이야기하고 있는 것이 아니다.

하지만 그런 의견에 의해 우리는 '만일 천재가 미친 사람이라면, 미친 사람이 어떻게 천재가 될 수 있는가?'라는 곤경에 빠지게 된다. '미친 천재'라는 표현이 자주 항간에 떠돌지라도 우리는 그것이 모순어법으로 보인다는 것을 인정해야만 한다. 정확하게 말하면 정신이상에서 어떻게 독창성이 나올 수 있는가를 알아보는 것은 쉽다. 그것이 천재에 대한 정의의 본질적인 일부가 아니라면, 정신이상의 특수성으로 보인다! 여전히 정신이상이 어떻게 진실로 본보기가 될 만한 무엇 — 다른 사람들이 모방하거나 감탄할 만한 무엇 — 을 산출할 수 있는지 알아내는 것은 훨씬 더 어렵다. 만일 정신이상자가 그렇게 감탄할 만한 아이디어, 액션 혹은 산출물을 생성할 수 있다면, 왜 우리는 우리의 역할 모델과 멘토를 찾기 위해 정신병원으로 가야 하지 않을까? 사실, 그런 정신병원을 만들어 보는 것은 어떨까? 모든 정신병자를 실험실이나 미술 스튜디오에 배치해서 문하생이나 견습생이 그들이 선택한 전문가의 기행을 배울 수 있도록 하는 것이 더 타당하지 않을까!

이 역설을 어떻게 해결하나? 한 가지 제안이 있다. 그것에 대하여 깊이 생각하기 전에, 이 문제와 관련된 경험적인 연구결과들을 우선 살펴보기로 하자. 일단 사실들을 입수하면, 그 관련성의 이해를 위한 더 강력한 근거를 갖게 될 것이다.

연구 자료는 무엇을 말하는가?

정신이상과 천재 이슈에 관련한 경험적 연구는 주로 세 가지 방법을 사용한다. 그중 두 가지는 이미 익숙하다 — 역사측정학적 방법과 심리측정학적 방법. 이 두 가지에다 세 번째인 정신의학적 방법을 더할 수 있다. 정신의학과 정신이상 간에는 분명한 연관이 있기 때문에 이 방법은 이 문제와 가장 직접적인 관련이 있는 것으로 보인다. 이것이 사실이든 아니든, 나는 역사측정학적 결과와 심리측정학적 결과 사이에서 정신의학적 연구결과를 논의함으로써 정신의학 샌드위치를 만들 것이다. 앞으로 살펴보겠지만, 각 접근은 독특한 장점과 단점을 가지고 있으며, 그것들은 모두 전체적인 결론에서 수렴되는 것으로 보인다.

역사측정학적 결과 : 소급 적용된 추정

역사 기록 속에는 추정되는 많은 미친 천재들이 있다(Simonton, 1994). 이것은 한 가지 이상의 정신 질병을 앓은 위대한 천재에 대한 방대한 자료를 수집한 몇몇 연구자들에 의해 분명히 밝혀졌다(Prentky, 1980;

Rothenberg, 1990). 우리가 창의적 천재에 대해서만 국한한다고 해도, 그 명단은 매우 길다. 그들의 생애 어느 시점에서 심각한 장애를 경험한 천재들은 다음과 같다. 과학자로는 아이작 뉴턴, 찰스 다윈, 프랜시스 골턴과 지그문트 프로이트가 있고, 철학자로는 장 자크 루소, 프리드리히 니체와 키에르케고르, 소설가로는 오노레 드 발자크, 도스토예프스키와 프란츠 카프카가 있고, 극작가로는 프리드리히 쉴러, 페데리코 가르시아 로르카와 테네시 윌리엄스가 있고, 시인으로는 에밀리 디킨슨, 아르튀르 랭보와 에즈라 파운드가 있고, 화가로는 미켈란젤로, 아마데오 모딜리아니와 마크 로스코 그리고 작곡가로는 로베르토 슈만, 조지 거슈윈과 세르게이 라흐마니노프가 있다. 이렇게 다양한 영역에서 명성을 떨친 여러 나라 사람들이 있다.

이 장애들은 가장 비극적이고 직접적인 자살 형태로 끝나는 경우가 많았다. 이 분류에 해당하는 사람들 중에는 알란 튜링, 조지 이스트먼, 어니스트 헤밍웨이, 잭 런던, 오라시오 키로가, 하인리히 폰 클라이스트, 블라디미르 마야코프스키, 바첼 린지, 실비아 플래스, 앤 섹스턴, 버지니아 울프, 빈센트 반 고흐 그리고 페트르 차이코프스키가 있다. 자살을 시도했으나 실패한 사람들로는 클로드 생시몽, 윌리엄 제임스, 도로시 파커, 기드 모파상, 막심 고리키와 휴고 볼프가 있다.

다른 한편에서 정신질환은 더 미묘하지만 여전히 유해한 알코올 중독의 모습으로 나타난다. 문학에서만 봐도 대작을 남긴 알코올 중독 천재들의 우등생 명부가 있다(F. Post, 1996). 그 일부분으로 제임스 에이지, W. H. 오든, 샤를 피에르 보들레르, 릴레어 벨록, 로버트 벤츨리, 제임스 보즈웰, 디온 부시코, 로버트 번스, 트루먼 카포트, 존 치버, 새뮤얼 테일러 콜리지, 제임스 굴드 커즌스, 하트 크레인, 스티븐 크레인, E. E. 커밍스, 시어도어 드라이저, 윌리엄 포크너, 스콧 피츠제럴드, 더쉬엘 해미트, 릴리 헬만, 어니스트 헤밍웨이, 빅토르 위고, 새뮤얼 존슨, 제임스 조이스, 잭 케루악, 찰스 램, 링 라드너, 싱클레어 루이스, 잭 런던, 로버트 로웰, 말콤 로리, 존 마퀀드, 빈센트 밀레이, 호아킨 밀러, 크리스토퍼 몰리, 알프레드 드 뮈세, 존 헨리 오하라, 찰스 올슨, 유진 오닐, 도로시 파커, 에드거 앨런 포, 오 헨리, 에드윈 로빈슨, 시어도어 로스케, 장 폴 사르트르, 존 스타인벡, 월리스 스티븐스, 앨저넌 스윈번, 알프레드 테니슨, 윌리엄 새커리, 딜런 토마스, 제임스 서버, 마크 트웨인, 폴 베를렌, 에블린 워, 테네시 윌리엄스 그리고 토머스 울프가 있다.

사실, 알코올 중독은 문학 천재의 필수조건들 중의 하나인 것처럼 보이는 경우가 있다. 작가 오 헨리는 "오렌지 주스와 스카치를 조금씩 섞으면서, 작가는 모든 잡지 편집자의 건강을 위해 축배를 들고, 자신의 연필을 깎고 나서 글을 쓰기 시작한다. 오렌지가 다 없어지고 술병이 빌 때, 비로소 판매될 수 있는 소설 한 편이 발송될 준비가 된다"(Davis & Maurice, 1931, p. 361)라고 말했다. 술병이 없으면 책도 없다.

정신병리는 창의적인 천재성 이외에 천재성의 다른 형식에서도 찾아볼 수 있다. 어느 정도의 정신 질병은 윈스턴 처칠, 알렉산더 해밀턴, 아돌프 히틀러, 하워드 휴즈, 에이브러햄 링컨, 마틴 루터, 샤카, 나이팅게일과 메리 울스턴크래프트와 같은 훌륭한 혹은 악명 높은 지도자들에게서 볼 수 있으며, 사라 베르나르, 제임스 딘, W. C. 필즈, 클라크 게이블,

재니스 조플린과 바슬라브 니진스키[1)]와 같은 뛰어난 공연예술가들도 있다.

아직까지 리스트가 부족한가? 슬슬 지루해지기 시작하는가? 이미 내가 하고 싶은 말은 다 했고 이제 여기에서 멈출 생각이다. 이 모든 이름들이 미친 천재 이론에 대한 결론적인 증거를 제시하는가? 긍정적인 사례의 절대적인 숫자가 그 결론이 옳다는 압도적인 증거로 보일지 모른다. 하지만 우리는 반대되는 주장을 심각하게 고려해야만 한다. 그것은 다음에서 설명한다.

역사가 시작된 이후로 지구상에 수십억 명의 사람들이 살았다. 어느 정도의 사람들은 정신적 혹은 정서적 장애로 고통을 받았을 것이고 일부 사람들은 천재성의 열매를 즐겼을 것이다. 광기와 천재 사이에 연관성이 전혀 없다고 해도, 천재들 중에는 완전한 불구는 아니라고 해도 어떤 정신이상을 겪는 천재가 있을 것이라 생각할 수 있다. 아무 종이에다 대고 대략 계산을 해보자. 천재가 나올 모집단 내에서 약 5%가 그들이 살아가는 동안 어느 시점에서 어떤 정신질환을 나타낸다고 가정해보자. 엘리트 집단인 진짜 천재의 비율이 같은 모집단에서 1만 명 중 1명이라고 하자. 마지막으로 다소 제한적으로 그 적절한 모집단이 10억 명의 성인을 포함하고 있다고 가정하자. 만일 천재가 광기와 전혀 상관이 없다면, 예측되는 미친 천재의 수는 $.05 \times .0001 \times 1{,}000{,}000{,}000 = 5{,}000$명이다. 그래서 내가 앞에서 제시한 리스트가 길다고 당신이 생각했다면, 그것은 얼마나 더 길지 상상해 보라! 5,000명의 성과 이름을 다 쓴다면 이 책의 한 장 모두를 차지할 것이다! 하지만 이 시나리오에서의 가상의 더 긴 리스트는 아무것도 증명하지 못한다. 9만 5,000명의 미치지 않은 천재들이 반대되는 예가 될 수 있고, 그들의 이름을 다 제시한다면 약 스무 개의 장을 차지하게 될 것이다. 다른 모든 사람들과 마찬가지로 미친 천재는 천재 모집단의 5%를 차지할 것이다 — 위대한 사람들 중의 불행한 소수.

이 문제를 극복하기 위해 연구자들은 합리적인 기본 기대치를 수립하려고 노력했다(Ludwig, 1995, 2002). 이 기대치의 정확한 크기는 연구자에 따라 다르고 정신이상의 예로 어떤 것을 포함시키고 어떤 것을 포함시키지 않을 것인가 하는 연구자가 가지고 있는 생각에 따라 다르다. 그럼에도 불구하고 다섯 가지 잠정적인 일반화를 제시하는 것이 가능하다.

첫째, 일반 모집단과 비교해서, 많은 영역에서의 천재들은 더 높은 비율과 강도의 정신이상을 나타내는 것으로 보인다(Ellis, 1904; Ludwig, 1995, 2002; Raskin, 1936). 비록 구체적으로 사용된 정의에 따라 차이는 있지만, 어떤 정신적 혹은 정서적 어려움을 겪은 확률이 비교 기준치에 비해서 약 2배나 되었다(Ludwig, 1995).

둘째, 그 천재가 더 유명할수록 기대되는 정신병리학적 증상의 비율과 강도가 더 높다(Ludwig, 1995). 그 효과가 크지는 않지만 평균 정도는 된다. 단순히 정상적이라는 것이 높은 업적에 대한 지표는 아니다. 동시에, 천재가 완전히 미쳤을 때 본보기가 되는 업적을 산출한 경우는 없다. 오히려 광기가 생기면 천재성은 사라진다.

셋째, 여러 증상들로는 우울증과 관련이 있는 자살과 알코올 중독 혹은 약물 남용도 많지만, 그중에서도 우울증이 가장 흔한 것으로 보인다(Goertzel et al., 1978; Ludwig, 1990; F. Post, 1996). 다른 정서장애와 정신병도 전혀 없는 것은 아니지만 드물다. 영화 〈뷰티풀 마인드〉 주인공의 실제 인물인 존 내쉬는 매우 독특한 사례이다.

넷째, 유명한 천재를 배출하는 가문은 또한 정신이상의 비율과 강도도 더 높은 경향이 있다(Jamison, 1993). 다시 말해서, 골턴이 확인한 가계는 광기와 천재라는 장점과 단점 모두 가지고 있을 수 있다.

다섯째, 증상의 비율과 강도는 특별한 영역에 따라서 다르다(Ludwig, 1995; F. Post, 1994). 연구에 의하면, 유명한 시인들 중에서 정신이상을 경험한 시인은 87%인 반면에, 유명한 자연 과학자 중에서는 28%뿐이다(Ludwig, 1995). 셰익스피어의 작품 〈한 여름 밤의 꿈〉 중에서, 한 인물은 "미친 사람들, 연인들 그리고 시인들은 /모두 상상력으로 꽉 찬 사람들이다."라고 말한다. 지도자들 중에서는 사회 활동가들(49%)이 군인들(30%)보다 비율이 훨씬 더 높다. 재미있게도, 포악한 통치자는 가장 높은 비율(91%)의 정신이상을 나타낸다(Ludwig, 2002). 당신은 2006년 영화 〈라스트 킹(The Last King of Scotland)〉을 본 적이 있는가? 참고로 그 영화에서 우간다의 폭군인 이디 아민 역을 맡은 포레스트 휘태커가 오스카상을 수상했다. 어쨌든 미친 천재를 발견할 확률은 성취 영역에 달려 있다.

다시 말하지만, 나는 이 다섯 가지 결론이 잠정적인 것일 뿐이라는 것을 강조한다. 만일 우리가 역사측정학적 연구에만 의존해야 한다면, 이 문제를 설명할 수 있는 우리의 능력이 사실 매우 제한적일 것이다. 다행스럽게도 이 결과들은 다른 지지도 받고 있다.

정신의학적 결론 : 임상적 진단

내가 가르치는 가장 높은 수준의 심리학사 수업에서 학생들에게 자주 하는 두 가지 질문이 있다 — 여러분들 중에 얼마나 많은 사람들이 정신 건강 분야의 직업을 가질 계획을 갖고 있는가? 여러분들 중에서 얼마나 많은 사람들이 임상심리학자가 되려고 하는가? 손을 드는 형태가 인상적이다 — 분명 많은 사람들이 나와 같은 연구 심리학자가 되기보다는 도움을 주는 직업을 갖고 싶어 한다! 내가 가르치는 많은 심리학 전공 학생들은 한때 의예과 학생들이었는데 유기 화학 과목이나 그것만큼 무서운 장애를 통과하지 못했다. 이 의예과 중퇴자들은 정신과 의사가 되려고도 했을 테지만 그들의 장래에 의사라는 직업은 없다는 것을 어렵게 받아들이게 되었다. 어쨌든 이 학생들은 아마도 이상 심리학 과목을 이미 배웠을 것이고, 우리 과에서 임상 심리학에서 다루는 과목도 들었을 것이다.

만일 당신이 그 집단에 속한다면, 방금 살펴본 역사측정학적 연구에 대한 모순적인 무엇을 생각할 수 있었을 것이다. 죽은 사람을 진단하는 것이 어떻게 가능한가? 역사측정학적 연구 속의 거의 모든 천재는 죽은 사람들이며, 몇 세기 전에 살았던 사람들이 많다. 만일 정신의학에서의 표준화 진단 매뉴얼인 DSM-IV(미국 정신의학회, 1994)에 대하여 알고 있다면, 당신은 그 환자가 당신 바로 앞에 앉아 있을 때조차 임상적 진단이 쉬운 일이 아니라는 것을 안다!

이 도전에 대한 답은 복잡하고 완전히 만족스럽지 않다. 한편에서는 그 정신병을 말해 주는 증거가 가끔은 압도적이다. 예를 들어, 독일 작곡가 로버트 슈만은 그의 자살 시도와 정신병원 입원과 같이 기록으로 남아 있는 조울증 삽화를 가지고 있었다. 러시아 작곡가 세르게이 라흐마니노프는 실제로 그의 두 번째 피아노 협주곡을 그의 정신과 의사에게 바쳤으며, 미국 작곡가 조지 거슈윈은 휴가를 갈 때 그의 치료사를 동반하곤 했다! 그외에 실증적인 증거는 약하고 추측인 경우가 가끔 있다. 예를 들어, 네덜란드 화가 히에로니무스 보스[2)]는 바로 세 장으로 된 연속적인 그림에서 환상적인 영상을 보여 주기 때문에 가끔 정신병자로 분류된다. 분명히 그는 환각에 빠졌음에 틀림없다!

옛날로 돌아가서 자료를 찾는 대신에 현대 임상적 진단에 대해 알아보자. 이 정신병의 발병은 두 가지 연구에서 잘 보여 준다.

첫 번째 연구는 아이오와 대학교에서의 작가 워크숍에서 15명의 작가들을 조사한 것이다(Andreasen & Canter, 1974). 이것은 미국에서 최고의 문예 창작자들의 지지를 받고 있는 매우 권위가 있는 워크숍이다. 그 작가들을 문학 창의성만 제외하고 다른 점에서는 비슷한 통제 집단과 대조시켰다. 작가들은 정서 장애로 치료받은 경향이 5배가 더 많았고 알코올 중독이 3배가 더 많았다. 몇 년 후 실시된 추후 연구에서 80%가 어떤 종류의 기분 장애가 있는 것이 발견되었고, 30%는 여전히 알코올 중독에 걸려 있었고, 10%는 자살을 했다(Andreasen, 1987).

두 번째 연구는 47명의 영국의 뛰어난 작가들과 예술가들을 분석한 것이다(Jamison, 1989). 1/3 이상이 정서 장애 치료를 받았다. 작가들은 예술가들보다 더 심했고, 시인들은 특히 건강이 나빴던 반면에 논픽션 작가(전기 작가)들은 다른 작가들보다 심리적 상태가 더 좋았다(Ludwig, 1995, 1998). 시인들 중 약 절반은 약이나 입원 같은 형식의 심각한 치료가 필요했다. 다시 말해서, 우울증이 가장 흔한 증상이고 조증 같은 정서 장애가 그 뒤를 따른다.

이 정신의학적 연구들이 역사측정학적 연구 속의 천재와 같은 수준이 아닐지도 모르는 현재 천재들을 다루지만, 그 결과는 서로 지지적이다. 두 가지 연구에 따르면, 정신병의 비율과 강도는 뛰어난 창조자들에게서 높은 것으로 보인다. 그 밖에 정신의학적 연구는 정신병의 비율과 강도가 ① 창의적인 천재성의 크기와 정적 상관이 있을 수도 있고, ② 과학 창조자들보다 예술 창조자들 사이에 더 현저하게 나타난다는 추론 또한 지지한다(Juda, 1949). 그 외에 그런 연구들은 천재와 정신병은 같은 가계에 흐르는 경우가 많다고 제안한다(Andreasen, 1987; Juda, 1949; McNeil, 1971; Myerson & Boyle, 1941).

이 후자의 입장과 관련한 가장 인상적인 연구는 아이슬란드에서 실시된 한 연구이다(Karlson, 1970). 연구자는 두 가지 소스, 즉 「Who Is Who in Iceland」에 실린 이름과 수도에 위치한 그 나라의 유일한 정신병원에서 얻은 환자 기록에서 얻은 자료를 비교했다. 아이슬란드가 방대한 전체적인 정신과 자료와 혈통에 관한 정보를 제공하기 때문에 거기에서 나타난 패턴을 구별하는 것이 가능했다 — 높은 성취를 하는 아이슬란드인들은 정신과 자료에 나타나는 가족원들이 있는 가족에서 나타나는 경향이 더 컸다. 그들의 가계에 정신병자가 있는 사람들은 그렇지 않은 사람들보다 명성을 얻는 확률이 2배였다. 그리고 조울증 진단을 받은 가족 구성원이 있는 아이슬란드인은 정신병을 앓는 가족 구성원을 가진 사람보다 유명해질 확률이 3배나 되었다. 대체로 유명한 수학자, 철학자, 소설가, 시인 그리고 화가의 25%에서 40% 정도가 그들의 가계에서 확인되는 정신병을 갖고 있었다. 하지만 다시 말하지만, 천재를 만들어 내는 골턴적인 가계는 정신병을 일으키는 혈통을 합쳐서 엮어져 있다.

이제 역사측정학적 방법과 비교해 보는 정신의학적 방법의 단점을 알아보자. 역사측정학적 연구자들은 환자 기밀성 위반에 대한 어떠한 걱정도 없이 사람들의 이름을 언급할 수 있지만, 정신의학적 접근을 사용하는 연구자들은 그렇게 할 수 없으며 따라서 참가자들은 익명으로 남는다. 결과적으로, 여기에서 나는 영국 시인 알프레드 테니슨의 심리측정학적 기록보다 역사적 기록에서 얻은 구체적인 예를 제시함으로써 끝맺으려고 한다(Jamison, 1993). 아마도 〈경기병 대대의 돌격(Charge of the Light Brigade)〉으로 가장 잘 알려진(비록 그 작품이 그의 최고 걸작은 아니라고 해도) 알프레드는 오늘날 심리학자들의 용어로 '주관적 안녕감'에서 명백하게 높은 점수를 받지 못할 사람이었다. 그는 반복적으로 우울감을 앓았고, 경조증 상태도 종종 경험했다. 그의 우울한 태도가 조울증 장애를 갖고 있는 알코올 중독자인 아버지에게서 유전 됐다는 것은 의심의 여지가 없다. 알프레드의 형제와 자매들도 건강하지 않았다. 유아기에 사망한 한 명을 제외한다면, 10명 중 3명만이 정상에 가까웠고 그중에서도 한 명만 완전하게 정상이라고 할 수 있었다. 나머지 7명은 알프레드보다 상태가 더 나빴고, 2명은 아마도 훨씬 더 심한 곤경에 빠졌으며, 한 명은 그의 성인기 대부분을 정신병원에 감금된 상태로 보냈다. 알프레드 아버지의 가족을 잠시 살펴보면, 이 정신병리학적인 질병이 몇 세대를 거슬러 올라가는 것이 분명해진다. 그 시인의 가계는 우울증과 조울 장애가 심했다. 하지만 이 정신병리적인 가계에서, 혹평을 받지 않은 것은 아니지만, 테니슨의 천재성이 부상했다.

여기 당신 혼자서 생각해야 할 개인적인 질문이 있다.

당신은 다른 사람들에게 말하고 싶지 않은 친척이 있습니까? 소문날까 두려운 집안의 비밀이 있습니까? 삼촌이나 아주머니가 좀 이상하거나 정신병원에 있는 조증인 아주머니나 할아버지 혹은 자살한 할머니나 형제가 있습니까? 당신 자신이 어떤 면에서 이상할 정도로 독특합니까? 먼 친척 중에 천재는 아니라도 재능이 있는 사람이라고 할 만한 사람이 있습니까? 당신은? 아니면 당신 가족 모두가 매우, 매우 정상입니까? 미친 사람도 없고 천재도 없습니까?

심리측정학적 결과 : 양적 사정

정신의학적 연구는 직접적인 진단에 의존하기 때문에 역사측정학적 연구보다 더 발전한 것이라고 볼 수 있다. 그렇다고 해도 정신의학적 방법에 결점이 없는 것은 아니다. 표본의 크기가 작은 경우가 많고, 비교할 적절한 통제 집단을 구하기가 어려운 경우가 많다. 게다가 진단은 그것의 성격상 고도로 질적이고 주관적이다. 결과적으로 만일 우리가 우리의 무기고에 또 하나의 테크닉을 첨가한다면 미친 천재의 논쟁에 대한 우리의 이해도를 높일 수 있을 것이다. 그 테크닉이 심리측정학이다.

우리는 이미 이 방법에 익숙하다. 그것은 IQ 검사 뒤에 있는 방법이다. 하지만 심리측정학적 연구자들은 지능의 개인차보다 훨씬 더 많은 것을 사정할 수 있다. 연구자들은 정신이상과 밀접하게 연관된 성격 특성을 측정하는 검사도구를 시행할 수 있다. 그 밖에 IQ 검사의 평균 지능 기저선과 같이, 이 성격 검사들은 큰 표집을 대상으로 표준화되었다. 이 표준화는 우리가 규준에서 얼마만큼 이탈하는가를 알아낼 수 있도록 해 준다. 일반 모집단은 비범한 성취자들의 점수를 대조해 볼 수 있는 비교 집단이 된다. 마지막 장점으로, 성격 검사도구는 다른 두 방법과는 달리 질적인 차이를 가지고 다르게 나누는 것이 아니라 양적 차이를 보여 준다.

물론 심리측정학적 연구는 역사측정학적 방법과 비교해서 그리고 심리측정학적 방법 자체가 갖고 있는 제한점들이 있다(Simonton, 1999c). 아마도 가장 큰 제한점은 심리측정학적 방법이 광범위한 영역에서의 천재들에 적용될 수가 없다는 점일 것이다. 가장 분명한 예가 예외적인 리더십 영역이다(J. Post, 2003). 그들의 심리적 구성요인을 알아보기 위한 심리검사를 기꺼이 받아 보겠다고 하는 대통령, 국무총리 혹은 절대 권력자를 찾기는 거의 불가능하다. 만일 그 결과가 틀리게 나온다면? 만일 그 점수에서 그 지도자가 심각한 심리적인 문제를 갖고 있는 것으로 나온다면? 사실 나는 천재 수준의 정치 지도자, 군사 지도자 혹은 종교 지도자를 연구한 단 하나의 심리측정학적 연구도 알지 못한다. 반대로 예외적인 창조자들은 어느 정도 그런 자기노출을 하는 위험을 택한다. 그들은 인기투표나 재임의 가능성에 대한 걱정을 할 필요가 없다. 결과적으로 여기에서 보고된 연구결과들은 하나같이 창의적인 업적의 영역들에 제한되어 있다. 이제 그 결과를 살펴보자.

대부분 창의적인 사람들은 정신병리학과 관련한 몇 가지 차원에서 평균 이상의 점수를 받는 경향이 있다(Barron, 1963; Nettle, 2006). 예를 들어, 창의성은 아이젱크 성격 검사(EPQ)에서의 한 차원인 정신병적 경향성psychoticism 점수와 정적 상관이 있다(Eysenck, 1994, 1995). 정신병적 경향성에서 정상보다 더 높은 점수를 받는 사람들은 공격적이고, 차갑고, 자기중심적이고, 비인격적이고, 충동적이고, 반사회적이고, 비공감적이고, 완고한 경향이 있다. 이런 모습은 할리우드 공상과학 영화 속 미친 과학자의 전형적인 모습과 같지 않은가? 그럼에도 불구하고 예술에서의 예외적인 창조자들은 과학에서의 예외적인 창조자들보다 더 높은 점수를 받는 경향이 있다(Feist, 1998; Nettle, 2006; Simonton, 2004c). 파블로 피카소의 성격과 알버트 아인슈타인의 성격을 비교해서 피카소의 성격이 정신병적 경향성 점수에서 얼마나 더 높은지 알아보자!

창의적인 사람들이 그런 차원에서 더 높은 점수를 받는 것만이 아니다. 다만 매우 창의적인 사람들은 덜 창의적인 사람들보다 더 높은 점수를 받고, 덜 창의적인 사람들은 창의적이지 않은 사람들보다 더 높은 점수를 받을 뿐이다(Eysenck, 1995; Nettle, 2006). 이 단조로운 관계는 미네소타 다면적 인성검사(MMPI)를 사용하여 창의적인 작가들을 연구한 결과에서도 나타났다(Barron, 1963). 이 검사는 우울, 건강염려증, 히스테리성, 경조성, 편집성, 정신병적 경향성, 정신쇠약성 그리고 정신분열성 등의 임상척도를 포함하고 있다. 당신은 다음 메시지를 이해하기 위해 그 하나하나의 척도에 대한 의미를 알 필요까지는 없다 — 매우 성공적으로 출세한 작가들은 창의적이기는 하지만 그만큼 성공적이지는 않은 작가들보다 모든 차원에서 더 높은 점수를 얻고, 후자는 보통 수준의 작가들보다는 대부분의 척도에서 더 높은 점수를 받는다. 비슷한 결과가 창의적인 예술가들을 대상으로 한 EPQ 정신병적 경향성에서도 발견되었다(Gotz & Gotz, 1979a, 1979b). 가장 성공적인 예술가들은 그들과 같은 전문분야의 동료들보다 정신병적 경향성에서 더 높은 점수를 받고, 그 동료들은 다시 비예술가들보다 정신병적 경향성에서 더 높은 점수를 받는다(Nettle, 2006).

지금까지 이 결과는 우리가 앞에서 배운 것들과 일치한다. 하지만 심리측정학적 연구들은 또한 창의성과 정신병리 간의 관계를 자세하게 설명하는 어떤 새로운 경험적 결과를 제공한다. 그중에서 눈에 띄는 두 가지 연구 결과를 살펴보자.

첫째, 비록 매우 창의적인 사람들이 임상척도에서 높은 점수를 받는 경향이 있지만, 그들의 점수가 진정한 정신질병이라고 할 만큼 극단적인 경우는 드물다. 오히려 그들의 점수는 정상과 비정상 범위 내의 어디엔가 위치한다(Barron, 1963; Eysenck, 1995; Nettle, 2006). 예를 제시하자면, 비록 창의적인 작가들이 정상보다는 MMPI의 거의 모든 임상척도에서 더 높은 점수를 받고 매우 성공적인 창의적인 작가들은 그보다도 더 높은 점수를 받지만, 그 두 집단의 창의적인 작가들의 점수는 완전히 정신병자인 사람들이 받은 점수보다 낮은 수준에 있었다. 이 중간치 수준에서, 그 사람은 창의성 계발을 위해 도움이 될 수 있는 특성들을 즐길 것이다. 예를 들어, 정신병적 경향성에서의 높은 점수는 독창성을 유지하는 데 도움이 되는 특성들인 독립심과 비동조와 상관이 있다(Eysenck, 1995). 그 외에, 평균 이상의 정신병적 경향성은 초점이 흐린 주의력

defocused attention(예 : 부적 점화negative priming 감소와 잠재적 억제latent inhibition 감소)과 관련되어 있어서, 사고와 지각 과정 중에 걸러내 버렸을 수 있는 아이디어가 정신과정으로 들어갈 수 있게 해 준다(Eysenck, 1993; Stavridou & Furnham, 1996). 이런 더 포괄적인 정보 처리 방식은 경험에 대한 개방성과도 상관이 있으며, 경험에 대한 개방성은 창의성과 정적 상관이 있다(Harris, 2004; McCrae, 1987; Peterson & Carson, 2000; Peterson, Smith, & Carson, 2002). 초점 흐린 주의와 개방성은 또한 창조자가 우연히 일어나는 사건에 더 민감하도록 해 준다(Ansburg & Hill, 2003; Mach, 1896). 일반 사람들이 무관한 사건이라고 생각하는 것을 매우 창의적인 사람들은 의미 있는 기회로 본다.

둘째, 예외적인 창조자들은 초기 정신병리의 부정적인 영향의 기를 꺾는 다른 특성들에서 매우 높은 점수를 받는다. 첫 번째로, 창조자들은 일반 사람들에 비해서 높은 수준의 자만심과 강한 자아를 즐긴다(Barron, 1963; Cattell & Butcher, 1968). 그런 이유로 그들은 그 어떤 증상에 대해서도 상위인지적 통제를 잘 할 수 있다. 특히 창조자들은 기괴한 이미지가 그들을 이용하도록 내버려두지 않고 그들이 이상한 이미지를 이용할 수 있다. 그런 과정 속에서 그들은 단순하고 독창적인 아이디어를 완전히 본보기가 되는 아이디어로 변환시킬 수 있다. 부가적으로, 이상한 아이디어를 사용하는 힘이 평균 이상의 일반 지능에 의해 강화된다(Carson, Peterson, & Higgins, 2003). 천재 정도의 혹은 최소한 천재에 가까운 정도의 지성을 갖고 있는 사람은 많은 일을 미친 듯이 처리해낼 수 있을 것이다.

내가 여기에서 매우 기발한 무엇을 제시하고 있는 것이 아니다. 윌리엄 제임스(1902)는 한 세기 이상 이전에 다음과 같이 말했다.

> 천재의 성격은 그것을 정신병리학적 사건으로 분류하려는 시도들에 의해 밝혀졌다. 경계선 정신이상, 괴팍함, 광기, 정신적 균형 상실, 정신병적 퇴보(같은 뜻으로 사용되는 동의어들 중 몇 가지만 들자면), 어떤 독특한 점과 불리한 점을 가지고 있어서, 그것이 개인이 가지고 있는 뛰어난 지성과 화합할 경우에는 그의 기질이 덜 신경과민일 때보다 명성을 얻고 그의 시대에 영향을 미칠 확률이 더 높다(pp. 22~23).

혹은 영국 극작가 존 드라이덴(1681)이 "대단한 재주꾼은 거의 미친 사람과 같다 / 얇은 칸막이가 그들의 경계를 나누고 있을 뿐이다."(p. 6)라고 더 우아하게 주장했듯이, 천재와 광기는 일란성 쌍둥이는 아니지만 이란성 쌍둥이라고 할 수는 있다.

이제 우리는 무엇을 말할 수 있나?

이제 세 가지 방법에서 얻은 연구결과들을 종합할 시간이다. 그것을 6가지로 요약할 수 있다.

첫째, 천재성은 광기와 연합되어 있는 것으로 보인다. 이 연합은 천재들이 일반인들보다 더 높은 비율과 강도의 정신병에서 다양한 지표와 증상으로 나타난다는 점에서 알 수 있다.

둘째, 천재성의 크기가 더 클수록 이런 징조가 나타날 확률이 더 높다.

하지만 정신병의 정도는 가장 위대한 천재들에 있어서도 의심의 여지없이 정신이상이라고 생각되는 사람들보다는 낮다. 사실 천재의 작품은 그 천재가 완전히 정신이상을 앓고 있을 때는 나타나지 않는다. 따라서 "얇은 칸막이가 그들의 경계를 나누고 있을 뿐이다."

셋째, 어떤 정신병들은 더 자주 나타나는데, 그중 우울증이 가장 흔한 것이다. 존 내쉬의 편집형 정신분열증과 같은 증상들이 전혀 나타나지 않는 것은 아니지만 덜 일반적이다.

넷째, 평균 이상의 정신병의 비율을 가지고 있는 가계는 천재의 비율도 평균 이상이다. 따라서 한 천재가 작은 정신병이 없다고 해도 그의 가족들 중 누군가가 정신병이 있을 수 있다. 아인슈타인이 성인으로서 정상이었는지 아니었는지 말할 수 없을지 몰라도, 그의 아들 에드워드가 정신분열증을 앓고 정신병원에 보내져야 했다는 것은 부정할 수 없다.

다섯째, 정신병리적 증상의 비율과 강도는 다양한 성취 영역에 따라 다르게 나타난다. 시와 같은 영역들에서는 정신질환이 만연한데 자연과학과 같은 영역에서는 정신질환이 일반인들에게서보다 더 흔하지 않다.

마지막으로 정신병으로 나타날 경향성은 어떤 증상에 대한 대응을 강화하는 개인의 다른 성격 특성에 의해 거의 다 상쇄될 수 있다. 특히 중요한 것은 그 어떤 제정신이 아닌 생각도 기이한 행동으로 나타나지 않게 예방하는 날카로운 지성과 강한 의지이다. 병리의 증상은 따라서 두려워할 위험이 아니라 활용해야 할 자원이 된다.

이와 같은 여섯 가지 결론들을 어떻게 설명할 수 있을까? 나는 서로 연결된 두 가지 질문에 대해서만 집중적으로 설명하겠다 — 도대체 왜 정신이상이 나타나는가? 어떤 경우에는 왜 지나치게 많은 정신이상이 나타나는가?

도대체 왜 정신이상이 나타나는가?

이제 3장에서 처음 소개하고 4장에서 다시 논의된 다윈의 창의성 이론으로 돌아갈 시간이다. 창의적인 영역은 관념적 변이ideational variation의 맹목적인 정도에 있어서 상당히 다르다고 앞에서 관찰한 것을 반복함으로써 시작한다. 한편에서는 수리 과학에서의 변이는 논리와 자료에 의해 고도로 제한되어 있으며, 결과적으로 그 영역에서의 창의적인 과정은 맹목적이라기보다 목적적이다. 다른 한편, 예술에서의 변이는 제한이 훨씬 덜하며 따라서 그 변이는 목적적이기보다는 훨씬 더 맹목적적이다. 다르게 표현하면, 연산법적 문제해결은 과학에서 훨씬 더 큰 역할을 하는 반면에 어림법적 문제해결 — 시행착오를 포함하여 — 은 예술에서 훨씬 더 큰 역할을 한다. 이 대조점이 창의성 발달에 가장 도움이 되는 환경의 종류에 대한 중요한 함의를 갖고 있다는 것을 우리는 이미 보았다. 목적적 변이에 더 많이 의존하는 천재는 맹목적적 변이에 더 많이 의존하는 천재보다 관습적이고 안정적으로 가족적, 교육적 그리고 멘토링 경험들을 더 많이 가질 것이다.

이렇게 영역별로 병렬적인 대조는 정신병리학에도 마찬가지로 적용된다. 목적적 변이에 대한 높은 요구는 정신병리학적 증상의 낮은 비율 및 강도와 관련되어야 하는 반면에, 맹목적 변이에 대한 높은 요구는 그런 증상의 더 높은 비율 및 강도와 연관되어야 한다. 그 이유를 설명하기 위해 EPQ(Eysenck, 1995)에 의해 사정된 한 가지 차원인 정신병적 경향성과 관련된 것들을 다시 살펴보라. 관련된 것들에는 독립심과 비동조가 있으며 이 두 특성은 독창적인 변이 생성을 위한 더 많은 자유를 제공한다. 그 밖에 정신병적 경향성은 외재적 자극이나 정보로 생각되는 것들을 걸러내는 능력과 부적 상관이 있다. 분명히 그런 걸러내는 작용이 덜 엄격하면 관념적 변이가 결과적으로 더 맹목적으로 될 것이다(Simonton, 2004c). 사실, 지성은 운 좋은 우연한 발견의 유입에 훨씬 더 개방적이 될 것이다 — 구텐베르크가 포도즙 짜는 기계를 보고 매우 섬세한 인쇄 기계가 될 수 있을 것이라고 생각해낸 것처럼. 마지막으로, 정신병적 경향성은 복잡성과 애매함에 대한 선호와 관련되고 비교적 독특한 연상을 하는 능력과도 관련이 있으며(Eysenck, 1994), 이런 선호와 연상 능력의 두 가지 속성은 독창성과 창의성을 위한 능력과 연결되어 있다(Barron, 1995; Mednick, 1962). 정신병적 경향성에서 매우 낮은 점수를 받은 사람들 중에는 이런 적성과 경향성을 억제하고 있는 사람들이 있다. 즉, 그런 사람들은 덜 독립적이고 더 관습적이며 동조적이고, 초점 흐린 주의defocused attention를 잘 못하고, 간단하고 분명한 것에 더 강한 성향이 있으며, 연상 능력은 더 낮을 것이다.

창의성의 각 영역은 독창적이고 본보기가 되는 산출물을 생산하기 위해 요구되는 목적적 변이와 맹목적 변이의 상대적인 비율에 따라 정신병리적 경향성의 적정 수준이 다를 것이다. 이것이 왜 예술적 천재보다 과학적 천재 사이에서 정신병이 덜 일반적이고, 왜 고도로 형식적인 스타일을 창조하는 예술가들이 고도로 표현적인 스타일을 창조하는 예술가들보다 정신병이 덜 나타나는가 하는 이유이다(Ludwig, 1998). 마음속에서 요구하는 맹목성이 더 많을수록 그 천재들의 광기는 더 많다.

말할 필요도 없이, 고도로 표현적인 예술에서조차 천재들의 정신 질병이 벼랑 끝까지 몰아서 미치게 할 수 있다. 예를 들어, 정신병적 경향성의 극단적인 수준은 정신병적 장애, 분열성 장애, 단극성 우울 장애, 정서 장애, 정신분열 정동 장애 그리고 정신분열병과 연관될 것이다(Eysenck, 1995). 정신병리가 이렇게 강할 때, 창의성은 급격하게 감소되고 그 정신적 붕괴breakdown 때문에 자살을 하거나 중독성 물질을 남용하게 된다면 모든 것이 끝날 수도 있다. 당신이 조금 얼근하게 취하거나 몽롱한 상태에서 창조하는 것과 만취했거나 마약으로 인한 환각 상태에서 창조하는 것은 다르며, 싸늘하게 죽은 상태에서는 말할 것도 없다.

하지만 어떤 사람은 그가 선택한 분야에서 성공적이지만 그 분야와 관련하여 정신적 장애가 거의 없을 수도 있다는 것 또한 인정해야만 한다. 위대한 물리학자가 되기로 설계된 천재는 위대한 시인이 되기 위해 필요한 엉뚱한 상상력이 부족할 경향성이 있다. 변이가 충분히 맹목적이지 않고, 사고 과정이 매우 규칙적일 것이다. 당신은 창의적인 시 대신에 메마르고 학문적인 시를 쓰고 말 것이다. 그래서 그것은 마치 골디락스[3] 이야기와 같다 — 너무 뜨겁거나 너무 차갑지 않고, 너무 크지 않고 너무 작지 않으며, 너무 사리분별하지 않고 적절한. 하나의 얇은 칸막이가 천재성과 광기를 나누고 또 하나의 칸막이가 천재성과 평범함을 구분한다. 정신병리적 경향선상에서 상위 경계와 하위 경계의 정확한 위치는 그 영역에 영향을 미치는 목적적 변이 대 맹목적 변이의 정도에 달려 있다.

3장 마지막에서, 나는 BVSR 이론이 창의성 이외에 천재성의 다른 영역에 적용될 수도 있다고 간단하게 암시했다. 더 구체적으로 말하면, 나는 최고의 리더십의 다양한 형태는 전쟁, 정치 그리고 기업에서 일어나는 문제해결 상황 중에 맹목적 변이를 일으키는 능력에 있을지도 모른다고 제안했다. 이 두 가지 점은 창의적 영역들에서도 마찬가지 방법으로 연결될 수 있을까? 만일 그렇다면 그것은 왜 군사 지도자는 30%뿐인데 사회운동가들에서는 49%가 그들의 일생 중 어느 시점에서 어떤 형태의 정신적 장애를 나타내는가를 설명할지도 모른다(Ludwig, 1995). 분명히 정신병적 경향성과 연관된 그 특성들은 군사 지도자들보다는 사회 운동가들에게 훨씬 더 영향을 미칠 것이다. 어쨌든 이 가능성이 있는 상호작용은 분명히 앞으로 더 탐구할 가치가 있다.

왜 정신이상이 그렇게 많은가?

만일 각 성취영역들에 대한 적정 수준의 정신병리적 증상을 제안할 수 있다면, 천재는 그가 선택한 영역과 어떤 특정한 성향을 서로 맞도록 해야만 한다. 만일 당신이 물리학자가 되기에는 정신이 너무 비정상적이라면, 왜 대신에 시인이 되지 않는가? 하지만 만일 당신이 상당한 비율의 사람들이 정신병을 겪고 있는 영역에서 이미 활동적이라면, 다른 선택은 더 이상 불가능하다. 시인들은 이미 87%가 살아가는 동안 정신 질병을 앓는 것으로 나타나 있고(Ludwig, 1995), 그보다 더 높은 비율을 나타내는 영역은 없다(Kaufman, 2005; F. Fost, 1996). 아마도 이것은 왜 그렇게 많은 시인들이 자살을 하고, 알코올에 절어 살거나 자신들의 수명을 단축하는 역기능적인 방식으로 행동하는가를 설명하는 데 도움이 될 수 있다(Kaufman, 2003; Simonton, 1975a). 시는 다른 그 어느 곳에도 갈 곳이 없는 실제로 아픈 어떤 영혼들을 공격한다. 만일 당신이 시인으로 실패한다면, 그 다음에는 어떻게 할 것인가?

하지만 우리는 어떤 천재들은 그들이 선택한 성취 영역에 완벽하게 잘 맞지만 결국 너무 충격적이거나 스트레스가 심해서 그 천재를 벼랑 끝으로 몰고 가게 되는 예상하지 못한 사건에 의해 그 정점을 넘어가게 되고 마는 것 또한 인정해야만 한다. 역설적으로, 비록 이런 많은 사건들 — 가족의 죽음, 짝사랑, 경제적 파산 — 은 모든 사람들이 겪을 수 있는 일들이지만 그것들 중에서도 예민한 스트레스 요인들이 천재의 세계에 독특하게 존재한다. 예를 들어, 위대한 업적을 남기는 바로 그 활동은 대단한 양의 긴장을 야기할 수 있다(Simonton, 1994). 사건이 일으키는 '삶의 변화'의 양에 따라 점수를 매기는, 사회 재적응 설문지The Social Readjustment Rating Questionnaire는 '뛰어난 개인적인 성취'에 대하여 28점을 준다(Holmes & Rahe, 1967). 그 점수는 '소송', '채권자와의 분쟁', '직장에서의 담당 역할 변화' 그리고 '주거 이전'에 대한 스트레스 점수와 비슷하다. 그래서 천재적인 작품을 만들기 위하여 어떤 천재는 몇 점을 받아야 할까? 〈게르니카〉를 그릴 때 피카소는 얼마나 많은 스트레스를 경험했을까? 마지막 『해리 포터』 책을 완성하면서 J. K. 롤링은 어떻게 느꼈을까?

스트레스에 대한 또 다른 예는 명성 현상phenomenon of fame에서 온다. 명성 그 자체가 스트레스를 줄 수 있다. 비평가, 폄하하는 사람 그리고 경쟁자들로부터 받는 자극들에 대처해야 하는 것 이외에, 그것은 또한 당신을 과도한 자의식에 가둘 수 있다. 공중 장소에서 거울에 비친 자신의 모습에 당황한 적이 없는가? 다른 사람이 당신을 바라보듯이 당신 자신을 내부에서가 아니라 외부에서 보는 것은 유쾌한 경험이 아니다. 그런 심리적 불편함으로부터 벗어나는 좋은 방법은 무엇일까? 글쎄, 한 잔, 두 잔 혹은 석 잔의 술은 어떻겠는가? 혹은 의식을 마비시키는 마약은 어떻겠는가?

한 연구자는 실제로 세 명의 유명한 창조자들의 삶에 미치는 명성의 부정적인 영향을 조사했다 — 너바나 밴드의 리드 싱어이면서 작곡가인 커트 코베인, 작곡가 콜 포터 그리고 단편소설가 존 치버(Schaller, 1997). 코베인과 포터가 유명하게 된 후에는 그들의 노래 가사에 일인칭 단수 대명사('I' 와 'me')의 사용이 증가했으며, 비슷한 경향이 치버의 글과 개인적인 서신에도 나타났다. 그 밖에 치버의 소설들에서는 일인칭 내러티브 목소리의 사용이 더 증가한 것으로 나타났다. 치버의 경우에도 마찬가지로, 그가 그의 일기 속에 알코올 중독과의 싸움을 매우 상세하게 기록했기 때문에 그의 자의식과 알코올 남용의 증가 간에 관계를 성립시키는 것이 가능했다. 모두 고려해볼 때, 자료 분석은 다음과 같은 원인에 따른 결과가 나타나는 과정을 알 수 있다 — 명성 ➡ 자의식 ➡ 중독성 물질 남용. 자연히 우리는 이 순서에 또 한 가지 항목을 추가할 수 있다 —➡ 창의성의 감소. 코베인의 경우에는 자살했기 때문에 그의 감소한 창의성은 회복될 수 없었다.

앞에서 설명한 두 가지 예는 사람들이 천재성을 발휘하는 다양한 영역에 적용될 수 있는 과정이다. 첫 번째는 어떠한 위대한 성취에도 적용되는 반면에, 두 번째는 「Time」지나 「The New York Times」의 커버 페이지에 실리는 인물이 성취한 모든 영역에 적용된다. 다른 시련들은 성취 영역에 따라 독특하다. 지금까지 창의적인 천재에 많은 시간을 보냈기 때문에 이제 리더십 영역에서의 예를 살펴보자.

이 장의 서두에서, 나는 엄청난 퍼센티지의 20세기 폭군들이 정신병리의 어떤 형태를 나타냈다고 언급했다(Ludwig, 2002). 91%! 그때 나는 그런 폭군의 모습을 포레스트 휘태커가 훌륭하게 보여 준 영화 〈라스트 킹(The Last King of Scotland)〉을 보았는가 하고 당신에게 물었다. 그들은 어떤 정신질환보다도 편집증에 시달리는 경향이 있다. 폭군의 55%가 어느 정도는 편집증이 있다(Ludwig, 2002). 그 다음으로 흔한 장애는 폭군의 41%가 앓고 있는 알코올 중독이다. 폭군을 뛰어넘는 유일하게 예외적인 지도자는 공상가다. 공상적인 지도자들은 권력을 유지하기 위해 전체주의자의 지배에 의존한다는 점에서 폭군 통치자와 매우 비슷하다. 하지만 폭군들은 그들의 세력을 강화하기 위해 우선적으로 군대에 의존하지만, 공상가는 정치적 이데올로기를 강화하는 데 더 의존한다. 나아가 공상가는 지상에 유토피아를 만들기 위한 사회 개혁에 몰두하지만, 폭군은 개인적인 자기강화에 냉소적으로 몰두하며 그것은 탐욕과 부패와 잔인함과 연결된다. 이디 아민이 폭군의 대표자라면 중국 공산주의의 모택동은 대표적인 공상가였다.

이 차이는 제쳐두고라도, 폭군들은 공상가들과 한 가지 공통점을 갖고 있다 — 그들의 지위가 불안정하다는 것이다. 그들은 칼로 최고에 올랐으며 — 쿠데타, 반란 혹은 혁명 — 칼로 인해 언제 죽음을 당할지 모른다. 쉽게 얻는 것은 쉽게 잃는다. 이런 불안정함은 전통과 헌법에 의해 그의 권력을 부여받은 세습 군주나 민주 국가의 최고통치자와 같은 유형의 지도자와 극명한 대조를 이룬다. 스페인의 프란시스코 프랑코와 같은 독재자는 법과 질서의 오랜 원리의 보존을 연설함으로써 그들 국가의 통치권을 얻었고, 그래서 모든 구차스러운 법률을 퇴치하는 폭군과 모든 법을 급진적인 이데올로기에 기초한 새로운 법으로 대체하려고 하는 공상가에게는 주어지지 않는 합법성을 획득했다.

만일 당신이 어떤 폭군이 되고자 하는 사람이나 경쟁적인 이데올로기 신봉자 — 바로 당신 자신이 한 대로 따르고 있는 그 어떤 경쟁자 — 에 의해 언제 타도되거나 암살당할지도 모른다고 생각한다면 당신은 편집증이 생기지 않겠는가? 정신 장애가 분명하진 않지만 성취의 크기에 공헌한다기보다는 성취 영역이 정신 장애를 초래하는 것으로 볼 수 있지 않겠는가? 당신은 왜 스탈린이 체계적으로 반대자들을 숙청했는가를 이해할 수 있는가? 그는 모스크바에 있는 자신의 집에서 수천 마일 떨어진 멕시코시티에 머물고 있던 반대자 레온 트로츠키를 잔인하게 살인하도록 꾸몄다. 편집증 환자는 실제 적이든 상상의 적이든, 적이 가까이 있든 멀리 있든, 그 적이 영원히 잠들 때까지 결코 잠들 수 없다.

그게 다야?

나는 앞에서의 질문에 대하여 의심할 나위없는 분명한 답이 나오기를 기대한다. 불행하게도, 지금까지 살펴본 것보다 현실은 훨씬 더 복잡하게 뒤얽히고, 더 미쳐 있기까지 하다. 여기에서 나는 논의를 자극하기 위한 몇 가지 부가적인 질문을 내놓겠다. 논의할 수 있는 세 가지 질문이 더 있다.

논의할 질문 1 : 증상을 축복으로?

완전한 정신병은 천재의 작업을 방해하는 것으로 보인다. 예를 들어, 예술적 창조자는 종종 우울증에 시달리지만, 예술가들이 심하게 우울할 때에 창의적인 경우는 거의 없다. 하지만 가끔, 정신병리의 증상이 직접적으로 도움이 된다는 것을 증명할 수 있다. 한 가지 예가 조증이나 경조증이다. 조증은 매우 '업up' 된 상태이다 — 강한 정서적인 열광, 낙천적인 태도, 신체적 에너지 그리고 관념적인 무절제를 경험하는 상태. 그것의 최극단에서, 당신은 '광란의 미치광이' 가 된다. 하지만 경조증은 현실을 크게 벗어나지 않으면서 그것과 비슷한 온화한 수준이다. 많은 연구자들은 경조증은 다양한 영역에서의 성취에 매우 긍정적인 영향을 미칠 수 있다고 제안한다(Gartner, 2005).

대표적인 모습을 독일 작곡가 슈만의 생에서 발견할 수 있다. 심한 양극성 정서 장애(조울증)에 시달리면서, 그는 쉽게 엄청난 기분의 변화를 겪었다. 슈만이 우울할 때, 그는 정말 우울했다. 하지만 그가 그 사이클의 반대편 끝에 있을 때에는 작곡하고, 작곡하고 또 작곡만 했다. 단연코 그의 대부분의 작품은 그의 양극성의 진동 중에서 조증이나 경조증 단계에 있을 때 만들어졌다(Weisberg, 1994; Ramey & Weisberg, 2004). 분명히 말해서, 그 상태에서 그의 작품의 질이 반드시 높지는 않았지만, 작품의 질이 떨어지지도 않았다. 중요한 것은 전체적인 시도 중에서 성공 비율 역시 거의 비슷한 수준을 유지했다는 것이다. 이것은 슈만이 신경전달물질의 작용으로 정서가 고조되었을 때 그의 가장 훌륭한 곡들 중 많은 작품을 만들었다는 것을 의미한다. 정신병리적 증상은 그에게 자산이 되었다.

완전히 다른 예를 들겠다 — 과음. 한 연구자는 34명의 유명한 작가, 예술가와 음악가들의 삶에서의 알코올 섭취와 창의성 간 관계의 역사측정학적 분석을 했다(Ludwig, 1990). 모두가 대단한 술고래로 유명했다. 연구한 사례 중 3/4 이상에서 알코올 섭취는 창의적인 작품 활동에 부정적인 영향을 미쳤으며, 이 부정적인 효과는 특히 그 인물들의 삶의 후반기에 뚜렷하게 나타났다. 그때부터는 음주가 창작을 대체했다. 딜런 토마스와 트루먼 카포트를 생각해 보라. 그렇다고 하더라도 그 연구자에 의하면 알코올 섭취는 "그 표본의 약 9%에게는 직접적으로 그리고 50%에게는 간접적으로 좋은 영향을 미치고, 40%에게는 특별하게 나타난 효과가 없었다"(p. 953). 나아가, 표본의 거의 1/3에서, 음주의 증가는 창의성의 결과로 나타났다. 내가 이 책의 집필을 마친 후에, 또 커피를 마시기 위해 새 커피를 내릴까 아니면 샴페인을 터뜨릴까?

그래서 여기 당신의 과제가 있다 — 천재들이 갖고 있었던 여러 가지 장애들과 연관된 다양한 증상들을 생각하라. 당신은 만일 적절한 정도로만 나타난다면 업적을 방해하기보다 향상시킬 수 있는 특별한 증상들을 생각할 수 있는가? 당신은 광기의 정도가 약할 때 천재성의 발현을 증가시키는 구체적인 사례를 확인할 수 있는가? 만일 그렇다면, 그 사람의 이름을 말하고 구체적으로 설명해보라.

논의할 질문 2 : 정신이상인 영역에서 온전한 정신을 유지하기?

두 사람이 물이 담겨 있는 잔을 본다. 낙관론자 — 혹은 양극성으로 조증 상태에 있는 — 는 그 잔은 반이 찼다고 말한다. 비관론자 — 혹은 양극성으로 우울 상태에 있는 — 는 그 잔은 반이 비었다고 말한다(엔지니어라면 그 잔이 필요 이상으로 2배로 크다라고 표현할 수 있겠지만, 우리는 이 세 번째 가능성은 무시한다). 당신은 심한 비관론자처럼 행동한 적이 없는가? 맙소사, X퍼센트의 천재가 일생 중에 어떤 종류의 정신 질병을 가지고 있었다니! 부끄러운 일이다! 하지만 우리는 얼마나 자주 낙관론자처럼 행동하면서 천재들 중에서 Y(=100−X)퍼센트가 정신 장애에 대해 기록된 그 어떤 증거도 없다고 말하는가! 극단적인 시인들의 사례를 생각해 보자. 만일 유명한 시인들 중 87%가 어떤 정신적 혹은 정서적 쇠약을 가지고 있다면, 13%는 그들의 일생 동안 정신병리에서 자유롭다는 것을 의미하지 않는가? 후자의 통계는 당신이 정신 질병의 오명에서 완전히 벗어날 수 있으며 그래도 여전히 독창적이고 본보기가 되는 시를 세상에 내놓을 수 있다는 것을 의미하는가?

분명히, 만일 정신병의 비율과 강도가 시보다 더 낮은 영역들로 주의를 돌린다면, 그 잔은 그 어느 때보다 더 차보이기 시작한다. 어떤 예측에 의하면, 군사 지도자, 공직, 기업, 사회 운동, 자연 과학 그리고 탐험 등의 영역에서는 그 잔의 물이 반 이상으로 차 있다 — 즉, 반 이상의 선각자들이 '정상' 이다(Ludwig, 1995). 따라서 광기는 이런 업적 영역에서 소수에게

만 영향을 미친다. 우리는 미친 천재라는 개념과 더 낙관적인 이 통계적인 해석을 어떻게 조정할 것인가?

당신은 다음과 같은 세 가지 가능성을 고려해볼 수 있을 것이다.

첫째, 정상적인 사람들이 실제로는 정상이 아닐 수 있다. 그들은 처음 만났을 때 조금 맛이 간 것처럼 보이는 이상한 버릇을 가지고 있는 것 같다. 하지만 그것은 현재의 정신과 의사나 미래의 전기 작가의 주목을 받을 만한 것은 아니다. 예를 들어 그런 사람들은 MMPI의 임상 척도에서 그리고 EPQ의 정신병적 경향성 척도에서 높은 점수를 받을 수 있겠지만, 비정상적인 증상으로 의심할 만큼 높지는 않다. 그들의 점수는 평균에 비하면 더 낮은 편이고 정신이상이라고 하기에는 점수가 더 높다. 우리가 유명한 시인의 13%는 그들의 일생 동안 한 번도 정신 질병을 겪지 않았다고 말할 때, 그것은 이 시인들이 정신병적 경향성에서 낮은 점수를 받는다는 의미인가? 더 구체적으로 말해서, 이 '건강한' 시인들이 이타적이고, 사회적이고, 감정이입적이고, 관습적이고, 동조적이었다는 의미인가? 아니면 그들의 정신병리적 경향성이 표면적으로 나타나지 않았을 뿐이라는 것인가? 정신병적 경향성이 매우 낮은 사람들은 위대한 시를 짓는 시인보다는 서투른 오행속요[4]를 만드는 삼류 시인이 될 확률이 높은가?

둘째, 정상인들은 정말 정상이지만, 그들의 정상성이 역사적인 공헌을 남기는 데 영향을 준다. 예를 들어, 그런 정상적인 성격이 간신히 독창적이고 아주 조금 본보기가 되는 작품을 생산한다 — 최소한의 기준에만 도달하는 등외 천재들에 의해 만들어진 작품. 심리측정학적 정의에 의하면 그들은 경계선 천재borderline geniuses에 비유할 수 있다. 이런 사람들은 사후에 그들의 명성이 가장 급속하게 망각되는, 즉 시간을 초월하여 그들의 작품이 인정받지 못하는 천재들일 수 있다.

셋째, 우리의 생각이 잘못되었을 수 있으며, 따라서 우리는 천재의 원천에 있어서의 정신병리학적 경향성 외의 다른 요인들을 살펴보아야만 할 것이다. 그중 한 가지는 천재는 발달하는 과정 속에서 다양한 경험을 필요로 할 것이라는 것이다(Simonton, 1999b). 내가 의미하는 다양한 경험이란 어린 재능아를 규준으로부터 구분하는 재능아가 경험하는 사건들과 환경들을 말한다. 이 조건들은 천성과 양육 모두에서 나올 수 있다. 천성의 경우 그 경험은 독특한 길로 발달하게 하는 준임상적인 정신병리학의 형태를 취한다. 그리고 양육의 경우에 이 경험은 유아기, 청소년기 그리고 성인 전기에 독특한 사건들의 양상을 띤다 — 부모를 여의거나 다른 시련을 겪는 것. 유망한 천재는 천성의 기준에서는 완전하게 정상이지만 양육의 관점에서는 어느 정도 비정상일 수 있다(Simonton, 2004c).

이 다양한 가능성들을 고려해볼 때 당신은 어떻게 생각하는가?

논의할 질문 3 : 천재성의 감소?

몇 년 전에 나는 책상에 앉아 있는 에드거 앨런 포를 묘사한 〈Bizarro〉 만화를 보았다. 그 시인은 그의 유명한 〈The Raven〉을 쓰고 있었다. "Raven이 '이봐, 일이 훨씬 더 나쁘게 될 수 있어' 라고 쓰는 순간 그는 잡힌다." 그 만화에 적혀 있는 문구는 'Poe and Prozac'[5)]이다. 이는 일종의 은유이다 — 만일 포가 오늘날 쉽게 구할 수 있는 그 약을 복용했다면, 그는 영어로 쓰인 가장 인기 있는 시를 하나도 쓸 수 없었을 것이다. 아마도 그는 그의 창의적인 여신을 완전히 죽이기 위해 약을 먹을 필요도 없었을 것이다. 앨런 포는 그의 시적 천재성을 지우기 위해 심리치료사, 정신과 의사 혹은 정신분석가를 몇 회 만나기만 하면 되었을 것이다. 불안과 염세로 충만한 비관적인 감정을 더 느끼지 않게 되면, 그는 연인으로부터 버림받은 슬픔이 너무 커서 미쳐버리게 되는 것을 묘사하는 시를 탄생시키지 못했을 것이다.

그래서 여기 당신이 논의할 질문이 있다 — 치료는 창의성의 적인가? 정신과 의사에게 가면 당신의 천재성이 줄어들까? 당신이 결정적으로 독창적이고 본보기가 되는 무엇을 만들기를 원한다면 치료를 받지 않아야 하는가?

당신이 답하기 전에, 아마도 당신은 동전의 반대 면을 생각해야 한다. 자살로 끝난 모든 천재들을 기억하는가? 특히 여성 시인들에 초점을 맞추어 보자. 그들은 정신질병을 참고 견디는 성향이 있었을 뿐만 아니라(Kaufman, 2001), 스스로 목숨을 끊는 경향도 있었다(Kaufman & Baer, 2002). 실비아 플래스는 우울증에 시달렸고 앤 섹스톤[6]은 양극성 장애를 앓았다. 플래스는 가스 오븐에 자신의 머리를 넣어 자살했고(먼저 부엌의 창문과 문의 틈을 봉했다), 섹스톤은 일산화탄소 중독으로 자살했다(차고에서 차 시동을 걸어놓았다). 만일 그들이 적절한 약을 복용하거나 치료를 받았다면, 영문학에 더 큰 공헌을 하는 작품을 남겼을까? (힌트 : 죽었을 당시에 플래스는 30대 초반이었고 섹스톤은 40대 중반이었다.)

플래스와 섹스톤의 사례는 또 다른 수수께끼를 남긴다 — 왜 글 쓰는 것이 치료적인 도움이 되지 않는가? 결국, 글쓰기 치료에 대한 연구는 표현적인 글쓰기에 의해 정신 건강이 개선될 수 있다는 것을 보여 준다(Kaufman & Sexton, 2006). 그런 의도적인 활동은 억제하고 억압된 생각과 감정을 노출하게 할 수 있고 결국에는 카타르시스를 일으킬 수 있다. 글쓰기 치료는 고백적인 시 ― 그 시인의 가장 절실한 감정을 직접적으로 다루는 작품 ― 를 쓴 두 작가의 경우에는 특히 효과적인 것으로 보일 것이다. 섹스톤의 경우에, 그의 심리치료사가 처음에 자기치료의 한 가지 방식으로 시를 쓰도록 추천했다! 어떤 사람들은 그런 시 쓰기는 치료를 위한 글쓰기의 핵심적인 요소, 즉 시작, 중간, 종결이 있는 적절한 내러티브가 부족하다고 지적한다(Kaufman & Sexton, 2006). 대안적으로 같은 연구자들이 플래스와 섹스톤은 너무 우울증이 심했기 때문에 그 시가 실제로는 긍정적인 치료 효과가 있었는데도 여전히 우울증에서 벗어나지 못했을지 모른다고 생각했다. 아마도 플래스와 섹스톤은 만일 그들이 시인이 아니었다면 더 일찍 자살했을 것이다!

만일 당신이 플래스와 섹스톤의 대표적인 시들을 읽는다면 이 내용을 이해하는 데 도움이 될 것이다. 플래스의 〈Daddy〉와 섹스톤의 〈Sylvia's Death〉를 읽어 보면, 역설적이라고 생각될 것이다. 섹스톤은 친구와 동료들의 자살을 애도하는 시를 썼는데, 약 10년 후 그 사례를 거의 그대로 모방했다! 시 치료의 효과를 보여 주는가, 그렇지 않은가?

역자주

1) Vaslav Nijinsky. 1890~1950. 폴란드계의 러시아 무용가이자 안무가.

2) Hieronymus Bosch. 1450?~1516. 상상 속의 풍경을 많이 그렸음. 또한 세 개의 섹션으로 나누어진 그림을 많이 그렸는데, 가장 대표적인 작품이 〈쾌락의 정원(The Garden of Earthly Delights)〉이다.

3) Goldilocks. 〈골디락스와 곰 세 마리〉라고 하는 영국 전래동화의 주인공 소녀의 이름. 동화에서 소녀는 곰들이 끓여준 스프를 먹게 되는데, 첫 번째 스프는 뜨겁고, 두 번째는 적당히 따뜻하고, 세 번째는 차갑다. 골디락스는 그중에 두 번째 스프를 먹는다.

4) limerick. 5행으로 이루어져 있으며 익살스러우며 대중적인 형식의 시다. 오행희시(五行戲詩)라고도 한다.

5) 시인 포와 약 상표 프로작을 뜻함. 프로작은 우울증 치료제로 사용된다.

6) Anne Sexton. 1928~1974. 미국 시인. 26세에 출산 후유증으로 우울증에 시달림. 의사의 권유로 29세에 본격적으로 시를 쓰기 시작. 1966년에 'Live or Die'로 시 부문 퓰리처상 수상. 그녀의 시적 소재는 주로 자신이 겪은 정신적 고뇌와 여성으로서의 경험이었다. 로버트 로웰, 실비아 플래스 등과 함께 고백파 시인(confessional poets)으로 불린다.

천재 101

6

천재성은 개인적인가 혹은 집단적인가?

다시 나의 이야기를 해 보겠다. 이것은 대학원생 시절의 실화이다. 나는 하버드 대학에서 사회심리학을 전공하는 1학년이었다. 그 당시에는 다른 심리학의 하위 분야와 함께 사회학과 문화 인류학을 포함하는 학제 간 학과인 사회적 관계학과Social Relations Department에 사회심리학의 대학원 프로그램이 있었다. 그 학과에서 심리학이 아닌 과목을 가르치는 교수와 가벼운 이야기를 나누던 중에 나는 창의성 심리학에 대한 나의 관심을 이야기했다. 그 교수는 즉각적으로 그런 것은 없다고 반응했다! 창의성은 개인적인 현상이 아니다. 그것은 사회문화적 산물이다. 사회와 문화가 창조하지 사람은 창조하지 않는다. 개인이 소위 천재라고 해도 더 큰 환경 혹은 시대정신zeitgeist — '시대를 지배하는 정신'이라는 독일 단어 —을 위한 대변인일 뿐이다. 고독한 천재라는 개념은 심리학자들만 주장하는 잘못된 신화 중의 하나이다. 사회학자들과 문화 인류학자들만 그 신화가 사실 전혀 과학적 사실의 근거가 없는 순수한 신화라고 생각한다. 창의성은 심리학자가 아니라 사회학자와 문화인류학자들에 의해 연구될 수 있다. 천재는 사회문화적인 원인causes을 가지고 있지만 사회문화적 효과effects는 갖지 않는 단순한 부수 현상이다. 천재는 거대한 대양의 물결을 타고 있는 덧없는 물거품일 뿐이다.

뒤돌아보면 그 당시에 사회적 관계학과가 분리되고 있었던 것은 당연한 일이었다. 세 가지 학문 분야의 대표들은 인간 행동의 핵심적인 특성에 대하여 일치하기보다는 일치하지 않는 경우가 많았다. 어쨌든 사회학자들이 먼저 떠나서 그들 자신의 학과를 만들었고, 그 뒤를 따라 문화인류학자들이 자연 인류학자들physical anthropologists과 재회했다. 마침내 사회적 관계학과의 심리학자들은 그들의 동료들과 재결합하여 지금까지 독립적인 심리학과로 만들었고 그 결과 거의 25년간 유지되었던 독특한 하버드 프로그램은 폐쇄되어 버렸다. 나는 광범위한 학제적인 프로그램에 지원했지만 엄격한 학과 프로그램에서 졸업했다.

그럼에도 불구하고 사회문화적 결정론의 그 단호한 주장은 젊고 감수성이 예민한 학생에게 강한 영향을 남겼다. 박사 논문을 위해 나는 창의적 천재성의 출현과 발현을 일으키는 사회문화적 요인들을 연구하기로 결정했다. 그 요인들에는 사회적, 정치적 그리고 문화적 환경이 포함된다. 그 결과로 역사측정학적 논문, 「창의성의 사회심리학(The Social Psychology of Creativity)」이 1974년 완성되었으며, 그것의 주요 결과가 1년 뒤에 『개인 창의성의 사회문화적 맥락(Sociocultural Context of Individual Creativity)』(Simonton, 1974)이라는 제목으로 출판되었다. 비록 그 후 몇 해에 걸쳐 이 문제를 여러 각도에서 연구했지만(Simonton, 1976c, 1988b, 1992a), 나는 내 학문에 대한 배반자가 된 기분을 종종 느꼈다. 이 반역적인 느낌은 나의 동료 심리학자들 — 대부분 내가 방금 심리학 저널에 발표한 원고에 대한 심사자들 — 중의 한 사람이 내가 정통 심리학자가 아니라고 말할 때마다 커졌다. 나는 벽장 심리학자 혹은 심리학과에서 우연히 강의를 맡고 있는 인류학자로 불리어졌다. 나의 연구가 가끔 사회학 저널과 인류학 저널에 실리는 것도 나의 평판에 도움이 되지 않았다(Simonton, 1976c, 1981).

하지만 이내 다른 심리학자들 역시 창의성은 개인적인 현상만이 아니라는 것을 깨닫기 시작했다(Amabile, 1983; Csikszentmihalyi, 1990; Harrington, 1990). 그래서 나의 연구는 조금씩 정상적으로 보이기 시작했다. 지금 21세기에 다른 훌륭한 심리학자들이 『집단 창의성(Group Creativity)』(Paulus & Nijstad, 2003)이나 『집단 천재성(Group Genius)』(Sawyer, 2007)과 같은 책을 출판하고 있다. 역설적으로, 창의성과 영재성의 사회적 차원이 점차적으로 다른 심리학자들에 의해 인정을 받으면서, 나는 연구의 초점을 창의적인 천재성의 개인적인 측면으로 옮기기 시작했다 — 나의 연구는 오늘날 주로 이 후자 영역에 남아 있다(Simonton, 1985a, 1997a, 1999d, 2003b, 2008b). 나는 주변적인 사회적 관계학과 대학원생에서 (어느 정도) 더 정통 인지, 성격, 발달 그리고 사회 심리학자로 전환했다.

이러한 나의 전환에도 불구하고, 나는 여전히 천재성의 집단적 성격에 한 장 전체를 할애하는 것이 필수적이라고 믿는다. 앞의 다섯 장들은 모두 개인으로서의 천재에 중점을 두었기 때문에 천재성의 집단적 성격에 한 장을 할애하는 것은 동등하게 비중을 둔다고 할 수 없다. 분명히 나의 사회적 관계학과 교수님은 이 책은 처음부터 끝까지 모두 집단적 성격을 다루어야 한다고 주장할 것이다! 마찬가지로 나는 나의 독자들에게 이 책은 〈심리학 101〉 시리즈의 일부이지 〈사회학 101〉이나 〈문화인류학 101〉 시리즈의 일부가 아니라는 것을 상기시켜야 한다. 따라서 나는 천재성의 집단적 성격에 대해 한 장만 할애하는 것에 대하여 죄의식을 느끼지 않는다.

어쨌든 나는 다섯 가지 주제만 다룰 것이다–문화적 자극, 상호적 관계, 협력 집단, 학문적 시대정신 그리고 사회문화적 맥락. 나는 분석의 개인적 수준과 사회적 수준이 어떻게 사회심리학적 천재 개념으로 통합될 수 있는가 하는 논의로 마무리할 것이다.

문화적 자극

4장에서 관찰했듯이, 골턴의 『유전적 천재』(1867)는 자연–양육의 문제에 대해서 급진적인 입장을 택했다. 가장 극단적인 것은 천재는 상상할 수 있는 가장 불우한 환경에서 태어나도 뛰어난 인물이 될 수 있다고 강력하게 주장한 골턴의 생물학적 결정론이다. 이 믿음이 골턴이 주장한 우생학 — 글자 그대로, '좋은 유전자' — 주의의 기초가 되었다. 그것은 마치 개 주인이 선택적 짝짓기를 통해 종을 개량하는 것처럼 '인종'을 개량하기 위해 뛰어난 선천적 능력을 갖고 있는 사람을 재생산하도록 했다. 이 아이디어의 초기 장점이 무엇이었든, 긍정적인 우생학은 결과적으로 부정적인 우생학으로 변했다. 소위 열등한 사람 및 집단은 불임 수술을 받고 나아가 집단 학살을 통해서조차 번식을 못하도록 했다. 사실, 우생학은 2차 세계대전 중에 홀로코스트를 저지른 나치 이데올로기를 정당화

하는 데 사용되었다.

프란츠 보아스Franz Boas와 그의 제자인 알프레드 크로버Alfred Kroeber와 같은 문화 인류학자들은 그런 관점에 대한 가장 강력한 반대자들이었다. 개인들은 그들 유전자의 노예라기보다 문화의 창조물이고, 사람들은 생물학적 인종이라기보다 민족적 집단이다. 사실, 1944년 히틀러의 나치 정권하의 독일이 유럽 연합군에 의해 패하고 있을 때, 크로버는 골턴의 『유전적 천재』를 명백하게 공격한 책을 출판했다. 크로버에 의하면, 천재는 문화의 산물이다. 문화적 자극이 없으면 그 사람의 선천적 능력이 무엇이든, 천재는 있을 수 없다. 만일 뉴턴이 다른 시간, 다른 장소에서 태어났다면, 그는 뉴턴이 될 수 없었을 것이고 어떤 영역에서도 위대한 성취를 획득하지 못했을 것이다. 개인적인 천재는 사회문화적인 시스템 속에서 뿌리 깊은 변화의 모습을 드러내는 역사적 발현으로 보는 것이 더 적절하다. 이 이유로 크로버는 그의 책 제목을 『문화 성장의 형태(Configurations of Culture Growth)』라고 했다. 한 문화가 한창 꽃을 피울 때, 그런 성장이 일어나는 징조로 천재가 나타난다. 하지만 한 문화가 지체하고 쇠퇴할 때 천재는 완전히 사라질 것이다.

크로버는 이론적 고찰 이상을 제공했다. 그는 또한 자신의 주장을 뒷받침하기 위해 많은 자료를 수집했다. 신기하게도 그는 골턴의 연구 전략과 표면적으로 비슷한 전략을 채택했다. 둘 다 다양한 성취 영역을 대표하는 역사적 천재들에 대한 기다란 명단을 만들었다. 골턴의 리스트에 있는 많은 천재들이 크로버의 리스트에도 포함되었다. 하지만 더 자세히 살펴보면, 그 리스트들은 완전히 다른 방식으로 생각해서 만들어진 것이다. 골턴은 천재들의 성을 알파벳순으로 정렬했다. 그것은 그가 타고난 능력을 암시하는 유전적인 가족 관계를 강조하고 싶었기 때문이다. 대조적으로, 크뢰버는 태어난 년도 순서에 따라 천재들을 배열했다. 그것은 그가 문화적 형태cultural configuration라고 부르는 역사적인 시간에 따라 천재들이 어떻게 군집을 이루는가를 강조하고 싶었기 때문이다. 천재는 역사적으로 무작위로 분포되어 있지 않을 것이다.

만일 당신이 문명의 역사에 대한 과목을 한 과목이라도 들었다면, 크뢰버가 무엇을 이야기하고 있는지 이해할 것이다. 당신은 아마도 그리스의 황금시대와 로마의 은 시대에 대해서 들었을 것이다. 그리고 이탈리아 르네상스 이전의 소위 암흑시대를 기억할 것이다. 이 시기에 해당하는 시대를 천재들의 성단clusters이라고 한다. 따라서 그리스의 황금시대에는 소크라테스, 플라톤, 아리스토텔레스, 히포크라테스, 헤로도토스, 투키디데스, 데모스테네스, 소포클레스, 유리피데스, 아리스토파네스, 피디아스 그리고 페리클레스 등이 배출되었다. 그토록 짧은 기간에, 그토록 작은 지리적 공간에서 최고의 지성을 갖춘 눈부신 집단인 고대 그리스인들이 골턴 자신의 '인종' 인 브리튼 족보다도 더 우수한 인종을 대표한다고 골턴(1869)은 선언했다.

크뢰버(1944)에게 그것은 문제의 핵심이었다. 만일 황금시대의 그리스인이 그런 훌륭한 유전자를 가지고 있었다면, 그들에게 어떤 일이 일어났을까? 왜 그리스인들이 오늘날에는 과학과 문학에서 노벨상을 주도하지 않는가? 골턴은 그리스인들의 약세를 역우생학reverse eugenics 혹은 열생학dysgenics으로 설명하려고 애썼다. 순수한 그리스 '인종' 은 번식되지 않았거나 이웃하는 '야만인들'과 같은 열등한 민족과 함께 길러졌다. 하지만 이 설명은 불가능하다. 가장 긴급한 열생학적 습관이 유전자 풀에 실질적인 영향을 미치는 데에도 수백 년이 걸린다. 아마도 몇 백 년이 지나면 그리스인들은 브리튼 족과 마찬가지로 똑똑할 뿐일 것이다! 나아가 그리스인들은 처음에 어떻게 우수한 민족이 되었나? 황금시대의 수세기 전에 그들의 문화는 페르시아, 메소포타미아 그리고 이집트의 문화보다 열등했다. 그들이 어떤 드라콘[1)]적인 우생학적인 조치를 하지 않고서는 — 그것에 대한 증거가 물론 없다 — 그들이 그런 좋은 유전자를 그렇게 빨리 획득할 수 있었다고 믿기 어렵다. 그 외에, 만일 그리스인들이 그렇게 총명했다면, 그들의 민족적 우위를 유지하기 위한 방법을 찾아냈을 것이 아닌가!

크뢰버의 대안적인 설명은 각 천재들의 세대는 그 이전의 천재 세대에 의존한다는 것이다. 한 세대의 아이디어나 산출물은 다음 세대의 발전을 자극한다. 이 과정은 교사-학생 혹은 명인-도제의 관계에서 가장 뚜렷하다. 소크라테스가 플라톤을 가르치고 플라톤은 아리스토텔레스를 가르쳤다. 각자 스승의 철학을 확장하거나 수정하거나 혹은 반박했다. 여전히 문화적 자극은 직접적으로만 전달할 필요는 없다. 젊은 시절에, 미래의 천재는 독서를 하고, 콘서트에 가고 혹은 미술관이나 박물관을 방문함으로써 더 간접적인 방식으로 아이디어들에 노출될 수 있다. 최고 지성인들이 풍부한 시대에 성장하는 것으로도 지적 성장을 강화한다. 멘토와 역할 모델의 세대 간 영향은 천재들이 모여서 문화적 형상으로 전환되게 해준다.

골턴과 달리, 크뢰버는 그의 긴 리스트를 통계분석하지 않았다. 그래서 크뢰버의 설명으로 그가 말하는 문화 성장의 형태에 대한 설명이 될 수 있는지 알기는 어렵다. 하지만 나의 1974년 박사학위 논문의 일부는 그런 양적인 조사를 하는 것에 바쳤다(Simonton, 1974, 1975b). 나는 크뢰버(1944)의 서양 문화에 대한 리스트를 고대 그리스에서 19세기까지 명성이 있는 창의적인 천재 5,000명 이상의 연대기로 확장하는 것으로 시작했다. 그러고 나서 나는 이 역사적 시기를 127개의 20년의 시기 혹은 세대로 나누었다. 그리고 각 창의적 천재의 40번째 생일이 되는(그 이전에 죽은 사람에 대해서는 살았더라면 40세가 되었을) 세대에 배정했다. 세대 시계열 분석으로 알려진 테크닉을 사용하여 나는 세대 g에서의 천재의 수가 세대 g-1, 즉 전 세대의 천재의 수에 정적으로 기능하는지 알아보았다.

모든 창의성의 주요 영역들에 대한 답은 "그렇다!"였다. 유명한 창조자가 g-1 세대에서 더 많을수록 g 세대에서도 더 많았다. 유일하게 중요한 제한은 가끔 세대 g-2가 마찬가지로 정적 효과를 나타낸다는 것이었다. 천재가 부모 세대만이 아니라 조부모 세대의 결과인 경우도 있었다. 아리스토텔레스의 천재성은 플라톤뿐만 아니라 소크라테스에 의해서도 강화될 수 있었다. 상세한 조건들이 무엇이든, 천재는 무로부터 나오지는 않는다. 만일 세대 g-1에서 천재가 전혀 없었다면, 세대 g에서 천재가 나올 확률은 극도로 낮다. 시계열 분석은 또한 세대 간의 자극은 천재가 시간에 걸쳐서 집결하는 방식을 충분히 설명할 수 있었다. 특히 역할 모델링/멘토링 효과가 일단 제거되면, 시간에 걸친 분포는 무작위가 된다

(Simonton, 1975b). 마지막으로, 같은 결과는 정치적, 군사적 그리고 종교적 천재와 같은 창의적 천재 외의 천재 유형에 대해서 그리고 서양 문화 외의 중국과 일본 문화에 대해서도 발견되었다(Simonton, 1988b, 1992a, 1997b). 이 세대-세대의 영향은 세계 역사를 통해 천재를 특징짓는다. 무에서 천재가 나오는 경우는 거의 없다.

뉴턴 자신도 "내가 더 멀리 보았다면, 그것은 거인의 어깨에 올라섰기 때문이다."(『Who Said What When』, 1991, p. 129)라고 인정했다. 그는 과학 혁명의 정상기인, 유럽 과학의 황금기에 자신이 나타났다고 인정하고 있었다. 만일 몇 세대 일찍 태어났다면, 그는 아이작 뉴턴 경이 될 수 없었을 것이다.

상호적 관계

영국 시인 워즈워드는 뉴턴에 대해 "이상한 사고의 바다를 홀로 항해하는 /영원한 정신"이라고 했다(Jeans, 1942, p. 711). 이것은 뉴턴이 거인의 어깨에 올라섰을 때 거기에 올라서 있는 사람이 그가 유일했다는 것을 의미하는가? 그렇게 생각되지는 않는다. 결국 이전의 한 세대 혹은 두 세대에서 그에게 노출된 그 역할 모델과 멘토는 그의 동시대인에게도 영향을 미쳤을 것이다. 아마도 뉴턴은 가장 잘 볼 수 있는 장소에 서 있었겠지만, 분명히 그 거인들의 어깨는 다른 동료들과 경쟁자들이 설 수 있을 만큼 충분히 넓었다. 게다가 뉴턴이 이 동료들 혹은 경쟁자들로부터 이득을 갖지 않았다고 생각할 수 없다. 그가 보는 것을 그들에게 알려주었고, 가끔은 그의 동료 구경꾼들 중의 한 사람이 뉴턴이 간과했을 수 있는 것을 뉴턴에게 지적하는 사람도 있었을지 누가 알겠는가? 따라서 그의 창의적인 천재성은 정상에 그 혼자 고독하게 서 있지 않았기 때문에 강화되었을 수 있다.

이 추론은 경험적으로 확인되었다(Simonton, 1992c). 한 연구는 2,026명의 과학자들과 그들의 동료 과학자들과의 상호작용을 조사했다. 더 유명한 과학자일수록 다른 유명한 과학자들과 상호작용하는 연결고리의 수가 더 많았다. 뉴턴이 그 표본 속의 과학자들 중의 한 사람이었고 그들 중에서 가장 유명했기 때문에 그 자신의 커리어가 훌륭한 예가 된다. 그는 그의 전 생애를 통해서 24개 이상의 전문적인 관계를 맺었다. 이들 중 5명과는 논쟁적이고 경쟁적인 관계였고, 7명과는 절친한 관계였고, 21명은 동료나 편지를 주고받는 친구 혹은 동업자들이었다. 이 상호작용에는 장 베르누이, 제임스 브래들리, 에이브러햄 디모이베, 존 프람스테드, 에드먼드 할레이, 로버트 후케, 윌헬름 레이브니츠, 존 로크, 콜린 맥라렌, 오울 뢰머, 존 월리스 그리고 크리스토퍼 렌 경이 있었다. 이것 외에도 뉴턴은 최고 수준의 유명세를 얻지 못한 20명의 과학자들과도 관계가 있었다 — 거인의 벨트 버클에 의해 죽을힘을 다해 매달려 있는.

또 하나의 역사측정학적 조사는 예술 천재에 대해서도 같은 형태를 나타낸다는 것을 증명했다(Simonton, 1984a). 더 구체적으로 말하면, 그 연구는 772명의 서양 문명의 화가와 조각가를 중심으로 했다. 이 모든 시각 예술가들은 어느 정도의 명성을 얻기는 했지만, 그 갈채의 정도의 폭은 넓었다. 가장 유명한 사람은 미켈란젤로이고, 가장 덜 유명한 인물은, 잠깐만, 생각이 나려고 하는데, 그래 생각났다! 헨드릭 블르메르트Hendrik

Bloemaert. 당신은 블르메르트라는 이름을 들어본 적이 있는가? 만일 들어본 적이 있다고 답한다면 그건 거짓이다. 어쨌든 더 유명한 예술가일수록 수집가, 동료, 친구, 라이벌 그리고 문하생들(같은 스승 아래에서 공부한 사람들)의 수도 더 많다. 이탈리아 르네상스를 생각해 보라 — 이탈리아는 남부 유럽의 비교적 작은 반도지만, 그 시대의 삼대 거봉이라고 하는 레오나르도, 미켈란젤로 그리고 라파엘과 함께 많은 화가, 조각가와 건축가들이 모여들었다. 미켈란젤로는 시스틴 성당 천장에서 혼자 작업을 했지만, 그는 결코 그의 동료 화가들로부터 고립되지는 않았다.

나는 4장에서 지적한 점으로 돌아가고 싶다 — 어떤 영역에서든 소수 엘리트들만 결과물을 산출하는 것을 보여 주는 매우 편파적인 분포, 프라이스 법칙으로 알려진 이 엘리트주의의 크기를 강조하는 잘 정립된 원리가 있다(Price, 1963). 그 법칙은 만일 k가 한 영역에 공헌한 전체 사람의 수를 나타낸다면, $\sqrt{k}$는 그 공헌의 반에 해당하는 부분집합의 크기를 표시한다. 나는 클래식 음악에서 한 예를 찾아 보여줄 수 있다. 레퍼토리로 연주되는 전체 작품들은 총 약 250명의 작곡가에 의해 만들어진 곡들이다(Moles, 1958/1968). 이 숫자의 제곱근은 15.8이다. 우리는 한 작곡가의 4/5를 생각할 수 없기 때문에 이 숫자를 16으로 반올림하겠다. 그렇게 하면 그 레퍼토리의 반을 만든 정확한 작곡가의 수가 나온다. 바흐, 모차르트 그리고 베토벤, 이 세 명이 거의 18%에 해당한다.

왜 프라이스 법칙이 이 문제와 관련이 있는가? 그 법칙은 역사적인 시간뿐만 아니라 어떤 천재 세대에도 적용된다. 수학적으로 계산해보자. 만일 $k = 10$이라고 하면, 몇 명의 천재가 그 반을 이루는가? 만일 $k = 100$

이라면, 그리고 $k = 10,000$이라면? 어떤 패턴이 있는 것을 알겠는가? 그렇지 않다면, k의 제곱근을 k로 나누어라. 이제 당신은 무엇을 발견하는가? 당신은 .32, .10 그리고 .01 혹은 32%, 10% 그리고 1%를 찾았을 것이다. 이제 모든 사람에게 분명하다. 당신이 한 영역에 공헌한 사람들의 수를 증가시킬수록 그 분포는 더욱 더 엘리트주의적으로 된다. 그 분야가 더 클수록 그 분야에서 절반에 해당하는 공헌을 하는 사람의 비율은 더 작아진다. 주 공헌가들의 산출물을 향상시키는 적은 산출을 하는 공헌가들이 없는 한 어떻게 그렇게 될 수 있는가? 이런 상승은 앞에서 언급한 어떤 개인 간 상호작용으로부터 나온 결과일 수 있다. 하지만 가장 낮은 수준에서 큰 인물들은 작은 관객으로서 인물들을 필요로 한다. 시인 W. H. 오든(Auden, 1948)은 이 점을 다음과 같이 말하고 있다.

> 시인이 상상하는 이상적인 독자로는 자신과 함께 잠자리에 들 미인, 저녁 식사에 초대하고 국가 비밀을 말해 주는 권력가 그리고 그의 친구 시인들이 있다. 하지만 그가 만나게 되는 실제 독자는 근시안적인 학교 선생님, 카페테리아에서 식사하는 여드름투성이 젊은이 그리고 그의 친구 시인들이다. 이것이 의미하는 것은 사실 그는 그의 친구 시인들을 위해 쓴다는 것을 의미한다(p. 176).

만일 당신이 시인이라면, 당신의 천재성을 인정해주는 동료 시인들이 더 많다면 당신이 시를 더 많이 쓸 것이라고 생각하는가? 그리고 만일 당신을 인정해주는 사람이 없다면, 시를 덜 쓸 것인가? 정직하게 생각해 보

라. 아마추어들은 단지 그들의 개인적인 즐거움을 위해서 시를 쓴다고 말할지 모르지만, 그들이 지속적으로 그렇게 한다고 나는 절대 생각하지 않는다. 그리고 시간이 지나면 그들은 펜을 내려놓거나 더 인정을 받는 작업을 위해 키보드를 두드릴 것이다.

협력 집단

천재성을 증가시킬 수 있는 현대의 여러 가지 관계들을 설명할 때, 나는 협력적인 상호작용을 포함시켰다. 몇몇 심리학자들은 뛰어난 창의성에서 협력의 중요성을 강조해왔다(Sawyer, 2007). 그와 같은 협력은 많은 일급 발견들이 고독한 천재가 아니라 큰 연구 실험실에서 나오는 과학 분야에서 특히 두드러진다(Dunbar, 1995). 고에너지 물리학과 생리의학 연구와 같은 분야에서는 협력자들의 명단이 실제로 표지 전체를 차지할 수도 있다. 그럼에도 불구하고 드물기는 하지만 예술 분야에서도 협력이 일어날 수 있다. 회화 역사에서 놀랄 만한 예가 스페인인인 파블로 피카소가 프랑스인인 조르주 브라크[2]와 팀이 되어 분석적 큐비즘[3]을 탄생시킨 사건이다.

분명히, 회화는 본질적으로 협력적인 예술 형식이 아니다. 피카소-브라크 협력은 단지 몇 해만 지속되었다. 그리고 각자 서로 어깨 너머로 보고 있었다고 해도 그 당시의 두 예술가의 입체파 회화는 독립적인 창조이다. 그렇다고 해도, 다른 유형의 예술적 표현은 원래 협력적이다. 가장 친숙한 사례가 내러티브 영화다. 만일 당신이 영화가 끝나고 엔딩크레딧까지 보는 사람이라면, 얼마나 많은 사람들이 영화 제작에 참여했는지 알 수 있을 것이다. 최근 해리 포터 시리즈의 영화 한 편을 보았는데 엔딩크레딧이 몇 분이나 될 정도로 길었다.

물론 이 모든 참여자들이 동등한 영향력이 있다는 것은 아니다. 2005년 영화 〈해리 포터와 불의 잔〉에서 동물 조련 책임자인 줄리 토트만보다 감독인 마이크 뉴웰이 마지막 제작에 더 공헌했다고 나는 확신한다. 중요한 협력자들 중에도 일부 사람들은 다른 사람들보다 더 큰 힘을 갖고 있는 것으로 보인다. 예를 들어, 시나리오 작가, 감독, 배우 그리고 편집자와 같이 영화의 극적인 성격에 공헌하는 사람들은 촬영 기사, 예술 감독, 의상 디자이너 그리고 분장사와 같이 시각적인 성격을 제공하는 사람들보다 10배 더 영향력을 갖고 있다(Simonton, 2004e, 2005a). 그밖에 후자 집단의 구성원들은 시각적이든 음향적이든 특별 효과를 맡은 사람들보다는 더 큰 역할을 맡고 있다.

이상하게도 영화 음악과 노래 작곡자들은 협력하는 데 가장 적은 공헌을 하는 것으로 보인다(Simonton, 2007a, 2007c). 안타깝게도, 많은 위대한 영화는 음악의 수준이 낮고, 유명한 OST는 평균적인 영화에서 들을 수 있다! 전자에 속하는 영화가 2004년 〈사이드웨이(Sideways)〉이다. Metacritic.com에 의하면, 영화 평론가들은 이 영화를 100점 만점에 평균 94점을 주었다. 그런데도 그 영화 음악은 상을 받지 못하고, 중요한 후보로만 지명되었다(골든 글로브 오리지널 영화음악상). 후자 범주에는 54점을 받은 2005년 작품 〈게이샤의 추억〉이 있다. 하지만 영화 음악 작곡가 존 윌리엄스는 오리지널 영화음악가상 후보에 올랐으며 할리우드 외국인 기자연합회가 주는 골든 글로브 주제가상, 영국 영화와 텔레비전 예술 아카데미가 주는 안소니 애스퀴스 영화 음악상, 방송 영화 비평가 협회로부터 비평가 선택상 그리고 영화, 텔레비전 기타 시각 미디어를 위한 사운드트랙 앨범에 대한 그래미상을 받았다.

협력 집단에 대한 어떤 경험적 연구들은 한 집단의 구성이 어떻게 집단의 성취에 영향을 미치는가를 밝히려고 애썼다(Paulus & Nijstad, 2003). 구성원들을 더 생산적이거나 창의적으로 되게 하는 특별한 조합이 있는가? 우리가 결론적인 무엇인가를 말하기에는 이 연구들이 가야 할 길이 아직 멀지만, 잠정적인 결론은 분명 내놓을 수 있다. 아마도 가장 결정적인 한 가지는 이질적 구성이 동질적 구성보다 더 우수하다는 것이다(Page, 2007; Sawyer, 2007; Simonton, 2004c). 그 집단의 창의성은 그 구성원들이 다양한 관점에 노출되었을 때 향상된다(Nemeth & Kwan, 1985, 1987; Nemeth & Wachtler, 1983). 특히 집단 구성원의 행동이나 생각이 불일치할 때 새롭고 효과적인 문제해결 방법을 발견하는 확률이 높았다(Nemeth, Personnaz, Personnaz, & Goncalo, 2004).

비록 전 단락의 마지막에 있는 결론이 실험실 실험에 기초했지만, 매우 비슷한 결론이 실제 과학 연구를 하는 1,222개 팀에 대한 체계적인 연구에서도 나타났다(Andrews, 1979). 집단 창의성은 주관적으로 측정되는 효과성과 객관적으로 측정되는 생산적 결과물에 의해 판단되었다. 이 두 가지 창의성 준거는 이질적 집단 구성의 지표와 정적 상관을 이루었다. 이질적 집단 구성은 각 구성원의 과학적 학문 분야, 전공 영역, 전문 역할, 지원자금의 출처 그리고 연구 프로젝트에 근거해서 사정했다. 생리의학 연구의 창의성에 대한 최근의 한 연구는 "연구 집단의 구성원들은 다르지만 공통적인 연구배경을 갖고 있어야 한다"(Dunbar, 1995, p. 391)라는 결론을 내렸다. 그것은 다시 한 번 집단의 이질성을 진정한 장점으로 지적하고 있다. 말할 필요도 없이 그 실험실에서 참여자들 간에 전문성의 자유로운 교환을 장려할 때 이 다양성의 유용성이 나타날 것이다. 더 자세하게 말하면, "연구 집단의 구성원들이 서로 중복되는 연구 프로젝트를 하고 실험실을 더 작은 집단으로 나누어 비슷한 문제를 연구할 수 있도록 함으로써 서로 상호작용하고 논의할 수 있는 기회를 제공해야만 한다"(Dunbar, 1995, p. 392).

정치적 리더십 분야에서도 어느 정도 비슷한 결과가 확인되었다. 정치적 지도자들이 종종 중요한 결정을 혼자서 하는 것으로 보이지만 — 대통령 집무실에서 미국 대통령이 눈썹을 찡그리며 폭탄을 투하할 것인지 아닌지 결정하고 있는 모습 — 사실은 꽤 다른 경우가 많다. 중대한 결정이 내려지기 전에 국가 원수는 일반적으로 그의 가장 가까운 보좌관들과 만난다. 예를 들어, 대통령은 대통령자문위원회나 국가안보회의를 소집한다. 지도자는 다양한 전문성과 관점을 이용할 수 있기 때문에 집단 의사결정은 한 개인이 내리는 어떤 결정보다 우수하다. 대신에 그 집단은 잘못된 충고를 받고 결정을 내릴 수 있다. 이 현상을 집단순응사고groupthink 라고 불렀다(Janis, 1982). 전통적인 예가 1961년 케네디 대통령의 결정으로, 미국이 훈련시킨 쿠바 추방자 집단이 쿠바의 피그스 만[4] 공격을 하도록 지지하는 결정을 한 것이다. 그 침공은 처음부터 실패하게 되어 있었으며, 결국 굴욕적인 대실패가 되었다 — 또한 피델 카스트로에게는 군사적 그리고 외교적 승리가 되었다.

몇몇 연구자들은 이런 현상이 일어나는 것을 감소시키기 위한 방법뿐만 아니라 집단사고의 원인을 조사했다(Herek, Janis, & Huth, 1987, 1989; Janis, 1982; McCauley, 1989; Tetlock, 1979). 집단사고의 원인은 다양하지만, 대부분은 한 가지로 집약할 수 있다 — 의사결정 과정에서의 이질성이 아닌 동질성의 문제. 반대되는 다양한 입장을 고려하지 않고, 각각의 장점과 단점을 심각하게 고려하지 않고, 집단 구성원들은 빠르게 합의에 도달하려고 하는 것으로 보인다 — 거의 예외 없이 지도자가 명백하게 표현한 의견을 지지하는 합의. 그 의견과 일치하지 않는 다른 의견은 바로 진압되고, 집단 논의는 그 근거가 빈약하더라도 예상되는 액션플랜을 위한 정당성을 찾는 데 주로 국한된다. 그 결과는 1941년 진주만 공격에 대한 미대비, 1950년 UN의 한국전쟁 참전, 1973년 워터게이트 사건에 대한 백악관의 은폐, 1980년 이란에서 미국인 인질을 구출하려다 실패한 것뿐만 아니라 피그스 만 공격을 지지하는 것과 같은 결정이다(Simonton, 1994). 더 최근의 집단사고의 예로 개인적으로는 부시 대통령의 이라크 침공 결정도 포함된다고 생각한다.

다행히 케네디는 그의 1961년의 실수로부터 학습했다. 일 년 후 내가 중학생이었을 때, 대통령은 소비에트연방이 쿠바에 미국까지 도달할 수 있는 미사일을 설치한 것을 알게 되었다. 모든 사람들이 그 갈등은 전쟁으로 끝날 것이라고 두려워해서, 그 이전 어느 때보다 더 심각하게 수업시간에 '핵 방호방법' 을 연습했던 것을 나는 기억한다. 하지만 케네디는 집단순응사고의 또 다른 예를 회피하기 위한 특별한 조치를 했다. 보좌관들에게 대안적인 의견을 발표하고 악마 대변자의 역할을 하도록 장려했다. 모든 사람들이 소비에트연방과 쿠바의 관점을 특별히 고려하였으며, 그들의 입장에서 그 갈등의 모든 관계자들이 받아들일 수 있는 해결책을 내놓았다. 케네디의 최종 결정이 집단순응사고에 의해 오염되지 않았기 때문에 원자핵융합 전쟁이 일어나지 않았고 나는 살아남아서 여러분이 즐겁게 그리고 덕성 함양을 위해 읽을 수 있는 이 책을 쓰고 있다!

학문적 시대정신

6장의 시작 부분에서 말한 그 이야기로 돌아가도 될까? 내가 이야기를 나눈 비심리학자인 사회적 관계학과 교수는 심리학이 천재에 대한 이해와 무관하다는 구체적인 증거로 한 가지 특별한 현상을 인용했다. 그 현상은 다중 발견 혹은 발명이다. 이것은 두 사람 이상의 과학자나 발명가가 다른 사람들이 성취한 것을 전혀 모르는 상태에서 똑같이 뛰어난 아이디어를 발견하거나 발명하는 사례이다(Lamb & Easton, 1984).

예를 들어 1858년 찰스 다윈은 역사적으로 그의 최대 걸작이 될 것을 10년 이상 연구해오고 있었다. 그런데 몇 천 마일 떨어진 곳에서 알프레드 월리스Alfred Wallace라는 나이 어린 동료로부터 예기치 않게 한 원고가 도착한다. 다윈은 월리스의 보고서가 바로 자신의 자연 선택에 의한 진화 이론의 요지를 포함하고 있다는 것을 곧 알아차린다. 다윈의 천재적 연구가 헛수고가 되고 말 것 같이 보였다! 다행히 다윈의 과학 친구들은 월리스의 논문과 함께 다윈의 초고도 전문가 모임에서 발표될 수 있도록 주선해 주었다. 그 초고에는 앞으로 곧 길고 자세한 연구처치방법이 나올 것이라는 다윈의 편지가 덧붙어 있었다. 그러고 나서 바로 다윈은 마치 학생이 보고서 제출일 전 마지막 시간에 보고서를 작성하듯이 진력했다. 그 결과가 과학역사에서 진정한 본보기가 되는 작품들 중의 하나인 1859년에 발표된 『종의 기원』이다. 하지만 다윈 자신이 인정하듯이 『종의 기원』 속의 모든 중요한 아이디어들은 훨씬 더 간략한 윌리스의 원고 속에서 찾을 수 있다.

당신은 고등학교나 대학에서 미적분 수업을 했는가? 누가 그것을 처음 발명했는지 당신은 아는가? 아마도 당신은 뉴턴이나 라이프니츠라고 들었을 것이다. 각각 독립적으로 실제로 둘 다 그것을 발명했다 — 비록 뉴턴이 후에 라이프니츠가 그의 아이디어를 표절했다고 비난했지만. 대학 강의실을 걷다 보면 당신은 간혹 크고 화려한 원소 주기율표를 볼 수 있을 것이다. 그것은 드미트리 멘델레예프Dimitri Mendeleev뿐만 아니라 드 상쿠르트와Alexandre-Emile Beguyer de Chancourtois, 존 뉴랜즈John Newlands 그리고 마이어Lothar Meyer(모두 몇 해씩 간격을 두고서)에 의해 각각 만들어진 것이다. 멘델과 유전법칙에 대해 여러분들은 들었을 것이라고 믿는다. 당신은 또한 그의 연구가 대부분 무시되었다고도 들었을 것이다. 하지만 멘델 이후 35년이 지나서 세 나라에서 세 명의 과학자들이 모두 같은 해에 모두 완전히 따로 같은 법칙을 그리고 그 법칙이 이미 발견되었었다는 사실을 전혀 알지 못하고 발견했다는 것을 당신은 알고 있었는가? 이 사건은 그들이 독립적일 뿐만 아니라 실제로 동시에 일어났다는 점에서 더 놀랍다. 벨Alexander Graham Bell과 그레이Elisha Gray는 같은 날 그들 각자의 전화 디자인을 가지고 특허청에 나타났다. 하지만 벨이 먼저 도착했기 때문에 그 발명에 대한 독점권을 얻었다. 그래서 그레이 전화 회사가 아니라 벨 전화 회사Bell Telephone Company가 탄생하게 되었다 — 그리고 그 결과가 얼마나 다행스러운가!

이런 유형의 다중 발명이나 발견이 흔하지 않은 것이 아니다. 수년 전에 사회학자와 문화 인류학자들은 수십 아니 수백 가지의 이런 예를 수집했다(Kroeber, 1917; Merton, 1961; Ogburn & Thomas, 1922). 물론 이 연구자들은 사회문화적 결정론에 대한 그들의 신념을 지지하기 위하여 다중성을 정리했다. 과학이나 기술의 역사에서 특별한 경우에 어떤 특정한 발견이나 발명이 불가피하게 된다. '공중에' 있는 무르익은 아이디어들이 누군가 따주기만을 기다리고 있다. 예를 들어, 멘델의 유전법칙의 재발견과 관련해서, 크뢰버(1917)는 "그것은 그때에만 발견될 수 있었고 그때에 반드시 발견되어야만 했었기 때문에 1900년에 그것이 발견된 것이다"(p. 199)라고 말했다. 모든 과학적 혹은 기술적 발전은 학문적 역사 속에서 특정한 순간의 학문적 시대정신에 의해 만들어진다. 1900년 생물학은 멘델의 법칙이 (재)발견되기 위한 모든 준비 태세가 되어 있었다.

그리고 그 열매를 수확하기 위해 천재가 필요한 것이 아니다. 오히려 그 반대로 보통의 지력만 있으면 된다. 스팀보트의 발명을 예로 들어 보자. 이 아이디어는 존 피치, 로버트 풀턴, 마르퀴스 드 조프로이, 제임스 럼세이, 로버트 L. 스티븐스 그리고 윌리엄 사이밍턴(그는 나의 먼 친척이다)이 동시에 떠올렸다. 한 문화 인류학자에 의하면, "하나 더하기 하나 — 보트와 엔진 — 를 하기 위해 대단한 지능이 필요한가? 그것은 원숭이 한 마리도 할 수 있다"(L. White, 1949, p. 212). 이 여섯 명의 사람들이 한 마리의 원숭이보다 똑똑하지 못한가? 만일 그것을 생각하는 데 지능이 필요 없다면, 시대정신의 수혜자가 되기 위해서도 천재를 필요로 하지 않는다.

심리학자인 나 자신은 지금까지 그 어떤 것보다 더 많은 다중 발견이나 발명을 수집했다(Simonton, 1979). 579개의 사례를 수집했다. 사례를 그렇게 많이 수집했음에도 불구하고 그것들이 나를 사회문화적 결정론자로 전환시키지는 않았다. 나는 여전히 발견과 발명은 학문적 시대정신보다 천재의 작품이라고 믿는다. 나의 이 신념은 다중 발견이나 발명이라고 믿어온 것들을 자세하게 과학적으로 분석한 결과에서 나온 것이다(Simonton, 1978, 1979, 2004c). 그런 경험적 분석을 해보면 보이는 대로가 사실이 아니라는 것을 알 수 있다. 한 가지 문제는 많은 것들을 실제로는 다중 발견이나 발명이라고 할 수 없다. 첫째로, 많은 경우에 독립적이라고 주장하는 것이 실제로는 서로 독립적으로 연구되지 않았다. 따라서 처음으로 상업적으로 성공한 스팀보트를 발명했다고 주로 인정받는 풀턴은 그에 앞선 사람들이 시도해서 실패한 것을 알고 있었다. 그는 사이밍턴의 배가 시험 운영을 하는 현장에도 있었다! 수십 가지의 추정되는 다중 발견이나 발명이 가장 기본적인 조건을 충족시키지 못했다. 미안하지만 그것은 독립적이지도 않고 다중도 아니다. 그렇지만 만일 천재가 다른 사람들이 모방하는 아이디어를 창조한다면 — 그리고 그 위에 행운이 더해진다면 — 그 모방은 시도한 사람의 천재성의 징조가 될 수 있다.

더 나아가 다중 발견이나 발명이라고 주장하는 많은 것들이 동일한 발견이나 발명과 관련이 없다(Schmookler, 1966). 뉴턴의 미적분은 라이프니츠의 미적분과 매우 다르며, 사실 당신이 처음으로 선택한 미적분은 후자의 것으로 배웠다. 다윈과 월리스는 진화 이론에 대해 핵심적인 생각이 많이 달랐다. 예를 들어, 다윈과 달리 월리스는 인간 두뇌의 출현을 진화로 설명할 수 없다고 생각했다. 왜냐하면 호모 사피엔스 종의 구성원들은 자연에서 살아남기 위해 필요 이상으로 지적이기 때문에 다윈과 같은 똑똑한 인간들은 진화된 것일 수 없기 때문이었다. 그레이의 전화는 벨의 전화와 다르며, 멘델레예프의 주기율표는…, 여기서 멈춰야겠다. 당신은 수많은 예들을 찾을 수 있을 것이다. 독립성 검사에서 패스하는 제안된 많은 다중 발견과 발명들은 정체성 검사에서 실패한다(그 역도 마찬가지)고만 말해두자. 만일 학문적 시대정신이 행운의 과학자나 발명가를 기다리고만 있는 과일을 재배한다면, 어떻게 한 사람은 사과를 따고 다른 사람은 오렌지를 따게 되는가?

여전히 또 하나의 문제가 있다 — 독립적인 발견이나 발명의 시기. 가끔은 대안적인 공헌이 동시에 나오기도 하고 어떤 경우에는 몇 년 혹은 수십 년, 경우에 따라서는 수세기 간격을 두고 다중 발견이나 발명이 일어나기도 한다(Merton, 1961). 멘델 법칙의 경우에 수도사의 발견이 재발견되기까지 왜 한 세대나 흘러갔나? 만일 그 발견이 1865년에 절대적으로 필연적이었다면, 왜 세상은 세 명이 독립적으로 확인하기 위해 1900년까지 기다려야 했는가? 사회문화적인 결정론자들은 만일 아이디어가 그 시대의 산출물에 불과하다면 멘델이 그의 시대를 앞섰다고 주장할 수 없다! 그 독립적인 공헌들 간에 경과한 시간의 양이 더 길수록 결정적인 그 시대정신은 더 약하다. 아마도 그런 일시적으로 빛나가는 현상에 대해서는 확률이라는 표현이 더 적절할 것이다.

하지만 동시적인 다중 발견이나 발명은 어떤가? 분명히 그것은 시대정신의 결정론적 방식의 강력한 증거이다. 정말 그럴까? 나는 이런 질문을 해보고 싶다 — 수레바퀴의 발명에 몇 명의 사람들이 현재 종사하고 있다고 생각하는가? 쉬운 질문인가, 아닌가? 제 정신인 사람이 이미 발명된 것을 발명하기 위해 애쓴다고 생각할 수 없을 것이다. 그래서 그 답은 제로다. 그럼에도 불구하고 어떤 발견이나 발명에 대한 말이 나오게 되는 것에는 시간이 걸린다. 지식의 보급은 동시적인 것과는 거리가 멀다. 결과적으로, 동시적 다중 발견이나 발명은 비동시적인 것보다 덜한 것이 아니라 더 일반적이어야 한다. 만일 그레이의 작업대 위에 벨 전화기가 있었다면 — 혹은 특허 받은 리스트에 전화기가 포함되어 있는 것을 만일 보기라도 했다면 — 그는 전화기를 발명하려고 애쓰지 않았을 것이다. 사실 인쇄, 전화 그리고 지금은 인터넷의 출현으로 지식 소통이 그 어느 때보다도 빨라지면서, 다중 발견이나 발명은 더 동시적이 되었다(Simonton, 2004c). 과학자들이 발견한 것을 웹에 올리면 다른 과학자들이 같은 날 구글Google 검색을 통해 그것을 알게 되는 때, 다중 발견이나 발명이 동시에 다중이라고 할 수 있다!

나는 사회문화적 결정론자들의 다중 발견이나 발명의 해석을 반박할 수 있는 더 많은 사실을 보여 줄 수 있다. 그 어떤 학문적 시대정신에 대한 자료 없이 다중 발견이나 발명의 핵심 특성을 예측하는 것이 가능한 수학적 모델을 개발했다(Simonton, 2004c). 한 가지 예를 제공하면, '그건 완전한 일치' 라고 할 수 있는 것을 사용하며, 당신은 얼마나 많은 과학자나 발명가가 어떤 발견이나 발명에 관여할 것인가를 예측할 수 있다. 하지만 이 모든 세부적인 것을 자세히 파헤치는 것은 쓸데없는 짓을 반복하는 것이다. 사회학자들과 문화 인류학자들 — 그리고 나의 대학원 교수님들 — 이 너무 작은 것으로부터 너무 많은 것을 추리해냈다. 이것은 학문적 시대정신이 천재의 출현과 관련이 없다는 말이 아니다. 그 반대로 시대정신은 천재를 위한 충분하지는 않지만 필요한 조건을 제공한다. 천재는 그들의 선배로부터 물려받은 아이디어를 가지고 일해야만 한다. 그래서 시대정신은 천재의 본보기가 되는 일들에 의해 정의된다. 그 시대의 정신은 다른 사람이 설 수 있는 거인의 어깨로 구성된다. 하지만 시대정신은 항상 천재를 통해서 작용해야만 하기 때문에 각 천재는 그 산출물에 독특한 흔적을 남긴다. 이 이유 때문에 다중 발견이나 발명이 완전히 동일한 경우는 거의 없다. 각 발견이나 발명은 그것의 발견자나 발명가의 독특한 재능을 반영하는 개성 있는 무언가를 가지고 있다.

사회문화적 맥락

내 박사 논문에 대하여 한 번 더 이야기해도 될까? 고맙다! 앞에서 내 논문은 5,000명 이상의 유명한 창조자들을 20년 기간으로 나누어 127가지로 세대 시계열 분석 방법을 적용하여 서구 문명의 역사를 연구했다고 말했다(Simonton, 1974, 1975b). 자료는 g 세대에서의 천재의 수가 g-1 세대에서의 천재의 수의 정적 기능을 했다는 것을 나타냈다(그리고 몇몇 영역에서는 g-2 세대에서의 천재가 또한 어떤 영향을 미쳤다). 이 결과는 앞 세대(들)에서 영역특수적인 역할 모델과 멘토가 있느냐 없느냐에 따라 문화를 가지고 어떻게 천재들의 성장을 설명할 수 있는가를 보여 주기 위해 사용되었다. 그럼에도 불구하고 이 효과가 그 전체를 설명할 수 없다. 어떤 경우에는 어떤 세대에서의 천재의 수가 기대한 것보다 더 많거나 혹은 더 적은 경우도 있다. 왜? 천재 중의 천재는 하나가 아니라 여러 가지 다양한 요인들에서 나타나기 때문이다. 이 요인들이 어떤 경우에는 천재의 출현에 도움이 되고 또 어떤 경우에는 천재의 출현을 방해하기도 한다.

따라서 내 박사 논문에서 나는 역할 모델과 멘토의 영향을 제외하고 천재의 출현을 강화하거나 방해가 되는 몇 가지 체계적인 조건들을 살펴보았다(Simonton, 1974, 1975b). 한 예로 나는 정치적 분열 — 문명 지역이 여러 주권 국가들로 분열된 상황 — 을 살펴보았다. 그리스의 황금시대는 대표적인 모습을 보여 준다. 그 시대에 그리스는 여러 도시국가 혹은 폴리스들로 조직되어 있었으며, 그중에서 아테네와 스파르타가 가장 유명했다. 르네상스 시대의 이탈리아 반도도 비슷하게 베니스, 플로렌스, 밀라노, 페라라, 피사, 시에나 그리고 제노아와 같은 작은 나라state로 분리되어 있었다. 반대로, 로마제국은 주변 국가들을 희생시키면서 제국의 지배를 확장했으며 마침내 그 모두를 집어삼켰다. 하지만 로마의 군사적 세력과 정치적 세력의 정점은 창의적인 활동에서의 감퇴와 연관이 있다. 나는 이 일반적인 관찰과 일치하는 결과를 얻었다(Simonton, 1976b, 2004b). 정치적으로 분열되어 있는 시기에 창의적인 천재가 더 많을 뿐만 아니라, 제국 통치에 대항하는 반란이 천재의 출현에 긍정적인 영향을 미쳤다(Simonton, 1974, 1975b). 민중의 반란과 저항은 다양한 철학

학파를 등장시키면서 지적 논쟁을 불러일으켰다(Simonton, 1976c). 이 효과는 한 세대 지나서 나타나는 경향이 있었다. g-1 세대의 정치적 조건과 사건들이 g 세대의 천재에 영향을 준다. g 세대의 성인들은 g-1 세대에서 젊은이들이었기 때문에 정치적 환경이 대부분의 창의적 성취 영역에서의 재능 발달을 조성한다. 이질적인 정치가 문화적 창의성을 자극한다.

나는 또 하나의 호의적이라기보다 악의적인 지연 효과를 발견했다 — g-1 세대에서의 정치적 혼란. 정치적 암살, 쿠데타, 군사 반란, 측근 음모, 변칙적인 처형에 의해 한 문명이 역병에 걸리게 될 때마다 g 세대에서의 창의적 천재의 수가 감소할 것이다(Simonton, 1975b; Simonton, 1976b). 로마제국은 한 장군이 왕위를 찬탈한 후에는 곧 그 자신도 다른 강탈자에 의해 빈번하게 몰락되었다. 로마에 있는 황제의 궁전은 가끔 푸줏간이 되고, 황제 자신의 근위대는 방패막이 아니라 치명적인 창이 되었다. 소위 말하는 친위병이 서양세계에서 가장 세력 있는 직업을 가장 높은 입찰자에게 파는 경우도 있었다. 어느 정도로 나쁘게 될 수 있었나? 68년 6월 그 악명 높은 황제 네로는 군사반란 후에 강요를 받고 자살했다. 그날 이후 69년 12월까지 갈바, 오토, 비텔리우스 그리고 베스파시안은 '4대 황제 시대' 를 이루면서 급속한 승계를 했다. 지도자의 계승은 군사 반란, 강탈 그리고 강요된 자살로 결정되었다. 이 비참한 사건들 뒤의 세대에는 오직 한 명의 일류급 천재인 스토아 철학자 에픽테투스가 나왔으며, 그조차도 제국의 중심지에서 멀리 떨어진 소아시아에서 성장했기 때문에 가능했다.

여러분들 중에 어떤 사람들은 내가 한 가지 분명한 요인을 간과했다고 생각할 수 있다 — 전쟁. 군사적 갈등은 천재의 출현에 방해가 되지 않는가? 그리스 황금시대의 최고 시점은 그리스가 승리한 페르시아 전쟁546-479 BC과 아테네가 스파르타에 패한 펠레폰네소스 전쟁431-404 BC으로 구성된 것으로 보인다. 그렇다고 해도 세대 분석에 의하면, 전쟁의 순수 효과는 없다(Simonton, 1975b; C. Murray, 2003). 대평성대에 천재가 나타나기도 하고 전쟁 시기에 천재가 나타나기도 한다. 일관된 관계는 없었다. 약 500년에서 300년간의 그리스 황금기에도 두 가지 주요 전쟁이 부분적으로 겹쳐서 일어났다. 아직까지 그 후의 연구는 우리가 두 가지 조건들을 인정하는 한 전쟁은 영향을 미치며 부정적인 영향도 미친다는 것을 발견했다(Fernberger, 1946; Price, 1978; Simonton, 1980b). 첫째, 어떤 특정한 종류의 전쟁만이 눈에 띄는 영향을 미친다. 유럽에서의 두 차례 세계 전쟁과 같이 한 문명 내에서의 세력 균형 전쟁은 강력한 영향을 미치지만, 한 문명이 다른 문명에 군사적 힘을 행사하는 신세계, 아프리카 그리고 아시아에서의 유럽국가의 정복과 같은 제국주의 전쟁은 영향을 미치지 않는다 — 즉 정복하는 나라에서의 창의적인 활동에 영향을 미치지 않는다. 두 번째, 전쟁이 영향을 미치는 기간은 매우 짧은 경향이 있다. 전쟁 중에 창의적인 산출물은 감소할 것이지만, 유혈의 참사가 끝나면 매우 신속하게 정상으로 돌아갈 것이다. 대부분의 전쟁은 몇 해를 넘기지 않기 때문에 — 백 년 전쟁은 여러 번에 걸친 독립적인 전쟁으로 100년 동안 지속된 군사적 갈등이 아니다 — 그 결과는 일시적이다. 크게 20년 단위로 나누어서 살펴볼 때 전쟁이 천재에게 미치는 영향이 나타나지 않은 한 가지 이유가 그것이다.

역사를 조금 아는 나의 독자들은 반대할지도 모른다 — 전쟁은 창의성을 방해하기보다 종종 창의성의 불씨를 피우는 것이 아닌가? 원자 폭탄, 레이더, 제트, 그 외 2차 세계대전의 기술적 승리에 대해서는? 물론 그것들은 좋은 반증이 된다. 하지만 이 예외적인 것이 그 법칙을 증명한다. 전쟁 시기에 모든 나라들이 그들의 존재가 위험에 처해 있다고 느낄 때, 창의성은 가장 승리에 공헌할 것 같은 좁은 성취 영역으로 집결되는 경향이 있다. 원자 폭탄 개발에 전환된 자원들이 광범위한 창의적인 프로젝트를 지원할 수 있었겠지만, 대신에 자금과 인원이 군사 기술에만 소비되었다. 따라서 전체적인 결과는 건설적이라기보다 파괴적이다.

주 이슈로 돌아가기 위해 우리는 문명의 역사 속에서 천재의 썰물과 밀물이 생기는가를 이해하는 단단한 기초를 갖게 되었다. 천재는 역할 모델과 멘토 역할을 할 수 있는 전 세대가 있는가 없는가에 큰 영향을 받는다. 분명히 다른 긍정적인 요인과 부정적인 요인들이 있다 — 경제적 번영, 인구 성장, 지배적인 관념 그리고 정치적 자유 등이 많은 가능성 중의 일부일 뿐이다(Kavolis, 1964, 1966; Kuo, 1986, 1988; C. Murray, 2003; Simon & Sullivan, 1989). 하지만 또 하나의 질문이 문득 생각날 것이다 — 만일 무에서 천재가 나올 수 없다면, 첫 번째 천재는 어디에서 오는가? 크뢰버(1944)는 대부분의 문명이 그 이전의 문명들과 연결되어 있다는 사실을 지적함으로써 이 이슈를 다루었다. 결과적으로, 한 문명이 처음 시작할 때, 더 오래된 문명으로부터 천재 수준의 본보기들을 '빌려올' 수 있다. 그리스 문명은 제우스 머리에서 미네르바가 나오듯이 무에서 나온 것이 아니라, 고대 바빌론, 페르시아, 이집트, 미노스 문명이 성취한 것 위에 세워진 것이다. 마찬가지로 로마 문명은 에트루리아와 특히 그리스 문명의 뒤를 따랐다.

그 밖에 때로는 한 문명이 다른 문명으로부터 오는 새로운 영향에 스스로를 개방할 때 그 문명이 소생하는 경우가 있다. 문화 간에 자극을 주는 이 과정은 일본 역사에서 많이 보인다. 섬나라에 살면서 바다 건너에서 오는 문화적 영향에 따라 일본인들의 태도는 많은 변화를 보였다. 아스카 시대에는 중국에, 메이지 유신 이후에는 서방에 그러했듯이 어떤 경우에는 외세에 수문을 개방했다. 또 도쿠가와 막부 시대와 같이 죽음을 무릅쓰고 외국의 사상을 유입하는 것을 막기도 했다. 세대 시계열 분석은 일본 역사에서 외세에 대한 개방 시기에는 일반적으로 대부분의 창의적 성취의 영역들에서 뛰어난 천재들이 출현했다는 것을 보여 준다(Simonton, 1997b). 반대로, 장기간의 완전한 고립은 결국 창의적인 침체나 감소로 나타났다. 외래의 영향은 유명한 외국인 이주자, 해외여행을 한 유명한 일본인 혹은 일본인이 아닌 사람을 역할모델이나 멘토로 갖고 있던 일본인 천재 등의 형태로 나타날 수 있었다. 중요한 것은 일본이 이 영향으로부터 이득을 얻는 데 약 두 세대가 걸렸다는 것이다. g 세대에서의 창의적인 재기는 대부분 g-2 세대에서의 외세의 긍정적인 기능이었다. 일본인의 매개 세대에 의해 처음에 동화된 후에야 그 영향은 실현될 수 있었다.

이렇게 문명 간에 빌려오는 것으로 설명하는 것은 비교적 최근의 문명에서의 첫 천재의 문제를 해결하는 것에는 도움이 되지만, 발단이 되는 문명에서의 첫 천재의 기원에 대해서는 여전히 의문이다. 대표적 사례로, 고대 이집트 문명은 선조가 되는 문명이 없이 나일 계곡의 건조한 땅에서 출현했다. 어떻게 그것이 시작되었나? 이집트의 첫 천재는 돌을 조각하는 특별한 재능을 갖고 있는 어떤 익명의 마을 사람이었나? 혹은 스토리텔링에 대한 독특한 재능을 가진 사람이었나? 혹은 야심적인 건축 프로젝트에 협조할 동료 마을 사람들을 모으는 데에 타고난 능력을 갖고 있는 사람이었나? 이것은 천재는 태어나는 것이지 만들어지지 않는다는 것을 분명하게 보여 주는 사례인가? 누군가가 타임머신을 타고 오지 않는 이상, 우리는 결코 알 수 없을 것이다. 이제 당신이 다음으로 논의해야 하는 또 다른 심각한 문제가 있다!

개인과 사회

문화적 자극, 상호적 관계, 협력 집단, 학문적 시대정신 그리고 사회문화적 맥락 모두가 어떻게 천재의 출현에 공헌하는가 하는 이 회오리바람 같은 여행을 이제 마치기로 한다. 뒤돌아보면서 중요한 점을 정리하면 ① 천재는 이전 천재들의 본보기가 되는 업적 위에 업적을 세우기 때문에 완전한 문화적 진공 상태에서 천재가 나타나는 것은 거의 기대하기 어렵고, ② 천재는 같은 영역에서 높은 수준의 천재들이 많은 시대에 활동할 때라야만 그들의 잠재력을 충분히 실현할 수 있으며, ③ 영화와 과학과 같은 어떤 영역에서는 그 집단의 업적을 최대화하기 위해 적어도 이질적 구성원들로 구성된 협동적 집단 속에서 일해야만 하고, ④ 비록 다중 발견과 발명이 사회문화적 결정론의 증거로 인용되지만, 더 자세히 분석해

보면 단순한 학문적 시대정신은 필요조건일 뿐이지 천재가 활동하기 위한 충분조건은 아니다. 그리고 ⑤ 특별한 정치적 사건과 외부 문화적 영향에 대한 그 문화의 개방성과 같은 어떤 사회문화적 조건은 어떤 세대에서 기대되는 천재의 수를 증가시키거나 혹은 감소시킬 것이다.

이 연구결과들은 매우 중요하다. 그것들은 한 장 전부를 배당받을 충분한 가치가 있다. 하지만 이 연구결과들의 고유한 가치에도 불구하고, 이번 장이 이 책에서 가장 많은 페이지를 차지하지는 않을 것이다. 그 이유는 요컨대 천재는 집단적이라기보다는 개인적인 현상이기 때문이다. 그 이유는 다음 세 가지 점을 살펴보면 알 수 있을 것이다.

첫째, 두 사람이 같은 장소와 시기에 태어날 수 있지만 여전히 나타내는 천재성의 정도는 다르다. 아인슈타인은 1879년 독일에서 태어난 유일한 사람이 아니며, 그 해 3월 14일에 그 어떤 과학적 재능을 갖고 태어난 유일한 사람도 아니다. 당신은 출생일 패러독스를 들어본 적이 있는가? 이것에 의하면, 만일 당신이 무작위로 23명 혹은 그 이상의 사람들을 표집 한다면 두 사람이 같은 날에 태어났을 확률이 50% 이상일 것이다. 만일 당신이 57명 혹은 그 이상의 사람들을 표집한다면, 그 확률은 99% 이상이 될 것이다. 따라서 그 확률은 너무 커서 아인슈타인의 급우들 중에는 그의 천재성에 근접하지는 않지만 그와 같은 생일을 가진 사람들은 많다. 시대정신은 가령 왜 아인슈타인이 미국이 아니고 독일에 태어났는가를 설명할 수 있겠지만, 왜 그의 독일 동시대인들 중에서 그 혼자 이 문장을 설명하는 사람으로 선택되었는지는 설명할 수 없다.

둘째, 동시대인과 동포가 동일한 수준의 천재성을 나타낼 수 있다고 해도 그 천재성을 나타내는 업적의 영역은 다르다. 오토 한[5]은 아인슈타인과 채 일주일도 차이를 두지 않고 태어났으며, 아인슈타인이 태어난 곳에서 겨우 약 180마일 정도 떨어진 독일의 한 도시에서 태어났다. 하지만 한은 물리화학자가 되었고 아인슈타인은 이론 물리학자가 되었다. 대조적으로 아인슈타인의 전문 영역인 이론 물리학에서 그의 주요 경쟁자는 다른 시대에 그리고 다른 장소에서 태어났다. 보어Niels Bohr는 1885년 덴마크에서 태어났고 푸앵카레Henri Poincare는 1852년 프랑스에서 태어났다. 분명히 출생 시기와 장소는 천재가 그의 업적을 남기는 영역에 대하여 거의 언급할 것이 없다.

셋째, 천재성의 수준과 유형은 개인적인 인간 속에 내재된 많은 변인들에 의해 결정된다. 나는 앞 장들에서(그리고 7장에서도 다시) 다양한 발달적 사건과 성향적 특성들이 과학적 천재와 예술적 천재를 구분하며, 다양한 사건과 특성이 천재가 그가 선택한 영역에 영향을 미치는 정도에 영향을 준다고 지적했다. 이 개인차 요인들이 왜 같은 역사적 시기와 지리적 장소에서 태어난 사람들이 그들이 궁극적으로 달성하는 위업이 다른가를 이해하는 데 도움이 된다. 어떤 사람은 과학자가 되고, 어떤 사람은 예술가가 될 수 있다. 혹은 두 사람 모두가 과학자가 될 수 있지만, 한 사람은 아인슈타인이 그랬듯이 물리학에서 노벨상을 타지만, 다른 사람은 무명인으로 남는다.

만일 나의 하버드 대학원 시절의 그 익명의 교수가 지금 이 글을 읽고 있다면, 내가 왜 사회학이나 문화 인류학으로 전공을 바꾸지 않았는가에 대해 이제 이해할 것이라고 기대한다. 만일 당신이 천재급의 창의성을 진실로 연구하고 싶다면—혹은 리더십 혹은 재능 혹은 그 무엇이든 당신이 원한다면—당신은 심리학부터 시작해야만 한다. 의심할 여지없이, 천재 심리학은 그 모든 것이 시작하는 곳이며, 또한 그 모든 것이 끝날 곳이다.

역자주

1) Dracon. BC 7세기경에 활약한 아테네의 입법가. 드라콘 법전(BC 621경)은 아테네에서 경범죄와 중죄를 다 같이 사형에 처하도록 규정한 가혹한 것이어서 '드라코니안(draconian)' 이라는 말은 오늘날까지도 억압적인 법적 조치를 뜻하는 말로 쓰이고 있다.

2) Georges Braque. 1882~1963. 파블로 피카소와 함께 입체파를 발전시킨 20세기 디술사에서 중요한 화가. 그의 회화작품들은 〈만돌린이 있는 정물〈Still Life with a Mandolin)〉(1935)에서 볼 수 있듯이 대체로 대담한 구도와 어두운 색 배합, 차분하고 묵상적인 특징을 지닌 정물들로 이루어져 있다.

3) analytical cubism. 제2기(期)의 입체파. 기하학적 형태와 단색을 사용하는 경향이 특징.

4) Bay cf Pigs. 쿠바 남서부 연안의 만. 1961년 미국의 피그스 만 침공 사건으로 유명.

5) 역주. Otto Hahn. 1879~1968. 독일 프랑크푸르트 암마인 출생. 방사화학자인 프리츠 슈트라스만과 함께 핵분열을 발견했다. 1944년에 노벨화학상을 받았으며, 1966년에는 슈트라스만, 리제 마이트너와 함께 엔리코 페르미 상을 받았다.

천재 101

7

천재 과학은 어디로 갈 것인가?

1장에서 6장까지의 내용이 당신이 천재에 대해 알고 싶어 하는 모든 것을 말해 주었는가? 만일 당신이 탐구적인 사람이라면, 그리고 그 주제에 대하여 원래 매력을 느끼고 있었다면, 당신의 답은 아마도 "아니오!"일 것이며 여전히 여러 가지 답을 얻지 못한 질문들이 있을 것이다. 사실 내 경험에 의하면 사람들은 우리가 지금까지 천재에 대해 이야기한 것보다 훨씬 더 많은 질문을 갖고 있다. 우선, 내가 가르치는 상급 학년을 위한 과목인 〈천재, 창의성 그리고 리더십〉을 듣는 학생들은 종종 정말 무거운 이슈를 제안한다. 사실 학생이 나의 과학적 연구 프로그램에 직접적으로 도움을 주는 질문을 할 것이다(가르치는 것이 연구에 도움이 되고 또한 연구가 가르치는 것에 도움이 된다는 좋은 예). 예를 들어, 1990년대 후반에 나는 심리학자들이 시네마에서의 창의적인 천재를 연구했는가 하는 질문을 받았다. 그때 나는 이 주제에 내가 거의 관심을 가지지 못했다는 것을 깨달았다. 그래서 나는 시네마틱 창의성과 미학에 대한 일련의 탐구를 시작하게 되었다(Simonton, 2002a, 2005c; Zickar & Alaughter, 1999).

호기심을 불러일으키는 질문은 다른 상황에서도 나온다. 내가 학술대회 혹은 대학이나 다른 연구 기관에서 연구를 발표할 때마다, 청중들 중의 누군가는 질문 답변 시간에 도전장을 내민다. 예를 들어 여성 천재와 남성 천재의 차이가 없는가 혹은 소수 하위문화의 천재는 다수 하위문화의 천재와 차이가 없는가에 대하여 반복적으로 질문을 받았기 때문에 나는 소수 집단의 업적에 대한 일련의 연구를 시작했다(Simonton, 1992a, 1996, 1998a, 2004a, 2008a).

하지만 아마도 가장 도전적인 질문은 저널리스트와 방송인들에게서 나온다. 천재 연구에서 인정받는 전문가가 되고 난 후로 나는 대중문화에 대한 매우 광범위한 주제를 탐색하게 되었다. 대부분의 사람들은 다음과 같은 제목을 갖고 있는 1905년 논문들을 읽는 것을 생각지도 못할 것이다 — '정지 액체 속에 떠 있는 소립자의 열 분자 운동 이론이 필요로 하는 운동에 대하여', '운동하는 물체의 전기 역학에 대하여', '빛의 발생과 변화에 관한 휴리스틱 관점' 혹은 '물체의 관성은 에너지의 함량에 의존하는가?' 하지만 그 사람들은 바로 그 논문들을 쓴 아인슈타인에게는 매료된다(네 가지 논문 중에서 마지막 논문에 유명한 $E=mc^2$의 원본이 포함되어 있다).

그러므로 내가 텔레비전과 라디오 프로그램으로는 CBS 계열의 KOVR 새크라멘토 지역 방송에서부터 세계적인 PBS, NPR, CNN, NBC, BBC, A&E 그리고 ABC까지, 신문으로는 *The Davis Enterprise*(내가 살고 있는 지역 신문)와 *The California Aggie*(우리 대학교의 학생 신문)에서 *USA Today*, *The New York Times*, *The Washington Post* 그리고 *The San Francisco Chronical* 까지 그리고 잡지로는 특별한 독자들을 위한 *Elle*와 *Men's Health*부터 많은 부수를 발행하는 *Newsweek*, *Time*, *US News and World Report*, *The New Yorker* 그리고 *The Economist* 까지 종종 인터뷰를 하는 것은 놀랍지 않다. 역사책에 결코 표시를 남기지 못할 많은 사람들은 그럼에도 불구하고 역사책에 기록을 남기는 사람들에 대해 알고 싶어 한다. 그들은 왜 그들이 어릴 때 기대했던 대로 살지 않았는가에 대한 설명이나 변명을 그저 찾고 싶어 할지 모른다. 혹은 그것이 영웅 숭배의 현대적 형식일 수도 있다.

대중 매체를 위한 인터뷰어들은 미리 숙제를 해오는 경우도 있다. 내 책들 중 한 권을 벼락치기로 읽었을 수도 한다. 그들의 질문은 적절하고 가끔은 영감을 주기도 한다. 하지만 거의 대부분의 경우에는 닐슨 시청률, 시장 점유율 혹은 배포 통계치를 염두에 둔 것으로 보이는 문제를 내가 이야기해 줄 것으로 기대한다. 이런 질문에 대해 내가 뭐라고 말하겠는가 — "모든 천재들은 옛날 천재들이 환생한 것입니까?" 그리고 "비틀즈는 베토벤의 환생입니까?" 운 좋게도 이 특별한 인터뷰는 생방송이 아니었으며, 나의 시큰둥한 답변은 편집되었다! 그리고 말할 필요도 없이, 이 질문들은 내가 새로운 경험적 연구를 시도하도록 나를 움직이게 하지 않았다(그래서 여기에 괄호 안에 "사이먼튼, 날짜, 날짜, 날짜"를 표시해서 인용하지 않았다).

그 질문의 소스가 무엇이든, 어떤 핵심적인 주제는 반복적으로 나온다. 자연히 질문에서 제기된 많은 중요한 이슈들은 이 책에서 이미 논의되었다. 하지만 앞으로의 연구에서 지속적인 주목을 받아야 할 몇 가지 질문은 여전히 남아 있다. 갖가지 주제들에 대한 무질서한 목록을 당신에게 보여 주는 대신에 나는 심리학의 네 가지 하위 영역에서 중요한 주제 하나씩만 언급하기로 결정했다 — 인지심리, 발달심리, 개인차심리 그리고 사회심리. 나는 심리학자들이 천재라고 알려진 현상에 대한 네 가닥의 공격이 필요하다는 것을 보여 주고 싶다.

인지 심리학 : 뇌와 마음?

아인슈타인의 뇌. 나는 이 호기심을 자극하는 이야기에 대해서 너무나 많은 인터뷰에서 질문을 받았다. 1955년 이 천재가 죽은 뒤에 그의 뇌는 제거되고, 여러 각도에서 촬영되고, 200개 이상의 조각으로 나누어지고, 과학 연구를 위해 보존되었다. 과학이라는 이름으로 천재의 중추 신경계가 남용된 것은 이것이 처음이 아니다. 유명한 수학자 칼 프리드리히 가우스와 볼셰비키 혁명가인 블라드미르 레닌의 뇌도 같은 운명을 맞았다. 그렇지만 아인슈타인의 뇌는 더 최근의 것이고 아마도 20세기의 최고의 지성인에 속하기 때문에 가장 많은 관심을 받고 있는 것으로 보인다. 비록 아인슈타인의 뇌가 평균 크기로 보이지만, 해부학적으로나(예 : 얇은 외측열) 조직학적으로(예 : 왼쪽 하두정소엽 부분에 있는 뉴런 대 신경교 세포의 비율이 높다) 뭔가 다른 것을 발견할 수 있다고 주장하는 사람도 있다.

만일 괄호 안에 있는 용어들 때문에 깜짝 놀랐다면, 걱정하지 마라. 나는 그것들에 대하여 더 논의함으로써 이 작업을 그럴듯하게 꾸미지 않을 것이다. 적절한 비교 집단이 없기 때문에 이것과 그 외 연구결과들은 많은 의문점을 남기고 있다. 아인슈타인의 뇌는 보통 사람들의 뇌와 비교되어서는 안 되고 아인슈타인만큼의 영향력을 남기지 못한 그와 동시대에 살았던 이론 물리학자들의 뇌와 비교해야 한다. 그런 뇌는 찾을 수가 없다. 따라서 현재 우리는 육안으로나 현미경을 통해서 보거나 보통으로 보인다는 것 외에는 아인슈타인의 뇌에 대하여 그 무엇도 이야기할 수 없다.

당신은 골상학에 대해 알고 있는가? 이것은 머리 모양의 융기와 함몰로 한 개인의 지적 특성과 성격 특성을 추론하는 사이비과학이다. 그 가정은 이렇게 튀어나오고 들어간 모양이 뇌의 강점과 약점에 대응하는, 따라서 마음의 강점과 약점을 나타낸다는 것이다. 비록 골상학이 이제는 완전히 불신을 받지만, 뇌 기능의 국지화에 대한 현대 이론에서 어느 정도 다시 살아났다. 심리학 개론 시간에서 배울 수 있듯이, 뇌의 피질은 영역에 따라 각각 다른 지적 역할을 담당하고 있다. 따라서 만일 당신이 브로카 영역에 큰 손상을 입으면, 당신은 말을 못하게 될 수 있다 — 감정이 북받친 욕을 제외하고. 그럼에도 불구하고 이 영역에서의 피질 조직의 양이 언어지능이나 능력에 관련이 있다고 믿을 만한 이유는 없다. 데모스테네스, 키케로, 링컨, 윈스턴 처칠, 아돌프 히틀러, 샤를르 드 골, 자와할랄 네루, 피델 카스트로, 마틴 루터 킹 등과 같은 위대한 웅변가들이 언어 표현이나 설득력이 훨씬 부족한 사람들보다 브로카 영역에 뉴런이 반드시 많지는 않을 것이다. 중요한 것은 양이 아니라 질이다.

하지만 '질' 이란 정확하게 무엇을 의미하는가? 천재의 대뇌 피질은 다르게 조직되어 있다는 것을 의미하는가? 뉴런이 더 촘촘하게 서로 연결되어 있다는 것을 의미하는가? 많은 신경전달물질이 특별한 농도나 배열을 가지고 있다는 것을 의미하는가? 당신의 짐작이 나의 짐작만큼이나 훌륭하다! 현재 우리는 보통 사람들의 뇌와 마음 간의 관계에 대해 거의 알지 못하고 있으며, 일급 천재들의 뇌와 마음 간의 관계에 대해서는 더 모르고 있다. 물론 심리학자들의 무지에 대한 이 선언은 한 심리학자, 즉 나의 무지를 인정하는 것을 나타낼 뿐일 수 있다. 나는 인지 신경과학자가 아니기 때문에 내가 반드시 천재의 뇌에 대한 우리의 이해를 도와주는 인지 신경과학자의 공헌에 대하여 판단할 수 있는 좋은 위치에 있지는 않다. 그럼에도 불구하고, 나는 이 주제에 대한 논문을 평가하고 서평을 써 달라는 부탁을 종종 받는다(Simonton, 2006a, 2006b). 그리고 솔직히 말하면 지금까지 좋은 인상을 받은 논문은 없었다.

이 영역에서 대표적인 논리는 다음과 같다. ① 인지 연구는 천재들이 정신 과정 Y를 사용한다는 것을 보여 준다. ② 신경과학 연구는 과정 Y가 뇌 속에 관련이 있는 X를 갖고 있다고 지적한다(예 : 특수한 대뇌피질 부위에서의 증가된 활성화). 그러므로 ③ 신경과학적인 관련이 있는 X는 과정 Y를 통해서 천재의 출현을 설명한다. 이 논리는 우리가 그 논리의 연결을 세밀하게 따져보기 전까지는 완전하게 보일지 모른다. 한 가지 예를 들자면, 만일 내가 당신에게 천재는 아이디어들 간의 연합을 생성하는 능력에 달려 있다고 말하고서 사람들이 일반적으로 개념들을 연합하는 방식으로 신경학상의 과정을 묘사하면, 당신은 후자가 전자를 설명한다고 결론 내리겠는가? 물론 아니다! 이 이야기를 듣는 많은 사람들 — 실제로 모든 사람들 — 은 자신이 천재라고 생각하지 않지만 아이디어를 연합하는 능력은 갖고 있다.

세계적으로 사랑받는 우리의 천재 아인슈타인을 생각해 보라. 여러 면에서 그의 마음은 당신의 마음이나 나의 마음과 같다. 그는 보고, 듣고, 맛보고, 냄새 맡고, 만질 수 있었다. 그는 기억해서 저장하고 또 그것을 기억해낼 수 있었다. 그는 하나를 다른 것과 자유롭게 연관시킬 수 있었다. 그는 우리 모두가 그러하듯이, 추론을 하고 추측을 할 수 있었다. 그리고 그의 뇌가 당신이나 내가 하는 같은 방식으로 이 모든 것을 했다는 것은 의심할 바가 없다. 하지만 그는 같은 신경학적 특성을 가지고 있는 모든 다른 사람과는 달리 $E=mc^2$ 을 생각해냈다. 요약하면 어떤 인지 과정이 천재에게 필요하지만 그것으로 충분하지는 않다. 따라서 이 과정의 신경학적 기반이 필요하지만 천재의 출현을 위해 충분한 조건은 아니다.

나는 그 상황이 희망이 없다고 말하고 싶지 않다. 인지 신경과학은 유발 전위에서 fMRI기능성 자기공명영상까지 다양한 테크닉을 사용하는 커다란 발전을 해왔다. 그밖에 그와 같은 방법은 문제해결이나 통찰과 같이 천재와 관련한 많은 과정들을 밝혀준다(Bowden, Jung-Beeman, Fleck, & Kounios, 2005; Kounios et al., 2006). 하지만 MRI 스캐너에 갇힌 채 독창적이고 본보기가 되는 산출물을 내놓는 진정한 천재가 나올 때까지 이 모든 노력은 여전히 수많은 심사숙고와 추측이 난무할 것이다.

앞의 단락을 쓰기 약 1년 전에 유명한 TV 인사 — 그 사람이 누구인지에 대해서는 더 이상 말하지 않겠다 — 가 나를 초대해서 그의 청중들에게 천재의 신경학에 대하여 지금 우리가 알고 있는 것을 이야기해달라고 했다. 이 유명인사는 특히 내가 뇌 영상 기계를 사용하여 천재를 찾아내는 방법을 보여 주기를 원했다. 그는 나와 함께 그 검사를 받으려 했고, 노벨상 수상자나 다른 거장도 그 검사를 받게 하고 싶어 했다. 나는 이 제안이 어처구니없다고 생각했다. 캘리포니아 대학교 데이비스 캠퍼스의 마음과 뇌 연구소(Center for Mind and Brain)에서 나를 찾기는 거의 어렵다는 사실을 제쳐두고서라도 그는 불가능한 것을 요구하고 있었다. 우리는 뇌가 어떻게 작용하여 일류급 마음first-rate mind을 만드는지 충분히 알지 못한다. 우리가 그런 지식을 갖고 있다면, 대학 입시에서 학생들에게 SAT를 치게 하거나 구직자들에게 시간을 들여서 인터뷰하고 사정을 하겠는가? 아니다. 우리는 모든 사람들을 스캐너 속에 넣고 그 결과만을 기초로 해서 왕겨에서 밀을, 즉 실패자와 우승자를 가려낼 것이다. 이 마력은 가까운 미래에 실현되지는 않을 것이다. 하지만 내가 관심만 갖고 있는 동안에 누군가가 내가 틀렸다는 것을 증명할 것이라는 비밀스러운 기대는 갖고 있다! 내가 원하는 모든 것은 어떤 신경과학자가 어떤 대뇌피질 구역, 신경전달물질 혹은 다른 뇌의 특징이 천재를 확인해준다고 정확하게 지적해주는 것이다. 그 이상도 그 이하도 아니다.

발달 심리학 : 연령과 업적?

나는 2차 세계대전이 끝난 후에 바로 태어났기 때문에 베이비부머라고 알려진 세대에 속한다. 이 베이비부머 세대의 일원이라는 것이 나를 특별하게 만들어 주는 것은 아니다. '붐' 이라는 말의 뜻대로 많은 우리가 있다. 그리고 우리 모두 살아갈 날보다 살아온 날이 더 많은 삶의 단계에 들어서고 있다. 일단 나이 60에 들어서면, 아마도 이 책이 출판될 때쯤 나는 그렇게 되겠지만, 이제 언덕을 넘었구나 생각하게 된다. 이 특별한 책이 천재 분야에서 내가 마지막으로 기여하는 것이 될 것인가? 새파랗게 젊은 동료들 앞에서 나 자신이 초라해지기 전에 언제 퇴임해야 하는가? 더 나아가, 소위 말하는 황금기에 들어서면서, 우리는 종종 뒤를 돌아보게 된다. 내 커리어를 뒤돌아볼 때, 천재의 과학적 연구에 내가 공헌한 가장 중요한 한 가지가 무엇이라고 생각하는가? 몇 해 전에 내가 그런 연구를 발표했는가? 그리고 몇 살에 내가 이 영역에서 연구자로서 처음으로 이목을 끌었는가? 나의 첫 성공작은 무엇이었나?

내가 유일한 베이비부머가 아니고 또한 많은 베이비부머들이 저널리스트와 방송인이 되었기 때문에 나는 연령과 예외적인 업적 간의 관계에 대한 질문을 자주 받는다. 몇 살에 처음으로 영향력을 가질 것으로 기대할 수 있는가? 언제 커리어의 최정상에 오를 수 있는가? 몇 살에 김이 빠지기 시작하는가? 이 마지막 질문은 가장 마음이 아프다. 아무리 최고의 천재라고 해도 그들의 천재성이 되돌릴 수 없게 되는 날이 있음을 인정해야만 한다.

아인슈타인에게로 돌아가 보자. 그의 커리어는 대성공으로 시작해서 용두사미로 끝났다. 26세에 그는 이 장의 앞부분에서 언급한 제목의 논문들을 발표했다 — 그 논문들로 마침내 노벨물리학상을 받게 되었다. 약 10년 후인 30대 중반에 이론 물리학에서 그의 가장 큰 공헌이라고 할 수 있는 일반상대성이론을 발표했다. 오늘날 그를 전설로 만든 것은 1919년에 그 이론이 극적으로 확인되었기 때문이다.[1] 하지만 아인슈타인이 노벨상을 수상한 2년 후에, 그의 창의적인 커리어는 놀랍도록 후퇴해버렸다. 그는 통일장 이론unified field theory을 연구하기 시작했다 — 자연의 모든 알려진 힘을 통합하려 한 헛된 시도. 이 이론을 밝히기 위한 여러 차례의 시도가 있었지만, 결국은 비참한 실패로 모든 사람들에게 드러났다. 마지막 20년 간 아인슈타인은 본보기가 되는 산출물을 내지 못했기 때문에 그의 고양된 천재성은 완전히 자취를 감추는 것으로 보였다. 남은 것은 쓸모없는 독창성뿐이었다.

이 사실로 시작해서 그 의미를 연구해봄으로써 이 현상을 좀 더 자세하게 살펴보기로 하자.

무엇이 사실인가?

1장에서 말했듯이, 연령-업적 관계는 천재의 과학적인 연구에서 가장 오래된 주제이며, 그 첫 번째 연구는 1835년에 발표되었다(Quetelet, 1835/1968). 그때 이후로, 많은 사람들이 그 주제를 연구했다(Dennis, 1966; Lehman, 1953, 1962). 그것은 나의 첫 번째 출판물의 주제이기도 했으며(Simonton, 1975a), 나는 12년 후에 문헌 연구(Simonton, 1988a)와 거의 24년 후에 창의적 산출물의 수학적 모델(Simonton, 1997a)을 발표하면서 이 주제에 대해 계속적으로 글을 발표했다. 비록 대부분의 최근 연구는 뛰어난 창의성에 집중되지만(Simonton, 1977a, 1977b, 2007a), 어떤 연구들은 예외적인 리더십(Oleszek, 1969; Simonton, 1980a, 1984d; 1998c) 그리고 챔피언십 스포츠(Schulz & Curnow,

1988)와 체스(Elo, 1965; Roring & Charness, 2007)에까지 초점을 맞추고 있다.

많은 연구들은 모든 주요 업적 영역들에 걸쳐서 유효한 네 가지 경험적인 일반화를 이끌어낸다(Lehman, 1953, 1962; Simonton, 1988a).

첫째, 천재의 업적은 연령과 역대칭-J 모습의 함수관계를 나타내는 경향이 있다. 무슨 말인가? 역대칭-J 모양! 그것은 역 U, 즉 ∩와 비슷하지만 오른쪽 끝 부분이 왼쪽 시작 부분보다 더 높다. 말로 표현하면, 산출물, 영향 혹은 성공이 처음에는 급속하게 커리어 정점에 오르고 그 후에는 천천히 떨어진다. 처음에 흐릿하게 시작해서 끝에 대성공을 하는 경우는 거의 없다. 천재들은 그들이 앞으로 나아가고 있는 동안에 포기하는 경우는 거의 없다. 아마도 그들은 항상 하나의 마지막 예술적 걸작, 군사적 정복, 외교적 승리 혹은 운동 챔피언십을 기대하고 있다. 세계적 체스 챔피언인 바비 피셔Bobby Fischer는 그가 최정상에 있을 때 프로 시합을 떠났다(사실, 그의 체스 솜씨는 여전히 성장하고 있었다). 하지만 그것은 비정상적이라고 할 수 있는 상황에서 일어났다[2)].

둘째, 이 전체적인 커리어 궤도career trajectory의 형태는 업적의 영역에 따라 다르게 나타난다. 어떤 영역에서는 정점이 일찍 오는 반면에 어떤 영역에서는 정점이 아주 늦게 온다. 전자의 범주에는 정치적 혁명가, 순수 수학자, 시인 그리고 체조선수가 속하고, 후자의 범주에는 구태의연한 정치가, 응용 수학자, 소설가 그리고 골프선수가 속한다. 대부분의 영역에서 그 정점은 이 두 극단의 중간 어디에 위치한다 — 대부분 그 개인의 30대 후반이나 40대 초반. 심리학자들이 정점에 도달하는 연령을 말하지 않는 것이 좋겠다. 왜냐하면 나는 그 시기를 이미 한참 지났으니까. 아이러니하게도 나의 가장 훌륭한 출판물은 수학적 모델을 제공한 바로 그 책에서 제시한 공식에 따라 예측한, 정확하게 그 연령에 발표되었다(Simonton, 1997a). 아인슈타인조차도 — 광양자 혹은 행성도 — 자신의 이론을 스스로 확인하는 경험은 못했다!

셋째, 커리어 궤도에는 세 가지의 커리어 랜드마크가 있다 — 처음으로 나타난 위대한 업적, 가장 훌륭한 업적 그리고 마지막으로 나타난 위대한 업적. 전형적으로 두 번째 랜드마크는 첫 번째 업적과 마지막 업적 사이 오지만 보통 첫 번째에 조금 더 가깝게 나타난다. 이 랜드마크의 정확한 지점도 마찬가지로 업적의 영역에 달려 있다. 대부분의 창의적 영역에서 첫 번째 랜드마크는 20대 말에 나타나는 것이 일반적이고, 중간 랜드마크는 30대 말 혹은 40대 초반 — 산출물이 가장 많은 때와 거의 같은 시기이다 — 그리고 마지막 랜드마크는 50대 중반에 오는 것이 보통이다. 그런데 대부분의 리더십 영역은 이 세 가지 랜드마크가 약 10년 뒤로 이동하여 나타난다. 예외가 되는 지도자들의 예로 주요 종교의 창시자인 붓다, 예수, 모하메드를 들 수 있다. 그들이 그들의 미션을 맡았을 때가 거의 40살 혹은 그 이전이었다.

마지막으로 업적의 대부분의 영역에서 가장 위대한 천재들은 활동한 기간도 가장 긴 것으로 나타났다. 그들은 어린 나이에 본보기가 되는 작품을 산출하는 것으로 시작해서 그들의 생애 마지막 날까지 활동을 계속한다. 결과적으로 첫 번째 커리어 랜드마크는 20대 초반 혹은 10대 말에도 나타날 수 있으며, 마지막 커리어 랜드마크는 60대 후반 혹은 70대에도 나타날 것이다. 20세기 예술 세계의 위치에서 과학 세계에서의 아인슈타인에 분명히 비교될 수 있는 파블로 피카소는 그의 화가로서의 직업적인 커리어를 10대에 시작했고, 그의 푸른 시대의 첫 번째 대작들이 20대 초반에 나왔고, 마지막 대작은 그의 80대 말에 나왔다. 그는 90대 초반 생의 마지막 해까지 작업을 했다. 그는 광고에서 가고, 가고 또 가기를 계속하는 에너자이저 버니와 같았다.

당신도 예상했겠지만, 거의 모든 법칙에는 예외가 있다. 죽음은 전도유망한 커리어에 불편한 종지부를 찍는 경우가 있다. 만일 모차르트가 30대 중반에 죽지 않았다면 클래식 음악은 지금 어디에 있을까? 만일 베토벤이 모차르트와 같은 나이에 죽었다면, 그의 이름은 오늘날 거의 알려지지 않았을 것이다. 죽음이 가로막지 않는다고 해도, 다른 것들이 방해가 될 수 있다. 무슨 낭패인가! 나폴레옹은 워털루에서 패배하고 그의 마지막 해를 멀리 인적이 끊긴 섬의 감옥에서 보내야만 한다! 병사들로 가득한 군대도 없이 그의 커리어는 기념비적인 승리나 패배도 맛볼 수 없었다.

이 모든 것은 무엇을 의미하는가?

연령-업적의 연관에 대한 경험적 자료는 안정적으로 확립되어 있다. 1835년 케틀러의 초기 연구결과는 지속적으로 반복되고 확장되었다. 방법론적인 결함과 그 외의 문제에 대한 여러 논쟁에도 불구하고, 앞 장에서 언급한 일반화에 커다란 변화가 있을 것 같지는 않다. 하지만 더 심각한 문제는 이 연구결과에 대한 해석이다. 그 커리어 궤도 아래에 있는 요인들은 무엇인가? 아아, 너무나 많은 것들이 있다! 그리고 전 생애에 걸친 천재들의 모든 유형을 하나로 설명할 수 있는 것은 분명히 발견할 수 없을 것이다. 일반적으로 커리어 궤도에 영향을 주는 요인들을 생물학적, 사회학적 그리고 심리학적 요인들로 분류하여 각 요인들의 두 극단 사이에 위치하는 것으로 설명할 수 있다.

생물학적 요인들 의심할 여지없이 연령과 업적 간의 관계는 기본적인 인간 심리와 신경학에 부분적으로 뿌리를 두고 있다. 이 연결은 운동 챔피언들의 사례에서 가장 분명하다 — 경험이나 기술보다는 속도, 힘 혹은 지구력에 더 많이 의존하는 스포츠일수록 더 젊은 선수가 나이든 선수보다 우세한 경향이 있다. 빠른 반응 시간을 필요로 하는 그 어떤 영역에 대해서도 연령은 종종 상당히 불친절하다. 이 이유로 경쟁적인 표준 체스standard chess에서는 늦은 반사신경 때문에 값을 많이 치르지 않아도 되는 통신 체스correspondence chess에서보다 더 일찍 정점이 온다. 말할 필요 없이 어떤 연령에 따른 신체적 쇠약함은 더 뚜렷하게 불리한 영향을 미친다 — 눈이 안보이거나, 귀가 들리지 않거나, 당뇨병, 관절염, 치매 등. 베이비 붐 세대는 — 그래서 그들의 부모가 70대 혹은 80대인 — 그 가능성의 범위를 잘 알고 있다. 당연히 이 다양한 신체적인 불리한 조건들은 그 개인의 천재성을 충분히 발휘하기 위한 개인의 능력을 방해하지 않을 수 없다.

언뜻 보기에, 늙어가고 있는 천재성에 대한 생물학의 타격은 냉혹하다. 하지만 더 자세히 살펴보면, 경험적 연구결과에 관한 설명에는 부족한 점이 많다. 한 가지 중요한 잘못된 점을 지적하면, 많은 영역들에 있어서 산출물과 영향력의 궤도는 생활 연령보다 커리어 연령의 영향에 따라 다르다는 사실이다(Simonton, 1991a, 1997a). 다시 말해서 중요한 것은 나이가 몇이냐가 아니라 당신이 선택한 영역에서 활동한 지가 얼마나 되었느냐 하는 것이다. 결과적으로 만성형late bloomers은 그의 동료들 대부분이 이미 하강 곡선을 타고 있는 나이에 커리어 정점에 도달할 수 있다. 내가 좋아하는 예들 중의 하나는 작곡가 안톤 브루크너Anton Bruckner이다. 당신이 다음에 뭐라고 말할지 나는 안다. 안톤 누구라고? 이것만 말해두자. 그는 19세기 후반의 위대한 천재 작곡가였고, 창의적인 천재의 궤도를 논의할 때 그는 생활 연령이 무관하다는 것을 아주 잘 보여 준다. 어떻게?

브루크너는 바그너의 오페라를 만나서 감명을 받고 교향곡 작곡가가 되기 전까지는 시골의 무명 종교음악 작곡가였다. 견습생 작품으로 작품번호 '00'[3)]번인 그의 첫 번째 심포니는 그의 나이 39세에 나왔다. 그것은 매우 늦은 출발이었다. 그래서 그의 첫 번째 커리어 랜드마크[4)]인 첫 번째 대작은 그의 나이 50세가 되어서야 나왔다. 59세와 60세에 그는 대표적인 교향곡 2곡을 작곡하고 그의 마지막 커리어 랜드마크 작품인 마지막 교향곡의 마지막 악장을 끝내지 못하고 70세에 죽었다. 요약하면, 브루크너의 커리어의 시작이 약 30년 늦었기 때문에 그의 창의적인 절정기는 많은 다른 작곡가들이 그들의 전성기를 한참 지났을 나이에 일어났다. 이 늦은 커리어 궤도가 만일 그의 천재성이 생물학적으로 제한을 받았다면 가능하지 않았을 것이다. 분명히 브루크너의 60대가 그의 40대보다 호모 사피언스의 생물학적인 면에서는 불리했다.

이것이 어떻게 가능한가? 신체적인 걸림돌을 천재는 어떻게 헤쳐 나가는가? 당신은 틀림없이 이런 표현을 들어본 적이 있을 것이다. "뜻이 있는 곳에 길이 있다." 그리고 천재는 의지력이 부족하지 않다. 인내, 추진력 그리고 결단이 천재의 특징들이다(Cox, 1926; Galton, 1869; Roe, 1953; Duckworth, Peterson, Matthews, & Kelly, 2007). 베토벤은 30대 초반에 귀머거리가 될 것이라는 것을 알았고, 결국 완전히 침묵의 세계에 빠지게 된다. 그는 피아노 줄이 끊어져서 음이 맞지 않는 것도 들을 수 없게 된다. 그래도 그는 귀로는 전혀 들을 수 없지만 머리로는 들을 수 있을 때까지 위대한 작품을 작곡해 내었다. 작곡가에게 그보다 더 가혹한 무력함을 생각할 수 있는가?

당신은 더 최근의 예를 원하는가? 언론인들은 가끔 나에게 이런 질문을 한다 — 생존하고 있는 가장 위대한 천재는 누구인가? 얼마나 어려운 질문인가! 하지만 가장 먼저 떠오른 답을 발견했다 — 스티븐 호킹. 그는 분명 브루크너보다 더 잘 알려져 있으며, 이론 물리학에 미친 그의 공헌 그리고 특히 양자 중력과 우주론은 분명히 최고 수준이다. 하지만 그가 구두로 이야기하는 것을 본 적이 있는가? 그것은 극심한 고통을 주고 동시에 고무시켜주는 사건이다. 미국에서 루게릭병이라고 부르는 근위축성 측색경화로 심하게 불구가 된 신체 속에 가두어진 경이로운 지성인이 여기 있다. 죽음을 예외로 하고서 이것보다 생물학적으로 더 심한 불리한 처지를 생각할 수가 있겠는가? 천재는 에너자이저 버니 이상이다. 앞길에 그 어떤 장애를 마주친다고 해도 천재는 의지력으로 길을 헤쳐 나간다. 천재는 모든 것을 정복한다.

사회학적 요인들 사회심리학자들에게 정신 연령과 커리어 연령을 구분하는 것은 진부한 것이다. 사회적 관습, 규범 그리고 제도는 어떤 정신 연령에 항상 따르지 않는 어떤 예외를 확립한다. 대학생으로서의 당신의 상황을 생각해 보자. 전통적으로, 학부 교육은 네 가지 위계에 따라 구분된다 — 첫해는 신입생, 그 다음은 2학년, 3학년, 마지막으로 최고 높은 단계인 4학년이 된다. 이론적으로, 이 각 단계는 1년이 걸린다(졸업학점을 다 못 채워서 졸업을 못하는 경우를 무시하면). 여러분들 중 대부분은 첫 번째 단계는 18세에 시작하고, 마지막 단계는 22세에 마치게 된다. 그렇다고 해도 대학 교수인 나는 모든 대학생들이 이런 연령에 맞추어 학년을 올라가지 않는다는 것을 안다. 흔히 나는 고등학교를 졸업한 후에 몇 해 쉬었다가 대학에 오는 학생들을 본다 — 대학교육이 어떤 실제적인 보상을 가져다주지 않는다고 생각하는 학생들. 더 드물게는, 특히 조숙한 학생들은 18세보다 훨씬 어린 나이에(5살이나 어린 나이인 경우도 있다) 대학을 시작할 수도 있다. 이 가능성을 2장에서 언급했다. 어떤 경우든 대학교를 거쳐 가는 과정은 생일 케이크 위의 초의 수와는 별개의 것이다.

어떤 사회적 요인들이 천재의 커리어를 펼치기 위한 조건을 형성해야만 한다. 이것은 한 개인이 최상의 위계에 오르기 위해 노력해야 하는 다양한 티더십 형태에서 가장 잘 볼 수 있다. 군사적 천재는 서열을 밟아서 올라가야만 한다. 나폴레옹은 프랑스 최고사령관으로 시작한 것이 아니라 소위로 시작했다. 정치적 천재도 마찬가지이다. 힘도 없고 명성도 없는 자리에서 시작하지 않고서 대통령이나 총리에 오르는 경우는 드물다.

따라서 4년마다 미국 대통령에 입후보하는 사람들을 보라. 거의 예외 없이, 모두 미국 상원이나 주지사로 일했으며 후보자 경력 소개에는 그 이전의 직책들이 나열되어 있다.

그와 같은 위계적 절차가 창의적 영역들에 팽배하다. 이것은 학문 세계에서 가장 뚜렷하다. 대학생들은 모든 교수들을 같은 교수로 생각하는 경우가 많지만, 우리 교수들은 다르게 생각한다. 미국에서 당신은 조교수로 시작하여 부교수로 승진하기를 기대하며 7년을 기다린다(혹은 당신이 정말 우수하다면, 7년이 안 걸릴 수도 있다). 그러고 나서 이 중간 타이틀을 달고서 몇 년이 지난 후에 당신은 정교수로 승진하기 위해 애쓴다. 많은 대학들에는 정교수 다음에 석좌교수 같은 직도 있다. 미국 학문 위계에서 조교수 아래에는 수강생이 많은 개론 과목(심리학 101 같은)을 가르치는 강사가 있다. 세부적인 사정은 다르다고 해도 직업적인 위계가 커리어 발달의 페이스를 정한다고 말할 수 있다. 그리고 이 페이스는 생활 연령이 아니라 커리어 연령으로 진행되어 간다. 나에게는 거의 나만큼 나이가 든 제자가 있지만, 그들이 그들의 학문 커리어를 시작할 때는 다른 모든 사람들과 마찬가지로 바닥에서 시작해야 한다. 그래서 당신은 정교수보다 나이가 더 많은 조교수를 볼 수도 있다.

말할 나위 없이 직업적 위계의 높은 곳으로 승진하면서 힘, 권위 그리고 돈도 얻게 된다. 따라서 당신은 당신의 재능을 실현하기 위한 더 많은 기회를 갖게 된다. 장군이나 제독은 소위보다, 대통령은 상원보다, 정교수는 강사보다 더 넓은 운신의 폭을 가진다. 내가 젊은 과학자일 때 나는 내 연구를 저널에 출판하기 위해 편집자를 설득해야만 했을 것이다. 지금은 편집자들이 먼저 나에게 원고를 요청한다! 나의 최근 작품이 반드시 나의 초기 작품보다 더 좋은 것은 아니지만 최근 작품은 분명히 더 쉽게 출판이 된다!

모든 사회적 영향이 커리어 연령에 따라 작용하지는 않는다. 어떤 경우에는 그 영향이 생활 연령에만 초점이 맞추어질 수 있다. 예를 들어, 어떤 사회는 노령에 대한 잘못된 편견을 갖고 있다. 셰익스피어의 『거짓 소동』 속의 한 인물은 "나이가 들어오면 재기는 빠져 나간다."라고 말한다. 그런 연령 차별적인 믿음은 다양한 형태의 차별을 일으킬 수도 있다. 내가 1960년대 말에 대학원에 지원했을 때, 한 학교(하버드는 아니다)에서 40세 이상의 지원자는 고려대상이 되지도 못한다고 명시적으로 말했다! 그리고 많은 기업과 조직들은 미리 정해놓은 연령에 강제 퇴임하도록 한 적이 있다. 퇴임과 함께 종종 지속적인 산출물과 영향력에 필요한 자원의 상실이 온다. 연령과 함께 오는 연령에 따른 성취에서의 감소에 대하여 얼마만큼을 노령차별에 돌릴 수 있는지 결정하기는 어렵다.

심리학적 요인들 나는 마지막을 위해 가장 좋은 것을 남겨두었다. 연령-업적의 관계는 기본적인 정신과정의 결과로 생각해볼 수 있다. 이 가능성은 실제로 3장에서 BVSR 창의성 모델을 소개할 때 제안했었다. 나는 커리어 코스에 걸친 창의적인 산출물의 수준을 예상하는 수학적 모델의 유래를 인용했다(Simonton, 1984b, 1991a, 1997a, 2004c). 그 모델이 실제로는 매우 복잡하지만, 그것은 다음과 같이 간단한 용어로 표현될 수 있다. 각 천재는 처음에는 어느 정도의 창의적인 잠재력을 가지고 커리어를 시작하는 것으로 보인다. 이것은 그 사람이 제한이 없는 생애에서 생성할 수 있는 독창적이고 유용한 아이디어의 전체 수이다. 그 뒤에 이 잠재력은 두 단계의 인지 과정에 의해 실제 산출물로 전환된다 — 첫 번째 단계는 관념형성ideation이고 두 번째는 정교화elaboration이다. 관념형성은 재공품works-in-progress[5] 혹은 원자료를 만든다 — 과학자의 실험 공책이나 예술가의 스케치북에서 발견되는 종류의 것들. 정교화는 이 아이디어들을 저널 논문이나 완성된 그림과 같은 발표되는 형식으로 개선하고 재조성한다. 이 모델은 결과물이 정상에 오를 것이고 그 뒤에는 조금씩 하강할 것이라는 것을 예측케 해준다. 나아가 이 예측된 궤적은 생활 연령이 아니라 커리어 연령에 의해 정의된다. 시계는 잠재력을 실제 창의성으로 전환하도록 시작할 때 움직이기 시작된다.

창의적인 커리어의 전체적인 모습에 대한 설명 외에 그 모델은 일반적인 기대로부터의 일탈도 설명해 준다. 우선, 그 모델은 관념형성과 정교화의 속도는 창의적인 업적의 특별한 영역에 의존한다는 사실을 고려한다(Simonton, 1989a, 1991a, 1997a). 예를 들어 소설가보다는 서정 시인에게서 관념형성과 정교화의 속도가 더 빠른 경향이 있을 것이다. 서정시인의 속도가 더 빠른 것은 실증적으로 관찰된 것과 마찬가지로, 커리어의 정점이 더 일찍 올 것이고 하강은 더 극적일 것이라는 것을 의미한다. 그밖에 그 모델은 커리어 궤도에서의 개인차를 설명한다. 분명하게 개인에 따라 관념형성 과정을 시작하는 연령이 다를 것이고 — 대기만성형인 브루크너를 기억하라 — 이것은 기대되는 정점도 그에 따라 뒤로 늦춰지게 될 것이다. 하지만 초기의 창의적인 잠재력의 양에서도 개인차가 있을 것이다. 잠재력이 더 클수록 연간 아이디어 산출도 더 높다. 위대한 아이디어 산출이 전체적인 아이디어 산출에 긍정적인 영향을 미치기 때문에 이 개인차는 첫 번째 커리어 랜드마크와 마지막 커리어 랜드마크의 위치에 직접적인 영향을 미친다(Simonton, 1991a, 1997a). 같은 생활 연령에서 커리어를 시작한 두 창조자가 있을 때, 더 높은 잠재력을 가지고 있는 창조자가 더 어린 나이에 첫 번째 중요한 공헌을 할 것이고 마지막 공헌은 더 나이가 들어서 할 것이다. 재미있게도 그 중간의 커리어 랜드마크인 최대 걸작은 초기의 창의적인 잠재력에 의한 영향을 받지 않는다. 지적했듯이 이 모든 예측은 창의적인 천재 연구에 의해 수천 번 확인되었다.

개인적으로는 앞에서의 모델이 커리어 궤도에 대한 가장 총체적이고 정확한 설명을 한다고 믿지만, 나는 또한 그 모델의 제한점에 대해서도 잘 알고 있다. 여기에서 두 가지만 고백하고자 한다.

첫째, 그 모델은 창의적인 천재에게만 적용된다. 상당한 창의성이 요구되는 영역들에 대해서도 적용될 수는 있겠지만 — 법 제정 같은 — 아주 뛰어난 창조자들의 커리어에 대해서만 검증이 되었다.

둘째, 창의적인 영역 내에서조차 그 모델은 전형적인 커리어 하나하나의 특성을 설명할 수 없다. 한 가지 흥미 있는 사례를 제시하면, 이 심리학적 모델은 백조의 노래 현상swan-song phenomenon을 설명할 수 없다(Simonton, 1989c). 이것은 한 창조자가 마지막이 가까웠다는 것을 느끼는 생이 끝나는 해쯤 일어난다. 죽음이 가깝다는 깨달음은 한 천재로 하여금 창의성의 특유한 재기를 시작하도록 영감을 줄 수 있다. 그리하여 한 예술가가 마지막 증언이나 커리어 관석capstone을 남기기 위해 애쓸 수 있다. 이것과 관련한 특히 주목할 만한 현상은 그 창조자가 반드시 나이가 많아야 하는 것이 아니라는 점이다. 중요한 것은 살아온 삶의 길이가 아니라 죽음에 가깝다는 점이다. 프란츠 슈베르트의 〈Schwanengesang〉으로 알려진 가곡 모음은 그의 생의 마지막 해에 만들어졌지만 그의 나이는 31세에 불과했다. 하지만 당시 그는 매독과 아마도 수은 중독으로 병을 앓고 있었다. 어쨌든 나의 부족한 모델은 천재의 마지막 해에 일어나는 창의적인 소생에 대한 이런 에피소드를 설명할 수 없다.

그래서 여기 미래 연구자들 — 그리고 천재를 연구하는 과학자가 되려고 계획하는 이 책을 읽고 있는 모든 학생들 — 에게 한 가지 도전을 제시한다. 모든 영역에서 커리어 궤도를 설명할 수 있는 한 이론을 만들어낼 수 있을까? 그 이론은 전체적인 패턴뿐만 아니라 백조의 노래 현상과 같은 특별한 급변quirk도 설명할 수 있을까? 그 이론은 심리적 요인과 생리적 요인 그리고 사회적 요인을 성공적으로 통합할 수 있을까? 그리고 그 이론은 우리가 천재에 대해 알고 있는 다른 것들과 양립할 수 있을까? 짧게 말해서 모든 것을 아우르는 위대한 이론이 나타나는 것이 가능한가?

차이 심리학 : 성향과 명성?

모든 사람들은 천재는 어떤 사람인가 알고 싶어 한다. 천재를 움직이는 것은 무엇인가? 천재는 남 말하기 좋아하는 성격을 갖고 있는가? 만일 당신의 이웃이 천재라면, 당신은 첫 대화를 나누고서 바로 그를 알아볼 수 있겠는가? 결국 대부분의 천재에게는 이웃들이 있고, 따라서 그 이웃들은 그 동네에 새로운 명사가 있다는 것을 곧 알아챈다. 당신은 사람들의 성격에서 그 사람이 아직 유명하지 않은데 앞으로 유명해질 것이라는 것을 알 수 있는가? 당신은 "아무개에게 정말로 특별한 무엇이 있다!"라고 말하는가. 이 이슈는 방송 기자와 신문 기자들에 의해 즐겨 제기되는 것들 중의 하나다. 그것은 또한 내가 가장 좋아하지 않는 것들 중의 하나이기도 하다. 왜냐하면 그들은 매우 간단한 질문이라고 생각하는데 나는 매우 복잡하게 대답을 해야만 하기 때문이다. 나는 답변을 5초 인터뷰에 맞추어 하지 못하는 현학적인 학자가 되고 만다!

내 답변이 왜 뒤얽히는가? 두 가지 이유가 있다. 첫째, 성향과 명성 간의 연결은 복잡다단하다. 둘째, 우리에게는 여전히 이 문제에 대한 훨씬 더 많은 연구가 필요하다. 따라서 나의 어떠한 답도 조건이 따르게 된다. 이 두 가지 점을 모두 고려하여 나는 네 가지 이슈에 대해서만 설명하겠다 — 영역 대조, 효과의 크기, 곡선형 함수 그리고 상황적 조건. 각각에 대한 내용을 읽는 데 5초 이상이 걸릴 것이라는 것은 믿어도 좋다.

영역별 차이 : 하나가 모두에게 들어맞는가?

천재는 특이한 성격을 갖고 있는가? 나에게 질문을 하면 나는 즉시 이렇게 반응할 것이다. 어떤 종류의 천재를 말하는가? 최소한 당신은 심리측정학적 천재를 의미하는지 역사측정학적 천재를 의미하는지 결정해야만 한다. 앞 장들에서 여러 번 지적했듯이, 천재 수준의 IQ를 가진 사람이 곧 천재 수준의 업적을 나타내는 사람이라고 할 수 없다. 우리가 후자에 초점을 맞춘다고 해도 천재의 유형을 구체화시킬 필요가 있다. 과학적 천재가 예술적 천재와 같지 않듯이, 정치 혹은 전쟁에서의 천재가 과학이나 예술에서의 천재와 같지 않다. 예술가 집단 내에서도 고도로 형식적이고 절도 있는 예술가와 더 감정적이고 표현이 풍부한 예술가를 구분해서 생각해야 한다. 그리고 매우 구체적인 영역 내에서 성향적 형질은 위대한 천재들을 보통 천재와 다르게 만든다. 모든 노벨상 수상자들을 천재라고 할 수 있겠지만, 모든 수상자가 대등하지도 않고 모두 같지도 않다. 다렌Nils Gustaf Dalen은 '등대와 부표의 빛을 발하도록 하기 위하여 가스어큐뮬레이터와 함께 사용하는 자동 조절기의 발명으로' 노벨물리학상을 받았다(http://nobelprize.org/nobel_prizes/physics/laureates/1912/). 그것은 $E=mc^2$과 어떻게 비교가 되는가?

이것은 전혀 새로운 것이 아니다. 나는 5장에서 예들을 제시했다. 정신병리학은 천재와 매우 복잡하게 얽힌 관계를 보여 준다. 이런 것에는 다른 영역에 비하여 더 일반적으로 나타나는 영역들이 있다. 예를 들어, 정신질환은 과학자들보다 예술가들 사이에서 더 많으며, 합법적인 지도자보다 폭군적인 지도자 사이에서 더 일반적이다. 나는 4장에서 왜 어떤 유전적인 특성이 예술적 천재와 과학적 천재 간에 다르게 나타나는지 논의하면서 몇 가지 예들을 제시했다. 전자는 더 상상력이 풍부하고, 충동적이고, 규범을 의심하고, 비동조적이고, 독립적이고, 무관심하고, 냉담하고, 불안해하고, 정서적으로 민감한 경향이 있고, 후자는 더 융통적이고, 지배적이고, 오만하고, 자신감이 있고, 자율적인 경향이 있다. 마지막으로 3장에서, 각 영역에서의 높은 성취가 특별한 한 가지 지능 혹은 일련의 지능들의 특성을 갖고 있을 가능성에 대해 논의했다. 이 가능성은 가드너(1993)가 특별한 천재의 유형을 7가지 다양한 인지능력의 유형과 연관시킨 것에서 가장 분명하게 알 수 있다.

조만간 심리학자들은 각 성취 영역에서 독특한 프로파일을 밝혀낼 수 있을 것이다. 연구자들은 심리학 천재와 심리학과 비슷한 과학에서의 천재를 구분하는 성향적 특성의 패턴을 구체적으로 설명할 수 있을 것이다(Simonton, 2002b). 궁극적으로 우리는 어떤 개인에게 검사를 실시해서 그 결과를 기초로 하여 그가 어떤 영역에서 가장 성공할 것인가를 예측하는 것이 가능할 수 있을 것이다.

효과의 크기 : 큰, 작은, 아주 작은?

분명히 어떤 심리학자들은 "왜 굳이 연구를 해?"라고 말할 것이다. 이 연구자들은 개인차 변인들과 특히 성격 특성의 차이는 천재에 대한 이해와 무관하다고 믿는다(Sawyer, 2006; Weisberg, 1992). 천재는 **호모 사피엔스**의 특별한 종이라서 우리와 다른 것이 아니라, 더 많은 영역특수적인 전문성을 획득했다는 점에서 우리와 다르다. 아인슈타인은 이론 물리학을 그의 동료들보다 더 많이 알았고, 그것은 마치 피카소가 그의 그 어떤 경쟁자보다 시각 예술의 더 많은 테크닉을 숙달했다는 것과 같다. 그렇지 않다면 천재는 평범한 과학자나 예술가와 조금도 다를 바 없다.

외관상 보기에 이상한 주장을 왜 할까? 몇 십 년에 걸쳐서 출판된 수많은 실증적 자료들을 어떻게 부정할 수 있을까? 그 답은 간단하다. 통계 분석에서의 매우 결정적인 개념, 즉 효과의 크기에 대한 부적절한 오해 때문이다(Cohen, 1988). 이것은 두 개 이상의 변인들 간의 관계 정도에 대한 측정치이다. 효과의 크기에 대한 몇 가지 지표들이 있지만, 이 연구 영역에서 가장 흔히 사용되는 것은 상관 계수이다. 여러분도 기억할 것이다! 나는 이 통계치를 3장에서 설명했다. 비판자들은 뛰어난 창의성이나 예외적인 리더십과 관련한 것들이 갖고 있는 효과의 크기가 무시할 수 있을 정도로 작다고 주장한다. 얼마나 작아서 작다는 것인가!

한 가지 예를 들어보자 — 다양한 성격 특성과 과학 영역들에서 나타나는 창의성의 정도 간의 상관(Feist, 1998). 가장 잘 예측하는 상관은 보통 .20 정도이고, 이례적으로 .30까지 본다(Simonton, 2008b). 비판자들은 이 숫자가 인상적이지 않다고 말한다. 상관 계수의 제곱이 성향 변인에 의한 변량을 설명한다면, 이 통계치들은 각 특성이 5%와 10% 사이의 변량을 설명할 뿐이라는 것을 말해 준다. 그것은 90%에서 95% 정도는 이 요인들로 설명이 되지 않는다는 것을 의미한다. 요약하면 천재의 현상은 성향과 관련된 요인들과는 거의 상관이 없다.

그러나 잠깐! 이 비판가들은 두 가지 고려해야 할 점들을 완전히 간과했다.

첫째, 이 효과의 크기는 결코 작은 것이 아니다. 완전히 그 반대이다. 그것들은 실제로 꽤 인상적이다. 너무나 많은 사람들이 상관은 .80 혹은 .90이 되어야 상관이 있다고 생각하지만, 이것은 사실과는 거리가 멀다. 그보다 훨씬 작은 상관도 강력한 영향력을 가질 수 있다(Abelson, 1985; Rosenthal, 1990). 나를 믿지 못한다고? 그러면 다음에 나오는 선다형 검사를 한 번 해보라(Meyer et al., 2001).

1. 정기적인 아스피린 복용과 심장마비로 죽을 위험의 감소 간의 상관은?

   ① .02 ② .22 ③ .42 ④ .62 ⑤ .82

2. 프로야구 선수의 일반적인 타격 기술과 타석에서 한 번만에 성공하는 히트 간의 상관은?

   ① .06 ② .16 ③ .36 ④ .56 ⑤ .76

3. 부모의 이혼과 자녀의 적응과 웰빙 문제들 간의 상관은?

   ① .09 ② .19 ③ .39 ④ .69 ⑤ .89

4. 미디어 폭력성에 대한 노출과 그 후 자연히 발생하는 개인 간 공격성 간의 상관은?

   ① .13 ② .33 ③ .53 ④ .73 ⑤ .93

5. 취업 면접관의 평가와 실제 직업적 성공 간의 상관은?

   ① .20 ② .30 ③ .40 ④ .50 ⑤ .60

6. 수면제 복용과 만성 불면증에 대한 단기간의 개선효과 간의 상관은?

   ① .30 ② .50 ③ .70 ④ .90 ⑤ 1.00

이 여섯 가지 질문에 대한 답을 듣기 전에 다음의 질문에 대해 자신에게 물어보라. 만일 당신의 심장에 심각한 문제가 있고, 최소 어느 정도의 상관이면 매일 아스피린 복용을 시작하겠는가? 만일 당신이 야구팀의 매니저라면, 상관이 얼마나 커져야만 라인업을 결정하는 데 있어서 평균 타율을 고려하기 시작하겠는가? 만일 당신이 아동 심리학자라면, 상관이 얼마나 커야지만 당신의 환자가 이혼한 부모를 두고 있다는 사실에 주목하겠는가? 만일 당신이 부모라면, 최소 상관이 어느 정도 되어야 당신의 자녀가 보는 영화와 TV쇼에 나오는 폭력성을 감시하려고 하겠는가? 당신이 큰 회사의 주인이라면, 상관이 어느 정도 커야지만 모든 취업 지원자들에 대하여 대면 인터뷰를 하겠는가? 만일 당신이 만성 불면증을 앓고 있다면, 상관의 크기가 어느 정도 되어야만 약방 문을 두드리겠는가?

이제 답을 말해주겠다. 모두 ①이다! 성향과 명성 간의 상관이 너무 작아서 고려할 필요가 없다고 당신이 말하지 않도록 해 주기 바란다!

두 번째, 성향적 변인들에 대하여 보고된 효과의 크기는 모든 특성들을 합한 것이 아니라 각 특성에 대한 것이다. 모든 속성들에 대한 전체적인 예측력은 훨씬 더 클 것이다(Feist & Barron, 2003). 분명히 어떤 개인적인 특성들은 어느 정도 중복이 되기 때문에 단순히 독립적으로 예측한 것을 합해서 천재의 전체적인 예측가능성을 결정할 수 없다. 예를 들어, 경험에 대한 개방성이 지능과 정적 상관이 있다는 사실은 이 특성들이 독립적으로 천재성에 영향을 미친다는 의미가 아니다. 따라서 미래 연구자들은 우선 중복되는 부분들을 제거한 후에 모든 특성들의 전체적인 영향력을 조사하도록 해야 한다. 그것은 성향적 특성의 완전한 스펙트럼에 대한 효과의 크기가 가장 예측력이 큰 특성에 대한 효과의 크기보다 작을 수 없기 때문에 최종적인 결과는 꽤 관련성이 있다는 것을 증명할 것이다. 이웃하는 천재는 천재가 아닌 이웃과는 구별이 가능하다.

곡선형 함수 : 과유불급?

성격 특성으로부터 천재를 예측하기 위한 우리의 능력에 대하여 낙관적으로 생각할 수 있는 또 다른 이유가 있다. 만일 당신이 통계학개론을 들었다면, 당신은 그 상관계수가 두 변인 간의 선형 관계를 측정한 것이라는 것을 기억할 것이다. 만일 A와 B 간의 정적 상관이 있다면, A가 증가하면 B가 증가하고 A가 감소하면 B가 감소한다. 그래서 만일 그 관계가 실제로 곡선형인데, 상관계수로 표시한다면 그 효과의 크기가 과소평가될 것이다. 변인 B가 A와 완전한 역 U 함수관계인 극단적인 경우를 생각해 보자. 우선, A가 증가함에 따라 B가 증가하지만, 정점에 접근하게 되면서 그 관계는 평평하게 되고 그 후에는 A가 더 증가하면 B가 감소한다. 그 연관은 완전한 것으로 가정되었지만, 그 두 변인 간의 상관계수는 완전히 0이 될 것이다 — 관련성이 전혀 없는 것과 마찬가지로! 이 경우에 그 상관성의 정도는 극적으로 과소평가될 것이다. 1.0(최고 완전함) 대신에 우리는 0.00(무)을 갖게 된다.

분명히, 두 변인 간의 사실 관계는 선형 함수와 완전한 역 U 함수 간의 어떤 중간으로 묘사할 수 있다. 사실, 나는 바로 그런 예를 앞에서 연령과 업적 간의 관계를 논의할 때 연관성을 역 대칭-J 모습의 함수관계로 설명했다. 그와 같은 복합적인 사례에서, 그 상관은 정확하게 0이 아닐 것이다. 하지만 상관계수는 여전히 두 변인들 간의 일정한 관계를 심각하게 과소평가할 것이다. 세세한 부분들이 무엇이든, 사후의 명성과 성격 성향 간의 선형 관계에 대한 어떤 단서가 만들어질 때까지는 사후 명성이 개인 성향에 뿌리를 두고 있는 정도를 결코 충분히 평가할 수 없다.

5장에서 논의한 정신병적 경향성으로 돌아가자. 나는 정신병적 경향성이 천재와 정적으로 관련되지만, 조건이 있다고 말했다. 완전한 광기는 조건에 맞지 않는다. 그리고 나면 단순한 정신병적 경향성보다 심한 정신병이 있다. 따라서 그것은 역 대칭-J 모습의 관계를 의미한다. 정신병적 경향성이 너무 심하면 하강 곡선을 그리면서 정신병으로 떨어진다. 하지만 최적 수준의 정신병적 경향성은 관련된 천재성의 영역에 따라 다르다고 나는 또한 강조했다. 예를 들어, 반환지점은 과학적 천재가 예술적 천재보다 더 빨리 올 것이다. 그 이유는 후자보다 전자에 대한 정신병적 경향성의 최적 수준이 더 낮다는 것이다. 결과적으로 과학 곡선은 역 U에 더 가까운 반면, 예술 곡선은 역 대칭-J 모습에 더 가깝다. 그래서 정신병적 경향성과 위대함 간의 상관은 예술보다는 과학에서 더 낮을 것이다. 그리고 그 결과가 실제 사례로 나타났다(Feist, 1998; Simonton, 2008b).

통계적으로 얽힌 일들에 대한 여러 가지 다른 잠재적 예들이 있다. 또 하나의 예를 들자면, 심리측정학적 천재와 역사측정학적 천재 간의 관계를 생각해 보라. 우리는 이 두 가지 대안적인 개념들이 정적 선형 관계로 연결되어 있다고 생각하려고 할 것이지만 — 지능이 더 높으면 더 많은 영향력을 갖는 — 어떤 영역들에서의 높은 업적은 그렇지 않을 수 있다. 특히 정치적 리더십과 군사적 리더십 영역들에서는 그 관계가 연령 – 업적 관계에서 본 것과 같이 역 대칭-J 관계와 비슷하다(Simonton, 1985a; 지금쯤은 대문자 J의 거울에 비친 좌우대칭 모습을 다시 위와 아래를 뒤집은 모습이라는 것을 알았기를 기대한다).

마지막으로 이 복잡한 함수 관계를 보여 주는 예를 하나 들자면, 이미 언급한 것 외에 성향 A와 명성 B 간의 다른 비선형 관계를 생각할 수 있다. 예를 들어, 한 변인과 다른 한 변인 간의 관계가 U 모양이 될 수 있으며, 따라서 그 곡선의 중간 부분은 정점이 아니라 저점으로 나타난다. 아니면 저점이 하나인 이 곡선이 조금 변형되어 J 곡선이나 대칭-J 곡선으로 나타날 수도 있다. 이 예들은 가설적인 것이 아니다. 그렇게 떨어지는 모습은 실제로 일어난다. 2장으로 돌아가서, 나는 342명의 유럽 절대 군주를 대상으로 장기적인 그들의 영향력과 윤리적 혹은 도덕적 도량 간에 U 곡선 모양의 관계가 있는 것을 관찰했다(Simonton, 1984e). 아주 유명한 사람들은 극단적으로 좋거나 극단적으로 나빴다 — 유명 효과 대 악명 효과. 하지만 군주의 영향력과 도덕성 간의 선형적 상관은 거의 0에 가까웠다.

상황적 조건 : 특성이 어떻게 상황과 조화되나?

6장에서 나는 어떤 사회문화적 조건이 천재성의 개발과 발현에 어떻게 결정적인 역할을 할 수 있는가에 대해 이야기했다. 우리가 알아야 할 것은 개인적 요인과 상황적 요인의 상대적인 공헌이다. 개인 자체가 더 중요한가 아니면 적시적소에 존재하는 것이 더 중요한가? 지금까지의 잠정적인 연구의 결론은 뛰어난 창의성에 대해서는 성향적 특성이 일반적인 상황보다 더 결정적으로 보이고 반면에 예외적인 리더십에 대해서는 그 반대인 것으로 보인다(Simonton, 1994). 다시 말해서, 창의적 천재는 더 개인적인 사람의 문제이고, 반면에 정치적 천재나 군사적 천재는 적절한 시기에 적절한 장소에 있는 것이 더 중요한 것으로 보인다. 사실 리더십은 가끔은 전적으로 더 큰 상황에 의해 지배되는 것으로 보인다.

미국 대통령의 세계에서 살펴보면 부통령의 계승 효과가 있다(Simonton, 1985b). 이것은 부통령이 대통령의 죽음이나 사임 후에 대통령직을 맡게 될 때 일어난다. 첫 번째 예는 윌리엄 해리슨의 죽음으로 그의 뒤를 이은 존 타일러이고, 가장 최근의 예로는 제럴드 포드로 그는 리처드 닉슨의 사임 후에 취임했다. 특징적으로 그런 선출되지 않은 혹은 '우연히 된' 대통령들은 최고 통치자로서 수행을 잘 하지 못한다. 그들은 의회와 크게 충돌하는 경향이 있고, 그런 충돌에서 지게 되는 경우가 많다. 어떤 심리학자는 부통령들은 국가의 최고위직을 맡을 능력이 부족하다고 말하고 싶어 할 것이다. 부통령은 대통력직을 맡기에 결코 적절하지 않다고.

하지만 자료는 이런 설명을 지지하지 않는다. 첫째, 우연히 된 대통령들은 지도자 수행과 관련한 예측변인들에서는 정규 대통령들과 다를 것이 없다. 그들은 그들이 속한 정당의 대통령 후보 경선에서 갖고 있는 장점과는 관계없이 두 번째 자리를 차지했던 것이다. 둘째, 만일 이 우연히 된 대통령이 대통령으로 선출이 되고 나면 — 헤리 트루먼이 그러했듯이 — 지도자로서의 수행력 부족은 흔적도 없이 사라진다. 우연히 된 대통령이 갖고 있는 진짜 문제점은 선출이 되지 않고서 권력을 차지하게 되는 어색한 입장에 처하게 된다는 것이다. 위임 통치권은 약한 가운데 그들의 능력을 발휘하는 것을 방해하는 상황 속에서 일을 해야만 한다. 국회의원들은 "누가 당신을 선출했느냐?"와 같은 질문으로 대통령을 쉽게 해임할 수 있다. 우연한 첫 대통령이 된 존 타일러는 경멸적으로 '우연 각하 His Accidency'[6)]라고까지 불리었다.

또 하나의 가능성은 훨씬 더 흥미진진하다. 성향이 외적 요인과 상호작용하여 '개인×상황 상호작용' 효과로 알려진 것으로 나타난다. 다르게 말하면, 어떤 경우에는 적절한 사람이 중요한 것이 아니고, 적시적소에 있는 것도 중요한 것이 아니며, 중요한 것은 적절한 사람이 적시적소에 존재하는 것이다. 따라서 바로 그 개인의 성질이 한 상황에서는 천재성을 고양시킬 수도 있고 완전히 다른 상황에서는 천재성을 방해할 수도 있다. 다시 말하지만 미국 대통령직은 풍부한 예를 제시한다. 어떤 환경에서는 매우 훌륭하게 수행하는 최고 책임자가 다른 상황에서는 형편없이 수행할 수 있다. 더 구체적으로 말하면, 대통령들은 얼마나 그들이 융통성이 있는가 혹은 없는가에 있어서 차이가 있을 수 있다. 융통성이 있는 대통령들은 거래하거나 협상하고, 필요할 때마다 타협하고, 구 전략이 실패하면 새로운 전략을 시도하려는 경향이 있다. 융통성이 없는 대통령들은 미리 정해진 궤도에서 1인치도 양보하지 않고 전속력으로 전진하기만 한다. 법률을 발의하고 구현하는 최고 통치자의 역할에 어떤 유형의 대통령 성향이 가장 좋은가?

그 답은 '상황에 따라서 다르다' 이다(Simonton, 1987b). 만일 대통령이 크게 유권자의 위임을 받고 그의 정당이 의회를 통제하고 있는 상황에서 취임을 한다면, 강직성이 융통성보다 더 중요하다. 하지만 만일 대통령이 선거에서 간신히 승리하고 의회가 반대 정당에 의해 지배되고 있다면, 융통성이 가장 중요하게 된다. 아, 슬프다! 강직한 대통령은 너무 강직해서 강직하기보다는 융통적이라야 성공 확률이 높은 경우에도 융통적이지 못할 정도로 강직하다. 우드로 윌슨은 민주당이 의회를 주도할 때에는 매우 성공적이었지만, 그의 당이 통제력을 잃었을 때에는 완전히 실패했다.

나는 앞으로 발견될 것을 기다리고 있는 더 많은 '개인×상황 상호작용' 효과가 있다고 확신한다. 특히 예외적인 리더십을 위해서 천재는 성격과 상황 간의 완전한 조화를 필요로 한다.

사회심리학 : 성별과 인종

나는 마지막을 위해 가장 나쁜 것을 남겨놓았다. 언론인들은 나에게 전혀 관계하고 싶지 않은 질문을 너무나 자주 한다. 그 질문이 물의를 일으키는 이슈와 관련되기 때문만이 아니다. 그것은 복잡하고, 미묘한 함축성을 갖고 있으며 세세한 전문적인 나의 대답이 대중매체의 과단순화 하는 사악한 필터에서 살아남을 것이라는 자신이 전혀 없다는 사실 때문이다. 터무니없이 나 자신이 인용되는 것을 알게 되어 좌절을 느끼기보다는 내가 전혀 인용되지 않는 것이 좋다. 침묵이 잘못 전달된 말보다 낫다. 이 절의 제목을 읽었다면, 당신은 내가 무엇을 말하는지 정확하게 알 것이다. 학문을 연구하는 상아탑 밖에서는 내가 언급하지 않으려고 하는 두 가지 논쟁에 대해서 이제 설명하겠다.

성별과 천재

지금쯤 당신은 내가 하버드 대학에서 박사학위를 받았다는 것을 이미 알고 있을 것이다. 그것은 자랑거리가 될 만하다. 하지만 하버드는 권위도 있지만, 매우 당혹스러움을 주기도 한다. 예를 들어, 심리학 역사를 가르치는 시간에 나는 하버드에서 박사학위를 받은 가장 뛰어난 심리학자들 중 한 사람인 메리 컬킨스Mary Calkins에게 어떤 일이 일어났는가에 대하여 논의해야만 했다. 진실되게 말하자면, 그녀는 윌리엄 제임스 — 그의 이름은 후에 내가 대학원 공부를 한 심리학과 건물을 빛내주었다 — 의 지도 아래 완성한 우수한 논문을 포함하여 학위를 얻기 위해 필요한 모든 것을 갖췄지만 그녀의 성별 때문에 학위를 받을 수 없었다. 때는 1895년이었다. 그때부터 1930년 그녀가 죽은 해까지 하버드는 차별적인 결정을 재고해달라는 반복적인 요청을 받았지만 거절할 뿐이었다. 1895년과 1930년 사이에 컬킨스는 미국 최고위 심리학자들 중의 한 명이 되었다. 1905년 그녀는 미국심리학회 회장으로 선출되었고, 1918년에는 미국철학회 회장으로 선출되었다(그 당시까지만 해도 심리학과 철학은 밀접하게 관련되어 있었다). 1927년 그녀가 죽기 3년 전에, 성차별적인 어처구니없는 일이 더 이상 계속되어서는 안 된다고 생각하는 하버드를 졸업한 유명인사들이 서명한 청원서를 하버드에 제출하기까지 했다. 하지만 컬킨스가 박사 학위를 받지 못하고 숨을 거둘 때까지 하버드는 입장을 굽히지 않았다.

당신은 이것이 그저 지난 이야기라고 말할지 모르겠다 — 특히 당신이 가슴 부분에 'HARVARD' 라고 새겨진 진홍색 티셔츠를 입고 있다면. 그렇게 말할 수도 있을 것이다. 하지만 학교 연보를 1895년으로부터 110년을 고속으로 감아서 2005년으로 가보자. 그해 초에 로렌스 서머스 대학

총장은 어떤 과학 분야에서 여성의 수가 적은 이유는 선천적인 차이가 부분적으로 설명할 수 있다고 말했다. 자연-양육 논쟁은 이번에는 여성 대 남성 문제를 갖고 다시 못생긴 머리를 쳐들었다. 비록 뒤따른 비난 때문에 서머스는 자리를 잃게 되고 하버드 역사상 처음으로 여성이 그의 자리를 차지하게 되었지만, 하버드의 최고 대변인이 많은(대부분은 아니라고 해도) 심리학자들이 사실이 아니라고 생각하는 것을 받아들였다는 사실은 여전히 남아 있다.

그래서 이제 내가 이 문제에 대하여 최소한 천재와 관련한 것에 관련하여 논쟁에 끼어들 시간이다. 하지만 제발, 아무쪼록, 이 섹션을 끝까지 읽을 때까지는 판단을 미루어 주길 바란다. 여러 다른 문장들을 고려하지 않고 한 문장에만 좁게 초점을 맞추어 표면적인 의미만 받아들이지 않기를 바란다. 동의하는가? 그렇다면 계속 읽어도 좋다. 그렇지 않다면 중간의 모든 부분을 뛰어넘고 이 책의 결론 부분만 읽어도 좋을 것이다.

의심의 여지가 없는 네 가지 사실로 시작해보자.

첫째, 만일 우리가 천재의 역사측정학적 정의를 적용한다면, 여성 천재의 비율은 대략의 기본 기대치인 50%에 훨씬 못 미친다. 예를 들어, 커텔(1903)의 서양 역사에서 가장 유명한 인물 100인의 명단 속에 3%만 여성이고, 이 여성들 중에서도 스코틀랜드의 메리 스튜어트, 영국의 엘리자베스 1세, 러시아의 예카트리나 대제, 카스티야의 이사벨라 그리고 스웨덴의 크리스티나와 같이 그들의 지위를 물려받은 군주가 많다. 엘리스(Havelock Ellis, 1904)의 『영국 천재 연구』에는 여성이 이보다 조금 더 포함되어서 5%를 조금 넘는 것으로 나타났다. 유명한 창조자, 지도자 그리고 다방면의 유명인들을 표본으로 한 연구에서도 여성이 차지하는 비율은 인구 비율로 본 여성 성인이 차지해야 하는 51%에 훨씬 미달한다(Goertzel et al., 1978). 우리가 창의적인 천재만 살펴본다면 이 그림은 개선되지 않는다. 가장 최근의 체계적인 조사에서 서양, 아라비아, 인도, 중국, 일본에서 과학, 철학, 문학, 예술, 음악 영역에서의 가장 중요한 인물들 중 여성이 차지하는 비율은 2.2%였다(C. Murray, 2003). 여성이 가장 높은 대표성을 나타낸 것은 일본 문학이지만, 그것도 8.2%에 불과했다. 대조적으로 세 가지 주요 철학적 전통(중국, 인도, 서양)에서의 매우 중요한 철학자는 한 명도 없었다. 0%였다!

둘째, 심리측정학적 정의를 사용한 여성 천재의 대표성은 완전히 불가능한 것이 아니라고 해도 결정하기가 훨씬 더 어렵다. IQ 검사는 여성과 남성이 같은 평균점을 얻도록 구성되어 있기 때문에 한 성별이 다른 성별보다 더 많은 g를 가지고 있다고 결론내릴 수 없다. 하지만 남성이 여성보다 지능 검사에서의 변산이 더 큰 것으로 나타나는 경우가 있다(Eysenck, 1995). 그것은 여성보다 더 많은 남성이 천재 수준의 IQ 점수를 얻는다는 것을 의미한다. 예를 들면, 터만(1925)의 1,528명의 어린이 표본 중에서, 857명이 소년이었고 671명이 소녀였다. 만일 IQ 140 이상으로 커트라인을 정했다면, 그 차이는 더 컸을 것이다. 만일 천재를 IQ 160 이상으로 정의한다면 남성 대 여성의 비율은 11 대 1이 될 것이다(Eysenck, 1995). 하지만 남성들이여, 이렇게 남성이 우월한 것처럼 보이는 것에 흡족하지 마라! 이것은 또한 그 분포의 아래 끝 부분에서도 남성이 여성보다 수가 많다는 것을 의미한다. 그래서 1994년 영화 〈덤 앤

더머〉에서 2명의 여자가 아니고 2명의 남자가 주인공인 것이다. 이것은 캐스팅 감독의 일을 훨씬 쉽게 만들어 주었다. 그럼에도 불구하고 남성의 IQ가 여성의 IQ보다 범위가 넓다는 생각은 논쟁의 소지가 많은 것으로 남아 있다. IQ는 키나 몸무게 혹은 물리학자가 측정하는 온도와 같은 자연적인 요인이 아니라, 인공적인 심리측정학적 도구에 의해서 측정되는 심리학적 구인이라는 것을 결코 잊어서는 안 된다.

셋째, 여성과 남성은 생물학적으로 다르다 — 이렇게 말해줄 필요도 없겠지만! 일차 성징과 이차 성징에서의 분명한 차이 이외에 두 성은 호르몬(예 : 테스토스테론)과 신경학적 조직(예 : 좌뇌와 우뇌의 차이)에서 다르다. 그럼에도 불구하고 이 신체적 대조는 관련된 이 문제와 특별한 연관성이 없을 수 있다는 것도 말해야만 한다. 성차는 왜 남성이 폭력범이 더 많은가 그리고 왜 남성 자폐 서번트가 더 많은가를 설명할 수 있다. 하지만 천재는 범죄 서번트적인 성향이 필요하다고 말하는 것은 과대해석이다! 그 밖에 남성과 여성은 천재와 천재가 아닌 사람을 구분하는 특성을 포함한 주요 성향적 특성에 있어서 거의 차이가 없다(Hyde, 2005). 자연히 나는 생물학적으로 가장 분명한 차이인 여성의 임신 능력을 언급하지 않았다. 그리고 이 필수적인 대조가 현재 이슈와 관련성이 있을 수 있다는 어떤 증거가 있다. 대부분의 세계 역사에서 높은 성취를 이루는 여성들은 자녀가 없거나 자녀의 수가 적은 경향이 더 많았다(Hayes, 1989). 그렇다고 해도 이 연구결과는 그 무엇보다도 전통적인 '아내와 어머니'에게 주어진 사회문화적 제약에 대한 것을 더 많이 이야기한다고 할 수 있다. 가정주부가 된 터마이츠는 그들의 지적 잠재력에 부합하는 삶을 살지 않았다(Terman & Oden, 1959).

마지막으로 어떤 성취 영역에서든 크게 성공한 여성의 비율은 시간과 공간에 따라 크게 다르다(Murray, 2003; Simonton, 1992a, 2002b). 여성에게 그들의 재능을 개발하기 위한 기회를 더 많이 주는 사회문화적 시스템 속에서는 여성들이 최고 수준의 업적을 달성하는 비율이 더 크다(Charness & Gerchak, 1996). 아마도 이 이유로 세계적인 위대한 천재들 중 여성이 차지하는 비율이 역사의 흐름에 따라 증가하는 경향이 있다(C. Murray, 2003; Simonton, 2002b). 여성은 성취에 방해가 되는 요소들이 덜 심각한 영역에서 훌륭한 업적을 남기는 경우가 많다는 것도 관련이 있다. 예를 들어, 오랫동안 그리고 아마도 지금까지도 여전히, 유명한 과학자가 되는 것보다는 위대한 소설가가 되는 것이 여성에게 훨씬 더 쉽다(C. Murray, 2003). 과학을 하기 위해서는 보통 비싼 실험실이나 관측소가 필요하지만 문학을 하기 위해서는 글을 쓰는 싼 책상만 있으면 된다. 어쨌든 여성들이 규범, 규칙, 편견, 차별 혹은 못난 일반적인 남성 성차별주의자와 관련된 그 무엇이든 사회문화적 환경의 영향을 항상 받아왔다는 것은 분명하다. 하버드 대학이 메리 컬킨스에게 어떻게 했는지 잊어버리지 마라! 당신은 프랑스 과학 아카데미French Academy of Sciences가 마리 퀴리Marie Curie에게 어떻게 했는지 알고 있는가? 그 당당한 단체는 그녀를 회원으로 받아들이지 않았다! 하지만 마리 퀴리는 노벨상을 수상한 첫 번째 여성일 뿐만 아니라 여성과 남성을 통틀어서 두 가지 다른 분야(화학과 물리학)에서 노벨상을 수상한 첫 과학자이기도 했다.

그래서 내가 믿는 것은 무엇인가? 나는 남성이 여성보다 천재의 가장 높은 단계에 도달하는 데에 있어서 유리한 점을 갖고 있을 것이라고 생각한다. 그럴 가능성이 있고 또한 그것을 부정하는 것은 어리석은 일일 것이다. 하지만 읽기를 계속해주기 바란다(특히 당신이 저널리스트라면). 현재 나는 누구도 그 결과에 대하여 그 어떤 단정적인 진술을 하는 것은 절대적으로 불가능하다고 주장한다. 네 번째 부정할 수 없는 사실을 마지막으로 이야기하는 이유는 그것이 가장 중요하기 때문이다. 지금 바로, 여성과 남성은 그 어떤 운동 분야에서도 서로 경쟁하지 않는다. 여성이 남성과 완전히 똑같은 선천적 재능을 갖고 태어날 수 있겠지만 그녀가 불가피하게 경험하게 되는 사건과 조건들에 의해 그 재능을 개발시키지 못하게 되고 만다. 이것은 왜 서머스의 주장이 그렇게 문제를 일으켰는가 하는 한 가지 이유이다. 여성은 과학에 선천적인 무능력을 갖고 태어났다고 말하는 것은 동등한 재능을 갖고 있는 남성은 공유하지 않는 환경적인 핸디캡을 여성들에게 자동적으로 줄 것이다. 그 말은 다시 자충예언이 될 수 있다. 만일 하버드 대학의 총장이 그것을 말한다면, 여성성에 대한 멸시를 받은 재능 있는 10대에게 어떤 영향을 미치겠는가?

결과적으로, 그 어떤 결론적인 선언을 하기 전에 우리는 우선 천재의 출현에 있어서 성차에 대한 사회적 심리학을 충분히 이해할 필요가 있다. 모든 외재적 영향을 고려한 후에도 이 차이가 있다는 것이 밝혀지고 난 후에라야만, 선천적 차이점에 대한 타당한 주장을 시작할 수 있다. 가장 짧게 말하면 — 그리고 당신은 내 말을 인용할 수 있다 — 자연은 양육의 설명력이 고갈된 후에라야만 나머지의 설명을 제공한다. 만일 그렇게 했는데 그 나머지가 사소한 것이 아니라면, 그렇게 말해도 좋다. 우리는 과학적인 진실을 피할 수 없다. 만일 그것이 진실이라면.

인종과 성공

이제 나를 적지 않게 또한 당황하게 하는 것에 대하여 이야기하겠다. 사실대로 말하면 그것은 나를 난처하게 만든다. 그것은 나의 영웅인 프랜시스 골턴과 관련이 있다. 당신이 이미 알고 있겠지만, 그는 천재 연구를 처음으로 체계적으로 시작한 위대한 과학자였으며 심리측정학적 정의와 역사측정학적 정의 모두에 의해 천재로 확인된 첫 인물이었다(Terman, 1917). 1869년 출간된 골턴의 『유전적 천재』는 아직까지도 그 분야의 기념비적 책들 중 하나이며, 심리학에서도 기념비적 책으로 남아 있다. 이 모든 것에도 불구하고, 주춤하지 않고서는 그 책의 목차조차 읽을 수 없다. '여러 인종의 가치 비교' 라는 제목의 장도 포함되어 있다. 여기에서 골턴은 "아테네 민족의 평균 능력은 가능한 한 가장 낮게 예측한다고 해도 우리 자신들보다 거의 두 등급이 높다. 즉 "백인이[7] 아프리카 흑인 인종보다 더 높은 정도"(Galton, 1892/1972, p. 397)라고 진지하게 주장한다. 그는 아테네 황금기와 영국의 천재 1인당 산출물을 비교하고, 영국과 아프리카 대륙의 천재 1인당 산출물을 비교한 결과를 근거로 이 결론을 내렸다. 그는 그가 참고한 책들이 자기 민족 중심주의의 편견에 대한 죄책감을 가질 수 있다는 것을 전혀 고려하지 않았다. 그는 그의 표에 일부 영향을 미쳤을 수 있는 그 어떤 사회문화적 요인도 고려하지 않았다. 골턴이 이 모든 요인들을 무시한 것은 칸돌레(1873)가 언제 그리고 어디에 천재가 출현할 것인지 결정하는 정치적, 사회적, 경제적, 지리적, 교육적,

종교적 영향력을 상세하게 기록한 것과는 상당한 대조를 이룬다. 그리고 칸돌레는 자기 민족 중심주의에 대한 수정을 제안하기도 했다!

그의 잘못된 논리를 제쳐두고라도, 골턴의 인종이라는 단어의 사용은 오늘날 많은 심리학자들의 마음을 괴롭힌다. 그 용어는 성격상 명백히 생물학적이다. 그것은 자연이 양육에 앞선다는 골턴의 굳은 신념을 반영한다. 오늘날 그 단어는 과학적인 개념으로 사랑을 받지 못하고 있으며 그에 대한 타당한 이유가 있다. 그것은 종종 너무 애매하고, 너무 광범위하고 포괄적이며, 인종차별적인 의미를 포함하고 있다. 이것은 지구상에 흩어져 있는 다양한 사람들 간에 생물학적인 차이가 존재하지 않는다는 것을 말하는 것이 아니다. 그렇게 말하는 것은 어리석다. 분명히 아마존 지역의 원주민들은 이베리아 반도의 주민들과는 다른 유전자 표지를 갖고 있을 것이다. 하지만 성차의 경우와 마찬가지로, 이 차이가 우리가 당면한 이슈에 적용될 수 있는가를 의심해보아야 한다. 사실, 소위 말하는 인종에 따라 그 문화가 거의 항상 다르다는 사실을 두고 볼 때, 그것의 적용 가능성은 더 의심스럽다. 그들은 각각 독특한 문화나 민족성을 구성한다. 그리고 만일 인간 본성에 대하여 무엇인가 분명히 우리가 아는 것이 있다면, 우리가 속하는 문화가 우리 유전자 속에 있는 것으로 생각되는 모든 생물학적 성향을 우선할 수 있다. 6장에서 지적한 점으로 돌아가서, 그리스의 황금기를 창조한 것은 인종이 아니라 문화였다. 그러나 마찬가지로 그리스 문명의 쇠망을 초래한 것도 인종이 아니라 문화였다.

두 가지 사례를 더 설명하겠다 — 아랍인과 유태인.

선지자 무함마드와 이슬람교가 나타나기 전에 아랍인들은 세계 문명에서 문화적으로 낙후했다. 지금까지 서양 세계의 경이적인 업적은 그들의 이웃들 — 이집트인, 수메르인, 바빌론인, 페르시아인 등 — 에 의해 산출되었다. 시 영역에서만은 천재를 배출했다고 아랍인들이 주장할 수 있을 것이다. 하지만 별안간에 그들은 회교도가 되어서 남부 지중해와 페르시아와 중앙아시아를 정복하기 시작하고, 비교적 짧은 시간 내에 그들은 몇몇 중요한 영역들에서 높은 수준의 천재를 배출한다. 위대한 통치자, 위대한 장군, 위대한 천문학자, 위대한 수학자, 위대한 물리학자, 위대한 철학자, 위대한 시인 그리고 많은 위대한 인물들. 아랍 혈통에 대해 그런 믿을 수 없는 성취를 가능하게 해줄 수 있는 유전자 풀의 획기적인 변화는 없었다. 그 극적인 변화는 새로운 종교의 갑작스러운 도입과 그에 따라 아랍 이웃들의 높은 문명을 빠르게 흡수하고 동화한 결과였다. 이것은 내가 일본 문명에 대하여 6장에서 말한 것을 생각나게 한다. 사실 아랍 문화가 외국의 영향에 귀를 막은 후 어떻게 변했는가? 그 후의 아랍의 몰락은 거의 분명하게 이교도들과 이단자들의 업적을 무시한 결과다. 결과적으로 아랍인들은 마침내 세계 문명 역사의 주 무대에서 사라졌다.

유태인들은 이 과정에서 다른 모습을 보여 준다. 천재를 연구하는 사람들은 유태인 배경을 갖고 있는 사람들 중에서 천재가 많은 것을 무시할 수 없다. 최근의 서양 문명 역사에서 인구수에 비교해서 그들은 약 10배나 많은 뛰어난 창조자를 배출하고 있다(Arieti, 1976; Hayes, 1989; C. Murray, 2003; Veblen, 1919). 칼 마르크스, 지그문트 프로이트 그리고 알버트 아인슈타인은 가장 대표적인 예일 뿐이다. 이런 탁월함으로부터 우리는 유태인들은 골턴이 말하는 아테네인들에 대적하는 우수한 인종이라고 생각하고 싶어 할 수 있다. 하지만 주의해야 할 점이 있다. 유태인 공동체들 중에서도 중동아시아계(Oriental Jews; 세파르디와 미즈라히)보다 중앙유럽계(Occidental Jews; 아슈케나지) 출신 중에서 천재가 많이 배출되었다. 그 밖에 중앙유럽계의 상승된 지위도 비교적 최근에 일어난 일이다. 대략적으로 말해서 아슈케나지Ashkenazi 천재들은 그들이 거주했던 유럽 국가들이 그들에게 더 많은 평등권을 인정하고 난 후에 그리고 더 많은 유태인들이 자신들을 주류문화에 통합시킴으로써 기회에 잘 적응한 후에야 나타나게 되었다. 아랍인의 사례에서와 같이, 해방과 동화 이 두 단계의 조합은 너무나 빨리 일어났기 때문에 그것을 유전자 풀의 변화에 귀인할 수 없다.

우연하게도 이 두 가지 예는 연관이 있다. 오랫동안 중동아시아계는 중앙유럽계보다 유리한 위치에 있었다. 뛰어난 철학자 모세 마이모니데스Moses Maimonides는 그의 대부분의 작품을 아랍어로 썼고, 히브리어로 쓴 것도 있지만 라틴어나 다른 유럽어로 쓴 작품은 하나도 없다. 그는 코르도바Muslim Cordoba에서 태어났고 이집트에 있는 지금은 구 카이로라는 곳에서 죽었다. 하지만 중앙유럽계 유태인들이 유럽 문명이 세계 정상에 오를 때 참여하는 동안, 중동아시아계 유태인들은 아랍 문명이 몰락할 때까지 단단하게 결부되어 있었다. 이런 운명의 뒤바뀜은 인종이라고들 말하는 것의 운명에 대한 생물학적인 기초보다 사회문화적인 기초를 다시 한 번 더 강조한다. 첫째가 매우 빨리 마지막이 될 수 있고 마지막이 그만큼 빨리 첫째가 될 수 있다.

나는 인간의 생물학적 차이가 전혀 중요하지 않다고는 결론내리지 않을 것이다. 아마도 어떤 방식으로 혹은 어떤 수준에서 중요할 수 있다. 그 가능성은 개방적으로 사고하는 그 누구라도 무조건적으로 기각할 수는 없다. 내가 말하고자 하는 것은 인간의 유전적 구성 밖에 있는 집단적인 차이에 커다란 영향을 미치는 것을 우선 제거할 때까지는 이 추측에 대한 엄격한 과학적인 결론을 내릴 수 없다는 것이다. 천재를 포함하여 모든 인간 현상의 복잡하고 다원적인 성격을 고려하면, 가까운 시간에 앞으로 밝혀져야 할 그 설명할 수 없는 부분을 분리시킬 수 없을 것 같다. 따라서 당분간은 추정상의 인종에 대해 위계를 두는 것은 제발 하지 말아야 하겠다. 인종 우월성과 열등성에 대한 교리는 과학적 진실의 표면적인 탈을 쓸 때 훨씬 더 해를 끼친다. 그런 교리가 천재 인간Homo의 집단적인 역사를 부끄럽게 하는 홀로코스트와 다른 만행들을 일으켰다.

마지막 수업 날

내가 이 장의 첫 번째 단락에서 소개했던 천재, 창의성 그리고 리더십 과목으로 돌아가자. 그 과목은 캘리포니아 대학 데이비스 캠퍼스에서 학수 번호가 175였지만, 심리학개론 과목이 1번이 아니고 101이었다면, 275번이 되었을 것이다. 내가 175를 처음 가르쳤을 때 나는 나의 책 『천재, 창의성 그리고 리더십(Genius, Creativity, and Leadership)』(1984c)을 교재로 사용했지만, 10년 후에 나는 같은 목적을 위해 나의 책 『위대함(Greatness)』을 사용했다(Simonton, 1994). 맞다. 우리 교수들은 자신이 쓴 책을 필수교재로 지정한다. 그리고 이제 『천재 101』이 나왔으니까 내가 가르치는 175 과목이 개설되는 매 학기에 학교 서점의 서가 자리에는 『위대함』 대신 『천재 101』이 차지할 것이다.

당신은 교수들이 진짜 순전히 욕심에서 이 방법을 쓴다고 생각할 수 있다. 학생들이 어쩔 수 없이 사야 하는 — 특별한 책을 읽게 강요하는 유일한 관계 — 그 책에서 얻는 모든 인세를 생각하면, 그 교수들이 곧 비싼 스포츠카를 타고, 이국적인 곳으로 휴가를 가고, 땅값이 비싼 곳에 있는 집을 산다고 생각할 것이다. 그러나 사실 헌책 시장은 우리 교수들이 빨리 부자가 되는 것에 대해 갖고 있을 수도 있는 어떤 환상도 재빨리 지우게 한다. 나는 보통 1년에 한 번만 175를 가르치고, 수강하는 학생은 최대 50명이다. 내가 그 과목을 처음 몇 번 가르친 후에 나는 거의 모든 학생들의 가방에 들어 있는 책들은 겉표지가 낡고 여러 스타일로 마킹이 되어 있는 누렇게 된 속지 — 재사용된 것을 보여 주는 — 를 갖고 있는 헌책이라는 것을 알기 시작했다. 그래서 아마도 내가 가르치는 175 과목을 수강하는 100명밖에 안 되는 모든 학생들이 새 책을 사면, 나는 팔린 새 책에 대해서만 수입이 생긴다. 나의 인세가 소매가의 10%에서 시작하고(수천 부 판매 부수까지), 당신은 내가 175 과목에서 『천재 101』을 필수교재로 지정함으로써 얼마나 많은 수입을 얻게 되는지 쉽게 계산할 수 있다. 당신이 지불한 액수에 10을 곱하기만 하면 된다(100명이 지불한 액수의 10%). 당신이 알 수 있듯이, 이 책을 팔아서 돈 냄새를 맡는 부자가 되지는 않는다! 그 돈으로 새 컴퓨터 하나 사기도 어렵다.

하지만 나는 175로 돌아갈 필요가 있다. 수업 마지막 날, 나는 전체 수업 과정에 관련되는 네 가지 핵심 주제를 논의함으로써 그 학기에 공부한 내용을 종합한다. 이 주제들은 네 가지 질문과 관련된다 — 당신은 천재를 어떻게 정의내립니까? 당신은 천재를 어떻게 확인합니까? 당신은 천재성을 장려하기 위해 어떻게 중재합니까? 그리고 천재를 연구하는 가장 적절한 방법은 무엇입니까? 네 가지 단어로 말하면 정의, 확인, 중재 그리고 탐색이다. 이 주제들은 2시간 동안의 학기말 시험을 위한 네 가지 예상 문제를 위한 기초가 된다. 그 네 가지 질문은 다음과 같다.

시험 문제 1 : 이 수업에서 우리는 예외적인 창의성과 리더십이 천재성을 나타내는 두 가지 주요한 특성이라고 가정했다. 천재성이라는 용어가 어느 정도 성공적으로 그 두 가지 행동 현상을 포괄하는가? 이 광범위한 분류 밖에 있는 것으로 보이는 창의성과 리더십의 측면들이 있는가? 그리고 천재라는 용어는 타당하게 쓸 수 있지만 창의성이나 리더십에 포함되지 않는 것으로 보이는 업적이나 명성의 다른 영역을 생각할 수 있는가? 예를 들어, 세계적인 주요 종교를 창시한 사람은 어떤가? 혹은 록 스타는? 요리사는?

시험 문제 2 : 매년 맥아더 재단은 거의 모든 활동 영역에서 훌륭한 업적을 달성한 현존하는 유명인에게 50만 달러를 수여한다. 신문은 이것을 '천재 상'이라고 부르며 따라서 그 수상자는 부자가 될 뿐만 아니라 공식적으로 천재로 확인받게 된다. 당신이 올해 말에 대학을 졸업하고 일자리를 구하고 있는데, 맥아더 재단이 다음 해의 천재를 뽑는 일을 도와줄 사람을 구하고 있는 구인광고를 보게 되었다고 해보자. 심리학 175에서 좋은 성적을 받았으므로, 당신은 그 자리를 위한 확실한 적임자라고 생각한다. 하지만 당신은 지원서에 그 수상자를 정할 때 어떤 기준을 사용할 것인가에 대하여 구체적으로 잘 체계화된 의견서를 함께 제출해야 한다. 당신은 어떤 점을 보겠는가? 발달 경험이나 성격 특성? 객관적인 행동이나 대인 관계?

시험 문제 3 : 지금 국가 위기 상황이다. 미국 대통령은 연두 교서에서 미국의 천재 1인당 산출이 다른 나라들보다 뒤진다고 말했다. 이렇게 뒤처진 것은 기업과 정치(그 자신은 제외하고)에서 일류 지도자가 부족할 뿐만 아니라 최근의 노벨상 수상자들 중에서도 미국인들이 적게 나오는 것으로 증명된다. 따라서 의회는 최선의 지혜를 모아서 정상적으로는 국방부에 주는 전체 예산을 2050년까지 세계 천재에서 미국이 차지하는 비율을 높이기 위한 대대적인 캠페인을 벌이는 데 사용하기로 의결했다. 10년 전에 당신이 심리학 175에서 좋은 성적을 얻었으므로 대통령은 당신에게 천재 황제로서 그 일을 맡아 달라고 했다. 돈은 문제가 되지 않기 때문에 당신은 미국을 황금기의 그리스처럼 만들기 위한 어떠한 방대한 프로그램도 시도할 수 있다. 특히, 당신은…….

시험 문제 4 : 이 수업에서 우리는 천재, 창의성 그리고 리더십을 여러 가지 방법론적 테크닉과 이론적 관점에서 공부했다. 이들 중에서 가장 계몽적인 접근은 무엇이고 가장 덜 계몽적인 접근은 무엇인가 그리고 그 이유는 무엇인가? 어느 정도 어떤 방법론이 특정한 이론과 연결되어 있고, 반면에 어떤 방법이 상대적으로 이론적인 기반이 없는가? 어떤 방법과 이론들이 창의성을 연구하기 위해 가장 적절한가? 어떤 연구가 리더십 연구에 가장 훌륭한가? 한 가지 방법과 이론을 모든 관련된 현상에 적용할 수 있는 천재 심리학이

나오려면 어느 정도 기다려야 가능할까? 천재에 대하여 최근의 방법론적 그리고 이론적 틀에 의해 간과된 측면들이 있는가?

만일 당신에게 선택권이 있다면, 이 질문들 중 당신은 어떤 문제를 선택하여 답을 작성하고 싶은가? 이 질문에 어떻게 답하겠는가? A^+ 점수를 받기 위해서 답안지에 무엇을 써야 할 것인지 요점을 써보라.

당신은 아직 충분히 모르겠다고 생각할 수 있다. 결국, 당신은 이 얇은 교재만 읽었지, 내 강의를 수강하지도 않았고, 다른 보충 교재를 읽어보지도 않았을 수 있다. 당신은 답안지를 작성해본 적이 없을 수도 있다.

그것은 중요하지 않다. 나는 당신이 나의 천재 201과 301 수업을 듣도록 고무하고 싶다. 이 가장 매력적이고 의미가 있는 현상에 대해 배울 것이 여전히 많이 있다 — 많은 책들, 많은 논문들. 만일 당신이 미리 배우고 싶다면, 당신은 http://psychology.ucdavis.edu/Simonton/p175wmain.html에서 심리학 175를 탐색해볼 수 있을 것이다. 특히 웹페이지에 많이 연결해주기를 바란다. 당신은 재미있으면서도 교육적인 많은 자료들을 발견할 것이다.

하지만 보장은 못한다! 당신이 천재 101, 201 그리고 301에서 멋지게 높은 점수를 받고 패스할 수 있겠지만, 그렇다고 천재가 되는 것은 아니다. 당신은 이미 그 이유를 알고 있어야 한다(힌트 : 핵심 단어인 '독창적' 그리고 '본보기가 되는'). 하지만 최소한 천재가 되기 위해서 당신이 무엇을 해야 하는가는 지금 알고 있다. 그것을 실천하라!

역자주

1) 1919년 런던왕립학회가 기니 만에 있는 프린시페 섬에서 일식을 촬영하고, 일반상대성이론에서의 예측을 검증한 값을 얻었다고 발표했다. 이로써 아인슈타인은 뉴턴 역학의 세계관을 마감한 인물로서 세계적인 명성을 얻게 되고 1921년에는 광전효과에 대한 공로로 노벨물리학상을 수상한다.
2) 그는 1972년 챔피언십에서 우승한 이후 단 한 게임도 두지 않았다. 그 이유는 아직까지 확실하게 밝혀지지 않았다. 그의 유년기 이야기가 1993년 〈Searching For Bobby Fisher〉라는 제목의 영화로 나왔다.
3) 1863년에 작곡된 F 단조 교향곡.
4) 아름다운 선율 때문에 가장 많이 알려진 교향곡 4번이 1874년에 완성된다. 1878년에 4악장 개정이 이루어진다. 이 교향곡 4번은 고친 판이 많아서 작곡가의 의도가 가장 제대로 반영된 것은 어떤 것인가 하는 브루크너 판본 문제를 야기한다. 이러한 개정은 1880년에 완성되며 우리가 알고 있는 '낭만적' 교향곡은 1880년판을 기초로 한다. 이후 1881년과 1886년에 연주용으로 소폭 개정되었다.
5) 재공품(在工品), 생산 공정 중에 있는 미완성 제품.
6) 우연히 대통령이 되었다는 뜻으로 Excellency 대신에 Accidency를 사용.
7) 골턴이 말하는 우리란 백인을 말함.

참고문헌

Abelson, R. P. (1985). A variance explanation paradox: When a little is a lot. *Psychological Bulletin, 97*, 129–133.

Albert, R. S. (1975). Toward a behavioral definition of genius. *American Psychologist, 30*, 140–151.

Albert, R. S. (1994). The achievement of eminence: A longitudinal study of exceptionally gifted boys and their families. In R. F. Subotnik & K. D. Arnold (Eds.), *Beyond Terman: Contemporary longitudinal studies of giftedness and talent* (pp. 282–315). Norwood, NJ: Ablex.

Amabile, T. M. (1983). *The social psychology of creativity.* New York: Springer-Verlag.

American heritage electronic dictionary (3rd ed.). (1992). Boston: Houghton Mifflin.

American Psychiatric Association. (1994). *Diagnostic and statistical manual of mental disorders* (4th ed.). Washington, DC: Author.

Andreasen, N. C. (1987). Creativity and mental illness: Prevalence rates in writers and their first-degree relatives. *American Journal of Psychiatry, 144*, 1288–1292.

Andreasen, N. C., & Canter, A. (1974). The creative writer: Psychiatric symptoms and family history. *Comprehensive Psychiatry, 15*, 123–131.

Andrews, F. M. (Ed.). (1979). *Scientific productivity: The effectiveness of research groups in six countries.* Cambridge, England: Cambridge University Press.

Ansburg, P. I., & Hill, K. (2003). Creative and analytic thinkers differ in their use of attentional resources. *Personality and Individual Differences, 34*, 1141–1152.

Arieti, S. (1976). *Creativity: The magic synthesis.* New York: Basic Books.

Auden, W. H. (1948). Squares and oblongs. In R. Arnheim, W. H. Auden, K. Shapiro, & D. A. Stauffer (Eds.), *Poets at work: Essays based on the modern poetry collection at the Lockwood Memorial Library, University of Buffalo* (pp. 163–181). New York: Harcourt, Brace.

Babcock, W. L. (1895). On the morbid heredity and predisposition to insanity of the man of genius. *Journal of Nervous and Mental Disease, 20,* 749–769.

Barron, F. X. (1955). The disposition toward originality. *Journal of Abnormal and Social Psychology, 51,* 478–485.

Barron, F. X. (1963). *Creativity and psychological health: Origins of personal vitality and creative freedom.* Princeton, NJ: Van Nostrand.

Beard, G. M. (1874). *Legal responsibility in old age.* New York: Russell.

Berry, C. (1981). The Nobel scientists and the origins of scientific achievement. *British Journal of Sociology, 32,* 381–391.

Binet, A., & Simon, T. (1905). Méthodes nouvelles pour le diagnostic du niveau intellectuel des anormaux. *Année Psychologique, 12,* 191–244.

Bliss, W. D. (1970). Birth order of creative writers. *Journal of Individual Psychology, 26,* 200–202.

Bloom, B. S. (Ed.). (1985). *Developing talent in young people.* New York: Ballantine Books.

Boden, M. A. (1991). *The creative mind: Myths and mechanisms.* New York: Basic Books.

Bouchard, T. J., Jr. (1994). Genes, environment, and personality. *Science, 264,* 1700–1701.

Bouchard, T. J., Jr. (2004). Genetic influence on human psychological traits: A survey. *Current Directions in Psychological Science, 13,* 148–151.

Bouchard, T. J., Jr., Lykken, D. T., McGue, M., Segal, N. L., & Tellegen, A. (1990, October 20). Sources of human psychological differences: The Minnesota study of twins reared apart. *Science, 250,* 223–228.

Bouchard, T. J., Jr., & McGue, M. (1981, May). Familial studies of intelligence: A review. *Science, 212,* 1055–1059.

Bowden, E. M., Jung-Beeman, M., Fleck, J., & Kounios, J. (2005). New approaches to demystifying insight. *Trends in Cognitive Sciences, 9,* 322–328.

Bowerman, W. G. (1947). *Studies in genius.* New York: Philosophical Library.

Bramwell, B. S. (1948). Galton's "Hereditary" and the three following generations since 1869. *Eugenics Review, 39,* 146–153.

Brimhall, D. R. (1922). Family resemblances among *American Men of Science*. *American Naturalist, 56*, 504–547.

Brimhall, D. R. (1923a). Family resemblances among *American Men of Science*. II. Degree of resemblance in comparison with the generality: Proportion of workers in each science and distribution of replies. *American Naturalist, 57*, 74–88.

Brimhall, D. R. (1923b). Family resemblances among *American Men of Science*. III. The influence of the nearness of kinship. *American Naturalist, 57*, 137–152.

Brown, F. (1968). Bereavement and lack of a parent in childhood. In E. Miller (Ed.), *Foundations of child psychiatry* (pp. 435–455). Oxford, England: Pergamon Press.

Buchanan, B. G., & Shortliffe, E. H. (Eds.). (1984). *Rule-based expert systems: The MYCIN experiments of the Stanford Heuristics Programming Project*. Reading, MA: Addison-Wesley.

Campbell, D. T. (1960). Blind variation and selective retention in creative thought as in other knowledge processes. *Psychological Review, 67*, 380–400.

Candolle, A. de. (1873). *Histoire des sciences et des savants depuis deux siècles*. Geneva, Switzerland: Georg.

Cannon, W. B. (1940). The role of chance in discovery. *Scientific Monthly, 50*, 204–209.

Carroll, J. B. (1993). *Human cognitive abilities: A survey of factor-analytical studies*. New York: Cambridge University Press.

Carson, S., Peterson, J. B., & Higgins, D. M. (2003). Decreased latent inhibition is associated with increased creative achievement in high-functioning individuals. *Journal of Personality and Social Psychology, 85*, 499–506.

Cassandro, V. J. (1998). Explaining premature mortality across fields of creative endeavor. *Journal of Personality, 66*, 805–833.

Cattell, J. M. (1890). Mental tests and measurements. *Mind, 15*, 373–381.

Cattell, J. M. (1903). A statistical study of eminent men. *Popular Science Monthly, 62*, 359–377.

Cattell, R. B., & Butcher, H. J. (1968). *The prediction of achievement and creativity*. Indianapolis: Bobbs-Berrill.

Chambers, J. A. (1964). Relating personality and biographical factors to scientific creativity. *Psychological Monographs: General and Applied, 78* (7, Whole No. 584).

Charness, N., & Gerchak, Y. (1996). Participation rates and maximal performance: A log-linear explanation for group differences, such as Russian and male dominance in chess. *Psychological Science, 7,* 46–51.

Clark, R. D., & Rice, G. A. (1982). Family constellations and eminence: The birth orders of Nobel Prize winners. *Journal of Psychology, 110,* 281–287.

Cohen, J. (1988). *Statistical power analysis for behavioral sciences* (2nd ed.). Hillsdale, NJ: Erlbaum.

Cope, D. (1996). *Experiments in musical intelligence.* Madison, WI: A-R Editions.

Cox, C. (1926). *The early mental traits of three hundred geniuses.* Stanford, CA: Stanford University Press.

Cronbach, L. J. (1960). *Essentials of psychological testing* (2nd ed.). New York: Harper & Row.

Csikszentmihályi, M. (1990). The domain of creativity. In M. A. Runco & R. S. Albert (Eds.), *Theories of creativity* (pp. 190–212). Newbury Park, CA: Sage.

Cziko, G. A. (1998). From blind to creative: In defense of Donald Campbell's selectionist theory of human creativity. *Journal of Creative Behavior, 32,* 192–208.

Davis, R. H., & Maurice, A. B. (1931). *The caliph of Bagdad: Being Arabian nights flashes of the life, letters, and work of O. Henry.* New York: Appleton.

Dennis, W. (1954a, September). Bibliographies of eminent scientists. *Scientific Monthly, 79,* 180–183.

Dennis, W. (1954b). Productivity among American psychologists. *American Psychologist, 9,* 191–194.

Dennis, W. (1955, April). Variations in productivity among creative workers. *Scientific Monthly, 80,* 277–278.

Dennis, W. (1966). Creative productivity between the ages of 20 and 80 years. *Journal of Gerontology, 21,* 1–8.

Dryden, J. (1681). *Absalom and Achitophel: A poem.* London: Davis.

Dryden, J. (1885). Epistle to Congreve. In W. Scott & G. Saintsbury (Eds.), *The works of John Dryden* (Vol. 11, pp. 57–60). Edinburgh, Scotland: Paterson. (Original work published 1693)

Duckworth, A. L., Peterson, C., Matthews, M. D., & Kelly, D. R. (2007). Grit: Perseverance and passion for long-term goals. *Journal of Personality and Social Psychology, 92,* 1087–1101.

Duda, R. O., & Shortliffe, E. H. (1983). Expert systems research. *Science, 220,* 261–268.

Dunbar, K. (1995). How scientists really reason: Scientific reasoning in real-world laboratories. In R. J. Sternberg & J. E. Davidson (Eds.), *The nature of insight* (pp. 365–396). Cambridge, MA: MIT Press.

Eisenman, R. (1964). Birth order and artistic creativity. *Journal of Individual Psychology, 20,* 183–185.

Elliott, W. E. Y., & Valenza, R. J. (2004). Oxford by the numbers: What are the odds that the Earl of Oxford could have written Shakespeare's poems and plays? *Tennessee Law Review, 72,* 323–453.

Ellis, H. (1904). *A study of British genius.* London: Hurst & Blackett.

Elo, A. E. (1965). Age changes in master chess performance. *Journal of Gerontology, 20,* 289–299.

Elo, A. E. (1986). *The rating of chessplayers, past and present* (2nd ed.). New York: Arco.

Ericsson, K. A. (1996). The acquisition of expert performance: An introduction to some of the issues. In K. A. Ericsson (Ed.), *The road to expert performance: Empirical evidence from the arts and sciences, sports, and games* (pp. 1–50). Mahwah, NJ: Erlbaum.

Ericsson, K. A., Charness, N., Feltovich, P. J., & Hoffman, R. R. (Eds.). (2006). *The Cambridge handbook of expertise and expert performance.* New York: Cambridge University Press.

Ericsson, K. A., Krampe, R. T., & Tesch-Römer, C. (1993). The role of deliberate practice in the acquisition of expert performance. *Psychological Review, 100,* 363–406.

Erikson, E. H. (1958). *Young man Luther: A study in psychoanalysis and history.* New York: Norton.

Erikson, E. H. (1969). *Gandhi's truth on the origins of militant nonviolence.* New York: Norton.

Eysenck, H. J. (1993). Creativity and personality: Suggestions for a theory. *Psychological Inquiry, 4,* 147–178.

Eysenck, H. J. (1994). Creativity and personality: Word association, origence, and psychoticism. *Creativity Research Journal, 7,* 209–216.

Eysenck, H. J. (1995). *Genius: The natural history of creativity.* Cambridge, England: Cambridge University Press.

Falconer, D. S. (1989). *Introduction to quantitative genetics* (3rd ed.). New York: Wiley.

Farnsworth, P. R. (1969). *The social psychology of music* (2nd ed.). Ames, IA: Iowa State University Press.

Feist, G. J. (1993). A structural model of scientific eminence. *Psychological Science, 4,* 366–371.

Feist, G. J. (1998). A meta-analysis of personality in scientific and artistic creativity. *Personality and Social Psychology Review, 2,* 290–309.

Feist, G. J. (2006). How development and personality influence scientific thought, interest, and achievement. *Review of General Psychology, 10,* 163–182.

Feist, G. J., & Barron, F. X. (2003). Predicting creativity from early to late adulthood: Intellect, potential, and personality. *Journal of Research in Personality, 37,* 62–88.

Feldman, D. H., with Goldsmith, L. T. (1986). *Nature's gambit: Child prodigies and the development of human potential.* New York: Basic Books.

Fernberger, S. W. (1946, August 23). Scientific publication as affected by war and politics. *Science, 104,* 175–177.

Freud, S. (1964). *Leonardo da Vinci and a memory of his childhood* (A. Tyson, Trans.). New York: Norton. (Original work published 1910)

Galton, F. (1865). Hereditary talent and character. *Macmillan's Magazine, 12,* 157–166, 318–327.

Galton, F. (1869). *Hereditary genius: An inquiry into its laws and consequences.* London: Macmillan.

Galton, F. (1874). *English men of science: Their nature and nurture.* London: Macmillan.

Galton, F. (1883). *Inquiries into human faculty and its development.* London: Macmillan.

Galton, F. (1972). *Hereditary genius: An inquiry into its laws and consequences* (2nd ed.). Gloucester, MA: Peter Smith. (Original work published 1892)

Gardner, H. (1983). *Frames of mind: A theory of multiple intelligences.* New York: Basic Books.

Gardner, H. (1993). *Creating minds: An anatomy of creativity seen through the lives of Freud, Einstein, Picasso, Stravinsky, Eliot, Graham, and Gandhi.* New York: Basic Books.

Gardner, H. (1998). Are there additional intelligences? The case for naturalist, spiritual, and existential intelligences. In J. Kane (Ed.), *Education, information, and transformation* (pp. 111–131). Upper Saddle River, NJ: Merrill.

Gartner, J. D. (2005). *The hypomanic edge: The link between (a little) craziness and (a lot of) success in America.* New York: Simon & Schuster.

Ginsburgh, V., & Weyers, S. A. (2006). Persistence and fashion in art: Italian Renaissance from Vasari to Berenson and beyond. *Poetics, 34,* 24–44.

Goertzel, M. G., Goertzel, V., & Goertzel, T. G. (1978). *300 eminent personalities: A psychosocial analysis of the famous.* San Francisco: Jossey-Bass.

Gottfredson, L. S. (1997). Why g matters: The complexity of everyday life. *Intelligence, 24*, 79–132.

Götz, K. O., & Götz, K. (1979a). Personality characteristics of professional artists. *Perceptual and Motor Skills, 49*, 327–334.

Götz, K. O., & Götz, K. (1979b). Personality characteristics of successful artists. *Perceptual and Motor Skills, 49*, 919–924.

Guilford, J. P. (1967). *The nature of human intelligence.* New York: McGraw-Hill.

Hadamard, J. (1945). *The psychology of invention in the mathematical field.* Princeton, NJ: Princeton University Press.

Harrington, D. M. (1990). The ecology of human creativity: A psychological perspective. In M. A. Runco & R. S. Albert (Eds.), *Theories of creativity* (pp. 143–169). Newbury Park, CA: Sage.

Harris, J. A. (2004). Measured intelligence, achievement, openness to experience, and creativity. *Personality and Individual Differences, 36*, 913–929.

Hart, M. H. (2000). *The 100: A ranking of the most influential persons in history* (Rev. & updated). Secaucus, NJ: Citadel Press.

Hayes, J. R. (1989). *The complete problem solver* (2nd ed.). Hillsdale, NJ: Erlbaum.

Helmholtz, H. von. (1898). An autobiographical sketch. In *Popular lectures on scientific subjects, second series* (E. Atkinson, Trans.; pp. 266–291). New York: Longmans, Green.

Helmreich, R. L., Spence, J. T., Beane, W. E., Lucker, G. W., & Matthews, K. A. (1980). Making it in academic psychology: Demographic and personality correlates of attainment. *Journal of Personality and Social Psychology, 39*, 896–908.

Helson, R., & Crutchfield, R. S. (1970). Mathematicians: The creative researcher and the average Ph.D. *Journal of Consulting and Clinical Psychology, 34*, 250–257.

Herek, G. M., Janis, I. L., & Huth, P. (1987). Decision making during international crises: Is quality of process related to outcome? *Journal of Conflict Resolution, 31*, 203–226.

Herek, G. M., Janis, I. L., & Huth, P. (1989). Quality of U.S. decision making during the Cuban missile crisis. *Journal of Conflict Resolution, 33*, 446–459.

Hollingworth, L. S. (1926). *Gifted children: Their nature and nurture.* New York: Macmillan.

Hollingworth, L. S. (1942). *Children above IQ 180: Origin and development.* Yonkers-on-Hudson, NY: World Book.

Holmes, T. S., & Rahe, R. H. (1967). The social readjustment rating scale. *Journal of Psychosomatic Research, 11,* 213–218.

Howe, M. J. A. (1999). *Genius explained.* Cambridge, England: Cambridge University Press.

Hsu, F. (2002). *Behind Deep Blue: Building the computer that defeated the world chess champion.* Princeton, NJ: Princeton University Press.

Hyde, J. S. (2005). The gender similarities hypothesis. *American Psychologist, 60,* 581–592.

Ilies, R., Gerhardt, M. W., & Le, H. (2004). Individual differences in leadership emergence: Integrating meta-analytic findings and behavioral genetics estimates. *International Journal of Selection and Assessment, 12,* 207–219.

James, W. (1880, October). Great men, great thoughts, and the environment. *Atlantic Monthly, 46,* 441–459.

James, W. (1902). *The varieties of religious experience: A study in human nature.* London: Longmans, Green.

Jamison, K. R. (1989). Mood disorders and patterns of creativity in British writers and artists. *Psychiatry, 52,* 125–134.

Jamison, K. R. (1993). *Touched with fire: Manic-depressive illness and the artistic temperament.* New York: Free Press.

Janis, I. L. (1982). *Groupthink: Psychological studies of policy decisions and fiascoes* (2nd ed.). Boston: Houghton Mifflin.

Jeans, J. (1942). Newton and the science of to-day. *Nature, 150,* 710–715.

Jensen, A. R. (1990). Speed of information processing in a calculating prodigy. *Intelligence, 14,* 259–274.

Jensen, A. R. (1999). *The g factor: The science of mental ability.* Westport, CT: Praeger.

Johnson, S. (1781). *The lives of the most eminent English poets* (Vol. 1). London: Bathurst et al.

Juda, A. (1949). The relationship between highest mental capacity and psychic abnormalities. *American Journal of Psychiatry, 106,* 296–307.

Judge, T. A., Colbert, A. E., & Ilies, R. (2004). Intelligence and leadership: A quantitative review and test of theoretical propositions. *Journal of Applied Psychology, 89,* 542–552.

Kant, I. (1952). The critique of judgement. In R. M. Hutchins (Ed.), *Great books of the Western world* (Vol. 42, pp. 459–613). Chicago: Encyclopaedia Britannica. (Original work published 1790)

Karlson, J. I. (1970). Genetic association of giftedness and creativity with schizophrenia. *Hereditas, 66,* 177–182.

Kaufman, J. C. (2000-2001). Genius, lunatics and poets: Mental illness in prize-winning authors. *Imagination, Cognition and Personality, 20,* 305–314.

Kaufman, J. C. (2001). The Sylvia Plath effect: Mental illness in eminent creative writers. *Journal of Creative Behavior, 35,* 37–50.

Kaufman, J. C. (2003). The cost of the muse: Poets die young. *Death Studies, 27,* 813–821.

Kaufman, J. C. (2005). The door that leads into madness: Eastern European poets and mental illness. *Creativity Research Journal, 17,* 99–103.

Kaufman, J. C., & Baer, J. (2002). I bask in dreams of suicide: Mental illness, poetry, and women. *Review of General Psychology, 6,* 271–286.

Kaufman, J. C., & Sexton, J. D. (2006). Why doesn't the writing cure help poets? *Review of General Psychology, 10,* 268–282.

Kavolis, V. (1964). Economic correlates of artistic creativity. *American Journal of Sociology, 70,* 332–341.

Kavolis, V. (1966). Community dynamics and artistic creativity. *American Sociological Review, 31,* 208–217.

Klahr, D. (2000). *Exploring science: The cognition and development of discovery processes.* Cambridge, MA: MIT Press.

Koestler, A. (1964). *The act of creation.* New York: Macmillan.

Kounios, J., Frymiare, J. L., Bowden, E. M., Fleck, J. I., Subramaniam, K., Parrish, T. B., & Jung-Beeman, M. (2006). The prepared mind: Neural activity prior to problem presentation predicts subsequent solution by sudden insight. *Psychological Science, 17,* 882–890.

Kroeber, A. L. (1917). The superorganic. *American Anthropologist, 19,* 163–214.

Kroeber, A. L. (1944). *Configurations of culture growth.* Berkeley: University of California Press.

Kuo, Y. (1986). The growth and decline of Chinese philosophical genius. *Chinese Journal of Psychology, 28,* 81–91.

Kuo, Y. (1988). The social psychology of Chinese philosophical creativity: A critical synthesis. *Social Epistemology, 2,* 283–295.

Lamb, D., & Easton, S. M. (1984). *Multiple discovery.* Avebury, England: Avebury.

Langley, P., Simon, H. A., Bradshaw, G. L., & Zythow, J. M. (1987). *Scientific discovery.* Cambridge, MA: MIT Press.

Lehman, H. C. (1953). *Age and achievement.* Princeton, NJ: Princeton University Press.

Lehman, H. C. (1962). More about age and achievement. *Gerontologist, 2,* 141–148.

Levy, D., & Newborn, M. (1982). *All about chess and computers.* Rockville, MD: Computer Science Press.

Ludwig, A. M. (1990). Alcohol input and creative output. *British Journal of Addiction, 85,* 953–963.

Ludwig, A. M. (1995). *The price of greatness: Resolving the creativity and madness controversy.* New York: Guilford Press.

Ludwig, A. M. (1998). Method and madness in the arts and sciences. *Creativity Research Journal, 11,* 93–101.

Ludwig, A. M. (2002). *King of the mountain: The nature of political leadership.* Lexington: University Press of Kentucky.

Lykken, D. T. (1982). Research with twins: The concept of emergenesis. *Psychophysiology, 19,* 361–373.

Lykken, D. T., McGue, M., Tellegen, A., & Bouchard, T. J., Jr. (1992). Emergenesis: Genetic traits that may not run in families. *American Psychologist, 47,* 1565–1577.

Mach, E. (1896, January). On the part played by accident in invention and discovery. *Monist, 6,* 161–175.

McCauley, C. (1989). The nature of social influence in groupthink: Compliance and internalization. *Journal of Personality and Social Psychology, 57,* 250–260.

McCrae, R. R. (1987). Creativity, divergent thinking, and openness to experience. *Journal of Personality and Social Psychology, 52,* 1258–1265.

McCurdy, H. G. (1960). The childhood pattern of genius. *Horizon, 2,* 33–38.

McFarlan, D. (Ed.). (1989). *Guinness book of world records.* New York: Bantam.

McNeil, T. F. (1971). Prebirth and postbirth influence on the relationship between creative ability and recorded mental illness. *Journal of Psychology, 39,* 391–406.

Mednick, S. A. (1962). The associative basis of the creative process. *Psychological Review, 69,* 220–232.

Merton, R. K. (1961). Singletons and multiples in scientific discovery: A chapter in the sociology of science. *Proceedings of the American Philosophical Society, 105,* 470–486.

Meyer, G. J., Finn, S. E., Eyde, L. D., Kay, G. G., Moreland, K. L., Dies, R. R., et al (2001). Psychological testing and psychological assessment: A review of evidence and issues. *American Psychologist, 56,* 128–165.

Moles, A. (1968). *Information theory and esthetic perception* (J. E. Cohen, Trans.). Urbana: University of Illinois Press. (Original work published 1958)

Moulin, L. (1955). The Nobel Prizes for the sciences from 1901–1950: An essay in sociological analysis. *British Journal of Sociology, 6,* 246–263.

Murray, C. (2003). *Human accomplishment: The pursuit of excellence in the arts and sciences, 800 B.C. to 1950.* New York: HarperCollins.

Murray, P. (Ed.). (1989). *Genius: The history of an idea.* Oxford, England: Blackwell.

Myerson, A., & Boyle, R. D. (1941). The incidence of manic-depression psychosis in certain socially important families: Preliminary report. *American Journal of Psychiatry, 98,* 11–21.

Nemeth, C. J., & Kwan, J. (1985). Originality of word associations as a function of majority vs. minority influence. *Social Psychology Quarterly, 48,* 277–282.

Nemeth, C. J., & Kwan, J. (1987). Minority influence, divergent thinking and detection of correct solutions. *Journal of Applied Social Psychology, 17,* 788–799.

Nemeth, C. J., Personnaz, B., Personnaz, M., & Goncalo, J. A. (2004). The liberating role of conflict in group creativity: A study in two countries. *European Journal of Social Psychology, 34,* 365–374.

Nemeth, C. J., & Wachtler, J. (1983). Creative problem solving as a result of majority vs. minority influence. *European Journal of Social Psychology, 13,* 45–55.

Nettle, D. (2006). Schizotypy and mental health amongst poets, visual artists, and mathematicians. *Journal of Research in Personality, 40,* 876–890.

Newell, A., & Simon, H. A. (1972). *Human problem solving.* Englewood Cliffs, NJ: Prentice-Hall.

Nisbett, R. E. (1968). Birth order and participation in dangerous sports. *Journal of Personality and Social Psychology, 8,* 351–353.

Nobel Laureates Facts. (n.d.). Retrieved December 12, 2006, from http://nobelprize.org/nobel_prizes/nobelprize_facts.html

Ogburn, W. K., & Thomas, D. (1922). Are inventions inevitable? A note on social evolution. *Political Science Quarterly, 37,* 83–93.

Oleszek, W. (1969). Age and political careers. *Public Opinion Quarterly, 33,* 100–103.

Ones, D. S., Viswesvaran, C., & Dilchert, S. (2005). Cognitive ability in selection decisions. In O. Wilhelm & R. W. Engle (Eds.), *Handbook of understanding and measuring intelligence* (pp. 431–468). Thousand Oaks, CA: Sage.

Over, R. (1982). The durability of scientific reputation. *Journal of the History of the Behavioral Sciences, 18,* 53–61.

Page, S. E. (2007). *The difference: How the power of diversity creates better groups, firms, schools, and societies.* Princeton, NJ: Princeton University Press.

Paisley, W. J. (1964). Identifying the unknown communicator in painting, literature and music: The significance of minor encoding habits. *Journal of Communication, 14,* 219–237.

Paulhus, D. L., Wehr, P., Harms, P. D., & Strasser, D. I. (2002). Use of exemplar surveys to reveal implicit types of intelligence. *Personality and Social Psychology Bulletin, 28,* 1051–1062.

Paulus, P. B., & Nijstad, B. A. (Eds.). (2003). *Group creativity: Innovation through collaboration.* New York: Oxford University Press.

Peterson, J. B., & Carson, S. (2000). Latent inhibition and openness to experience in a high-achieving student population. *Personality and Individual Differences, 28,* 323–332.

Peterson, J. B., Smith, K. W., & Carson, S. (2002). Openness and extraversion are associated with reduced latent inhibition: Replication and commentary. *Personality and Individual Differences, 33,* 1137–1147.

Plomin, R., & Bergeman, C. S. (1991). The nature of nurture: Genetic influence on environmental measures. *Behavioral and Brain Sciences, 14,* 373–386.

Plomin, R., & Rende, R. (1990). Human behavioral genetics. *Annual Review of Psychology, 42,* 161–190.

Poincaré, H. (1921). *The foundations of science: Science and hypothesis, the value of science, science and method* (G. B. Halstead, Trans.). New York: Science Press.

Post, F. (1994). Creativity and psychopathology: A study of 291 world-famous men. *British Journal of Psychiatry, 165,* 22–34.

Post, F. (1996). Verbal creativity, depression and alcoholism: An investigation of one hundred American and British writers. *British Journal of Psychiatry, 168,* 545–555.

Post, J. M. (Ed.). (2003). *The psychological assessment of political leaders: With profiles of Saddam Hussein and Bill Clinton.* Ann Arbor: University of Michigan Press.

Prentky, R. A. (1980). *Creativity and psychopathology: A neurocognitive perspective.* New York: Praeger.

Price, D. (1963). *Little science, big science.* New York: Columbia University Press.

Price, D. (1978). Ups and downs in the pulse of science and technology. In J. Gaston (Ed.), *The sociology of science* (pp. 162–171). San Francisco: Jossey-Bass.

Quételet, A. (1968). *A treatise on man and the development of his faculties* New York: Franklin. (Reprint of 1842 Edinburgh translation of 1835 French original)

Ramey, C. H., & Weisberg, R. W. (2004). The "poetical activity" of Emily Dickinson: A further test of the hypothesis that affective disorders foster creativity. *Creativity Research Journal, 16,* 173–185.

Raskin, E. A. (1936). Comparison of scientific and literary ability: A biographical study of eminent scientists and men of letters of the nineteenth century. *Journal of Abnormal and Social Psychology, 31,* 20–35.

Reynolds, J. (1966). *Discourses on art.* New York: Collier. (Original work published 1769–90)

Roberts, R. M. (1989). *Serendipity: Accidental discoveries in science.* New York: Wiley.

Roe, A (1953). *The making of a scientist.* New York: Dodd, Mead.

Roring, R. W., & Charness, N. (2007). A multilevel model analysis of expertise in chess across the life span. *Psychology and Aging, 22,* 291–299.

Rosengren, K. E. (1985). Time and literary fame. *Poetics, 14,* 157–172.

Rosenthal, R. (1990). How are we doing in soft psychology? *American Psychologist, 45,* 775–777.

Rothenberg, A. (1990). *Creativity and madness: New findings and old stereotypes.* Baltimore: Johns Hopkins University Press.

Rudy, T. E. (2007). Psychometrics. In N. J. Salkind (Ed.), *Encyclopedia of measurement and statistics* (Vol. 3, p. 797). Thousand Oaks, CA: Sage.

Runyan, W. M. (1981). Why did Van Gogh cut off his ear? The problem of alternative explanations in psychobiography. *Journal of Personality and Social Psychology, 40,* 1070–1077.

Sawyer, R. K. (2006). *Explaining creativity: The science of human innovation.* New York: Oxford University Press.

Sawyer, R. K. (2007). *Group genius: The creative power of collaboration.* New York: Basic Books.

Scarr, S., & McCartney, K. (1983). How people make their own environments: A theory of genotype → environmental effects. *Child Development, 54,* 424–435.

Schachter, S. (1963). Birth order, eminence, and higher education. *American Sociological Review, 28,* 757–768.

Schaefer, C. E., & Anastasi, A. (1968). A biographical inventory for identifying creativity in adolescent boys. *Journal of Applied Psychology, 58,* 42–48.

Schaller, M. (1997). The psychological consequences of fame: Three tests of the self-consciousness hypothesis. *Journal of Personality, 65,* 291–309.

Schmookler, J. (1966). *Invention and economic growth.* Cambridge, MA: Harvard University Press.

Schubert, D. S. P., Wagner, M. E., & Schubert, H. J. P. (1977). Family constellation and creativity: Firstborn predominance among classical music composers. *Journal of Psychology, 95,* 147–149.

Schulz, R., & Curnow, C. (1988). Peak performance and age among super athletes: Track and field, swimming, baseball, tennis, and golf. *Journal of Gerontology, 43,* 113–120.

Seneca. (1932). On tranquillity of mind. In *Moral essays* (J. W. Basore, Trans.; Vol. 2, pp. 203–285). Cambridge, MA: Harvard University Press.

Shrager, J., & Langley, P. (Eds.). (1990). *Computational models of scientific discovery and theory formation.* San Mateo, CA: Kaufmann.

Simon, J. L., & Sullivan, R. J. (1989). Population size, knowledge stock, and other determinants of agricultural publication and patenting: England, 1541–1850. *Explorations in Economic History, 26,* 21–44.

Simonton, D. K. (1974). *The social psychology of creativity: An archival data analysis.* Unpublished doctoral dissertation, Harvard University.

Simonton, D. K. (1975a). Age and literary creativity: A cross-cultural and transhistorical survey. *Journal of Cross-Cultural Psychology, 6,* 259–277.

Simonton, D. K. (1975b). Sociocultural context of individual creativity: A transhistorical time-series analysis. *Journal of Personality and Social Psychology, 32,* 1119–1133.

Simonton, D. K. (1976a). Biographical determinants of achieved eminence: A multivariate approach to the Cox data. *Journal of Personality and Social Psychology, 33,* 218–226.

Simonton, D. K. (1976b). Philosophical eminence, beliefs, and zeitgeist: An individual-generational analysis. *Journal of Personality and Social Psychology, 34*, 630–640.

Simonton, D. K. (1976c). The sociopolitical context of philosophical beliefs: A transhistorical causal analysis. *Social Forces, 54*, 513–523.

Simonton, D. K. (1977a). Creative productivity, age, and stress: A biographical time-series analysis of 10 classical composers. *Journal of Personality and Social Psychology, 35*, 791–804.

Simonton, D. K. (1977b). Eminence, creativity, and geographic marginality: A recursive structural equation model. *Journal of Personality and Social Psychology, 35*, 805–816.

Simonton, D. K. (1978). Independent discovery in science and technology: A closer look at the Poisson distribution. *Social Studies of Science, 8*, 521–532.

Simonton, D. K. (1979). Multiple discovery and invention: Zeitgeist, genius, or chance? *Journal of Personality and Social Psychology, 37*, 1603–1616.

Simonton, D. K. (1980a). Land battles, generals, and armies: Individual and situational determinants of victory and casualties. *Journal of Personality and Social Psychology, 38*, 110–119.

Simonton, D. K. (1980b). Techno-scientific activity and war: A yearly time-series analysis, 1500–1903 A.D. *Scientometrics, 2*, 251–255.

Simonton, D. K. (1980c). Thematic fame and melodic originality in classical music: A multivariate computer-content analysis. *Journal of Personality, 48*, 206–219.

Simonton, D. K. (1980d). Thematic fame, melodic originality, and musical zeitgeist: A biographical and transhistorical content analysis. *Journal of Personality and Social Psychology, 38*, 972–983.

Simonton, D. K. (1981). Creativity in Western civilization: Extrinsic and intrinsic causes. *American Anthropologist, 83*, 628–630.

Simonton, D. K. (1983). Intergenerational transfer of individual differences in hereditary monarchs: Genes, role-modeling, cohort, or sociocultural effects? *Journal of Personality and Social Psychology, 44*, 354–364.

Simonton, D. K. (1984a). Artistic creativity and interpersonal relationships across and within generations. *Journal of Personality and Social Psychology, 46*, 1273–1286.

Simonton, D. K. (1984b). Creative productivity and age: A mathematical model based on a two-step cognitive process. *Developmental Review, 4*, 77–111.

Simonton, D. K. (1984c). *Genius, creativity, and leadership: Historiometric inquiries.* Cambridge, MA: Harvard University Press.

Simonton, D. K. (1984d). Leader age and national condition: A longitudinal analysis of 25 European monarchs. *Social Behavior and Personality, 12,* 111–114.

Simonton, D. K. (1984e). Leaders as eponyms: Individual and situational determinants of monarchal eminence. *Journal of Personality, 52,* 1–21.

Simonton, D. K. (1984f). Scientific eminence historical and contemporary: A measurement assessment. *Scientometrics, 6,* 169–182.

Simonton, D. K. (1985a). Intelligence and personal influence in groups: Four nonlinear models. *Psychological Review, 92,* 532–547.

Simonton, D. K. (1985b). The vice-presidential succession effect: Individual or situational basis? *Political Behavior, 7,* 79–99.

Simonton, D. K. (1986a). Biographical typicality, eminence, and achievement style. *Journal of Creative Behavior, 20,* 14–22.

Simonton, D. K. (1986b). Presidential greatness: The historical consensus and its psychological significance. *Political Psychology, 7,* 259–283.

Simonton, D. K. (1986c). Presidential personality: Biographical use of the Gough Adjective Check List. *Journal of Personality and Social Psychology, 51,* 149–160.

Simonton, D. K. (1987a). Developmental antecedents of achieved eminence. *Annals of Child Development, 5,* 131–169.

Simonton, D. K. (1987b). Presidential inflexibility and veto behavior: Two individual-situational interactions. *Journal of Personality, 55,* 1–18.

Simonton, D. K. (1988a). Age and outstanding achievement: What do we know after a century of research? *Psychological Bulletin, 104,* 251–267.

Simonton, D. K. (1988b). Galtonian genius, Kroeberian configurations, and emulation: A generational time-series analysis of Chinese civilization. *Journal of Personality and Social Psychology, 55,* 230–238.

Simonton, D. K. (1988c). *Scientific genius: A psychology of science.* Cambridge, England: Cambridge University Press.

Simonton, D. K. (1989a). Age and creative productivity: Nonlinear estimation of an information-processing model. *International Journal of Aging and Human Development, 29,* 23–37.

Simonton, D. K. (1989b). Shakespeare's sonnets: A case of and for single-case historiometry. *Journal of Personality, 57,* 695–721.

Simonton, D. K. (1989c). The swan-song phenomenon: Last-works effects for 172 classical composers. *Psychology and Aging, 4*, 42–47.

Simonton, D. K. (1990a). History, chemistry, psychology, and genius: An intellectual autobiography of historiometry. In M. Runco & R. Albert (Eds.), *Theories of creativity* (pp. 92–115). Newbury Park, CA: Sage.

Simonton, D. K. (1990b). *Psychology, science, and history: An introduction to historiometry.* New Haven, CT: Yale University Press.

Simonton, D. K. (1991a). Career landmarks in science: Individual differences and interdisciplinary contrasts. *Developmental Psychology, 27*, 119–130.

Simonton, D. K. (1991b). Emergence and realization of genius: The lives and works of 120 classical composers. *Journal of Personality and Social Psychology, 61*, 829–840.

Simonton, D. K. (1991c). Latent-variable models of posthumous reputation: A quest for Galton's *G*. *Journal of Personality and Social Psychology, 60*, 607–619.

Simonton, D. K. (1991d). Personality correlates of exceptional personal influence: A note on Thorndike's (1950) creators and leaders. *Creativity Research Journal, 4*, 67–78.

Simonton, D. K. (1992a). Gender and genius in Japan: Feminine eminence in masculine culture. *Sex Roles, 27*, 101–119.

Simonton, D. K. (1992b). Leaders of American psychology, 1879–1967: Career development, creative output, and professional achievement. *Journal of Personality and Social Psychology, 62*, 5–17.

Simonton, D. K. (1992c). The social context of career success and course for 2,026 scientists and inventors. *Personality and Social Psychology Bulletin, 18*, 452–463.

Simonton, D. K. (1994). *Greatness: Who makes history and why.* New York: Guilford Press.

Simonton, D. K. (1995). Personality and intellectual predictors of leadership. In D. H. Saklofske & M. Zeidner (Eds.), *International handbook of personality and intelligence* (pp. 739–757). New York: Plenum.

Simonton, D. K. (1996). Presidents' wives and first ladies: On achieving eminence within a traditional gender role. *Sex Roles, 35*, 309–336.

Simonton, D. K. (1997a). Creative productivity: A predictive and explanatory model of career trajectories and landmarks. *Psychological Review, 104*, 66–89.

Simonton, D. K. (1997b). Foreign influence and national achievement: The impact of open milieus on Japanese civilization. *Journal of Personality and Social Psychology, 72,* 86–94.

Simonton, D. K. (1998a). Achieved eminence in minority and majority cultures: Convergence versus divergence in the assessments of 294 African Americans. *Journal of Personality and Social Psychology, 74,* 804–817.

Simonton, D. K. (1998b). Fickle fashion versus immortal fame: Transhistorical assessments of creative products in the opera house. *Journal of Personality and Social Psychology, 75,* 198–210.

Simonton, D. K. (1998c). Political leadership across the life span: Chronological versus career age in the British monarchy. *Leadership Quarterly, 9,* 195–206.

Simonton, D. K. (1999a). Creativity as blind variation and selective retention: Is the creative process Darwinian? *Psychological Inquiry, 10,* 309–328.

Simonton, D. K. (1999b). *Origins of genius: Darwinian perspectives on creativity.* New York: Oxford University Press.

Simonton, D. K. (1999c). Significant samples: The psychological study of eminent individuals. *Psychological Methods, 4,* 425–451.

Simonton, D. K. (1999d). Talent and its development: An emergenic and epigenetic model. *Psychological Review, 106,* 435–457.

Simonton, D. K. (2000a). Creative development as acquired expertise: Theoretical issues and an empirical test. *Developmental Review, 20,* 283–318.

Simonton, D. K. (2000b). Creativity: Cognitive, developmental, personal, and social aspects. *American Psychologist, 55,* 151–158.

Simonton, D. K. (2000c). Methodological and theoretical orientation and the long-term disciplinary impact of 54 eminent psychologists. *Review of General Psychology, 4,* 1–13.

Simonton, D. K. (2001). Totally made, not at all born [Review of the book *The psychology of high abilities*]. *Contemporary Psychology, 46,* 176–179.

Simonton, D. K. (2002a). Collaborative aesthetics in the feature film: Cinematic components predicting the differential impact of 2,323 Oscar-nominated movies. *Empirical Studies of the Arts, 20,* 115–125.

Simonton, D. K. (2002b). *Great psychologists and their times: Scientific insights into psychology's history.* Washington, DC: APA Books.

Simonton, D. K. (2002c). It's absolutely impossible? A longitudinal study of one psychologist's response to conventional naysayers. In R. J. Sternberg (Ed.), *Psychologists defying the crowd: Stories of those who battled the establishment and won* (pp. 238–254). Washington, DC: American Psychological Association.

Simonton, D. K. (2003a). Creativity assessment. In R. Fernández-Ballesteros (Ed.), *Encyclopedia of psychological assessment* (Vol. 1, pp. 276–280). London: Sage.

Simonton, D. K. (2003b). Scientific creativity as constrained stochastic behavior: The integration of product, process, and person perspectives. *Psychological Bulletin, 129*, 475–494.

Simonton, D. K. (2004a). The "Best Actress" paradox: Outstanding feature films versus exceptional performances by women. *Sex Roles, 50*, 781–795.

Simonton, D. K. (2004b). Creative clusters, political fragmentation, and cultural heterogeneity: An investigative journey though civilizations East and West. In P. Bernholz & R. Vaubel (Eds.), *Political competition, innovation and growth in the history of Asian civilizations* (pp. 39–56). Cheltenham, England: Edward Elgar.

Simonton, D. K. (2004c). *Creativity in science: Chance, logic, genius, and zeitgeist*. Cambridge, England: Cambridge University Press.

Simonton, D. K. (2004d). Psychology's status as a scientific discipline: Its empirical placement within an implicit hierarchy of the sciences. *Review of General Psychology, 8*, 59–67.

Simonton, D. K. (2004e). Group artistic creativity: Creative clusters and cinematic success in 1,327 feature films. *Journal of Applied Social Psychology, 34*, 1494–1520.

Simonton, D. K. (2005a). Cinematic creativity and production budgets: Does money make the movie? *Journal of Creative Behavior, 39*, 1–15.

Simonton, D. K. (2005b). Darwin as straw man: Dasgupta's (2004) evaluation of creativity as a Darwinian process. *Creativity Research Journal, 17*, 299–208.

Simonton, D. K. (2005c). Film as art versus film as business: Differential correlates of screenplay characteristics. *Empirical Studies of the Arts, 23*, 93–117.

Simonton, D. K. (2005d). Giftedness and genetics: The emergenic-epigenetic model and its implications. *Journal for the Education of the Gifted, 28*, 270–286.

Simonton, D. K. (2006a). Beauty and the beast [Review of the book *Neuropsychology of art: Neurological, cognitive and evolutionary perspectives*]. *PsycCRITIQUES, 51*(10).

Simonton, D. K. (2006b). Creativity in the cortex [Review of the book *The creating brain: The neuroscience of genius*]. *PsycCRITIQUES, 51*(38).

Simonton, D. K. (2006c). Presidential IQ, Openness, Intellectual Brilliance, and leadership: Estimates and correlations for 42 US chief executives. *Political Psychology, 27*, 511–639.

Simonton, D. K. (2007a). Cinema composers: Career trajectories for creative productivity in film music. *Psychology of Aesthetics, Creativity, and the Arts, 1*, 160–169.

Simonton, D. K. (2007b). The creative imagination in Picasso's Guernica sketches: Monotonic improvements or nonmonotonic variants? *Creativity Research Journal, 19*, 329–344.

Simonton, D. K. (2007c). Film music: Are award-winning scores and songs heard in successful motion pictures? *Psychology of Aesthetics, Creativity, and the Arts, 1*, 53–60.

Simonton, D. K. (2007d). Historiometrics. In N. J. Salkind (Ed.), *Encyclopedia of measurement and statistics* (Vol. 2, p. 441). Thousand Oaks, CA: Sage.

Simonton, D. K. (2008a). Childhood giftedness and adulthood genius: A historiometric analysis of 291 eminent African Americans. *Gifted Child Quarterly, 52*, 243–255.

Simonton, D. K. (2008b). Scientific talent, training, and performance: Intellect, personality, and genetic endowment. *Review of General Psychology, 12*, 28–46.

Spearman, C. (1904). "General Intelligence," objectively determined and measured. *American Journal of Psychology, 15*, 201–293.

Spearman, C. (1927). *The abilities of man: Their nature and measurement.* New York: Macmillan.

Starkes, J. L., Deakin, J. M., Allard, F., Hodges, N. J., & Hayes, A. (1996). Deliberate practice in sports: What is it anyway? In K. A. Ericsson (Ed.), *The road to expert performance: Empirical evidence from the arts and sciences, sports, and games* (pp. 81–106). Mahwah, NJ: Erlbaum.

Stavridou, A., & Furnham, A. (1996). The relationship between psychoticism, trait-creativity and the attentional mechanism of cognitive inhibition. *Personality and Individual Differences, 21*, 143–153.

Sternberg, R. J. (1996). *Successful intelligence.* New York: Simon & Schuster.

Stewart, L. H. (1977). Birth order and political leadership. In M. G. Hermann (Ed.), *The psychological examination of political leaders* (pp. 205–236). New York: Free Press.

Stewart, L. H. (1991). The world cycle of leadership. *Journal of Analytical Psychology, 36*, 449–459.

Storfer, M. D. (1990). *Intelligence and giftedness: The contributions of heredity and early environment.* San Francisco: Jossey-Bass.

Sulloway, F. J. (1996). *Born to rebel: Birth order, family dynamics, and creative lives.* New York: Pantheon.

Teigen, K. H. (1984). A note on the origin of the term "nature and nurture": Not Shakespeare and Galton, but Mulcaster. *Journal of the History of the Behavioral Sciences, 20*, 363–364.

Terman, L. M. (1916). *The measurement of intelligence: An explanation of and a complete guide for the use of the Stanford revision and extension of the Binet-Simon intelligence scale.* Boston: Houghton Mifflin.

Terman, L. M. (1917). The intelligence quotient of Francis Galton in childhood. *American Journal of Psychology, 28*, 209–215.

Terman, L. M. (1925). *Mental and physical traits of a thousand gifted children.* Stanford, CA: Stanford University Press.

Terman, L. M. (1925–1959). *Genetic studies of genius* (5 vols.). Stanford, CA: Stanford University Press.

Terman, L. M., & Oden, M. H. (1959). *The gifted group at mid-life.* Stanford, CA: Stanford University Press.

Terry, W. S. (1989). Birth order and prominence in the history of psychology. *Psychological Record, 39*, 333–337.

Tetlock, P. E. (1979). Identifying victims of groupthink from public statements of decision makers. *Journal of Personality and Social Psychology, 37*, 1314–1324.

Thorndike, E. L. (1927). *The measurement of intelligence.* New York: Columbia University Teachers College.

Thorndike, E. L. (1936). The relation between intellect and morality in rulers. *American Journal of Sociology, 42*, 321–334.

Thorndike, E. L. (1950). Traits of personality and their intercorrelations as shown in biographies. *Journal of Educational Psychology, 41*, 193–216.

Vasari, G. (1968). *Lives of the painters, sculptors, and architects* (E. Fuller, Ed., A. B. Hinds, Trans., & W. Gaunt, Rev.). New York: Dell. (Original work published ca. 1550)

Veblen, T. (1919). The intellectual preeminence of Jews in modern Europe. *Political Science Quarterly, 34*, 33–42.

Walberg, H. J., Rasher, S. P., & Hase, K. (1978). IQ correlates with high eminence. *Gifted Child Quarterly, 22,* 196–200.

Walberg, H. J., Rasher, S. P., & Parkerson, J. (1980). Childhood and eminence. *Journal of Creative Behavior, 13,* 225–231.

Walberg, H. J., Strykowski, B. F., Rovai, E., & Hung, S. S. (1984). Exceptional performance. *Review of Educational Research, 54,* 87–112.

Waller, N. G., Bouchard, T. J., Jr., Lykken, D. T., Tellegen, A., & Blacker, D. M. (1993). Creativity, heritability, familiality: Which word does not belong? *Psychological Inquiry, 4,* 235–237.

Weisberg, R. W. (1992). *Creativity: Beyond the myth of genius.* New York: Freeman.

Weisberg, R. W. (1994). Genius and madness? A quasi-experimental test of the hypothesis that manic-depression increases creativity. *Psychological Science, 5,* 361–367.

White, L. (1949). *The science of culture.* New York: Farrar, Straus.

White, R. K. (1931). The versatility of genius. *Journal of Social Psychology, 2,* 460–489.

Who said what when: A chronological dictionary of quotations. (1991). New York: Hippocrene Books.

Woods, F. A. (1906). *Mental and moral heredity in royalty.* New York: Holt.

Woods, F. A. (1909, November 19). A new name for a new science. *Science, 30,* 703–704.

Woods, F. A. (1911, April 14). Historiometry as an exact science. *Science, 33,* 568–574.

Woods, F. A. (1913). *The influence of monarchs.* New York: Macmillan.

Zickar, M. J, & Slaughter, J. E. (1999). Examining creative performance over time using hierarchical linear modeling: An illustration using film directors. *Human Performance, 12,* 211–230.

Zuckerman, H. (1977). *Scientific elite.* New York: Free Press.

Zweigenhaft, R. L. (1975). Birth order, approval-seeking, and membership in Congress. *Journal of Individual Psychology, 31,* 205–210.

찾아보기

| ㄱ |

가계도 125

가드너 92

골상학 231

골턴 18, 40, 42, 49, 51, 70, 80, 125, 130, 136, 142, 196

곱셈적 유전 147

과학적 측정 34

길포드 91

| ㄴ |

뉴턴 201

| ㄷ |

다윈의 창의성 이론 177

다윈적인 천재 106

단순무식 이론 132

단일 지능 84

덧셈적 유전 146

도날드 캠벨 109, 110

독창성 67

| ㄹ |

루이스 터만 19, 23, 41, 84, 86, 88, 137, 263

리타 홀링워스 20, 25

리틀 c 창의성 46

| ㅁ |

마리 퀴리 265

멘사 42

명성 현상 181

모차르트 52

문화적 자극 196

미네소타 다면적 인성검사(MMPI) 172

| ㅂ |

바스 서반 90
발견 프로그램 103
발달 심리학 234
발생유전 147, 148, 149
백조의 노래 현상 247
부끄러운 천재 61
빅 C 창의성 46

| ㅅ |

새뮤얼 존슨 80
성별 260
손다이크 24
스탠포드-비네 지능검사 41
스턴버그 92
실비아 플래스 190
실험실 실험 26
심리전기 26
심리측정학 17
심리측정학적 결과 170
심리측정학적 천재 39

| ㅇ |

아돌프 케틀레 20
아인슈타인 97, 230, 235
악한 천재 54
알렉산더 플레밍 55
알폰스 드 칸돌레 129
알프레드 월리스 210
알프레드 크뢰버 197
앤 섹스톤 190
어림법 98
에드거 앨런 포 189
엘리스 136
역 천재 59
역사측정학 20
역사측정학적 결과 160
역사측정학적 천재 35
연령-업적 관계 236
연산법 98
영역 특수적 전문성 획득 70
영역-일반적 환경 137
영역-특수적 환경 138
우연한 천재 55
위계적 지능 93
윌리엄 맥고너걸 60
윌리엄 제임스 175
유전가능성 143
유전적 천재 126, 142, 267
유전적 천재 : 법칙과 결과에 대한 탐구 21
의도적 연습 131
인본주의적 개념 31
인정받지 못했던 천재 57

인종 260
인지 심리학 230
임마누엘 칸트 33, 47, 123

ㅈ

전문가 시스템 102
정신의학적 결론 166
조슈아 레이놀즈 123
종의 기원 211
집단순응사고 208

ㅊ

찰스 다윈 106, 210
찰스 스피어먼 84
창의성 44, 172
천재 31, 260
천재 심리학 22
초점 흐린 주의 178

ㅋ

칸돌레 135
캐롤 93
커리어 궤도 237
커텔 21, 36
컴퓨터 천재 64
콕스 23, 24, 34, 50, 52, 81, 87, 89, 95
크뢰버 212

ㅌ

터마이츠 24

ㅍ

파레토의 법칙 150
프라이스 법칙 203
프레드릭 우즈 22, 87

ㅎ

하트 49
한 판 메이헤런 62
행동유전학 142, 151
헬름홀츠 105

기타

10년 법칙 81, 131, 154
BVSR 모델 109
BVSR 이론 111
g 요인 85
s 요인 85
Termites 23

저자에 대하여

Dean Keith Simonton 박사는 캘리포니아대학교 데이비스캠퍼스 심리학과의 부학과장이고 특훈교수(Distinguished Professor)이다. 그는 창의성, 천재, 리더십, 미학 그리고 심리학사에 대한 10권의 저서와 300개 이상의 학술지 논문과 단독저서 및 공동저서를 발표했다. 그가 1999년에 발표한 『천재의 기원 : 창의성에 대한 다원적 관점(Origins of Genius: Darwinian Perspectives on Creativity)』은 미국심리학회가 수여하는 윌리엄 제임스 도서상(William James Book Award)을 받았다. Simonton은 캘리포니아대학교 데이비스캠퍼스의 교수 및 학문 업적상을 받았을 뿐만 아니라 미국심리학회 1, 8, 9 그리고 10 분야에서 많은 수상을 했다. 그는 International Association for Empirical Aesthetics 회장과 Society for the Psychology of Aesthetics, Creativity, and the Arts 회장도 역임했다. 그의 연구는 CNN, the Discovery Channel, National Public Radio, Newsweek, Time, The New Yorker, Fortune 그리고 Business Week와 같은 유명 매체에서도 주목을 받았다.

역자에 대하여

김정희 journey@hongik.ac.kr

이화여자대학교 영어영문학과 졸업

이화여자대학교 교육대학원 M.Ed.(교육심리학 전공)

서던캘리포니아대학교 Ph.D.(교육심리학 전공)

현재 홍익대학교 교육대학원 교육심리전공 부교수

연구 및 관심분야

창의성, 지능, 리더십, 영재, 동기, 학습

저서 및 역서

창의성 101(역), 창의성을 부르는 심리학(역), 창의성 이론과 주제(공역), 지혜, 지능 그리고 창의성의 종합(역), 지능과 능력(역), 영재교육의 주요 이슈와 실제(공역), 영재 교육과정 연구(공역), 예술 · 음악 영재학생(공역), 인간의 동기(공역), 교육심리학 이론과 실제(공역), 교수 학습의 이론과 실제(공역), 교육과정 및 교수학습 이론과 실제(공저) 등